Franziska Benkel

»Wir haben nichts mehr zu verlieren … nur die Angst!«

Die Geschichte der Frauenhäuser in Deutschland.

reihe frauen bewegt orlanda

Franziska Benkel

»Wir haben nichts mehr zu verlieren ... nur die Angst!«

Die Geschichte der Frauenhäuser in Deutschland.

»Love shouldn't cost an arm or a leg«
Cecelia Condit

Inhalt

Vorwort

»A history of the world as it has become known to me«.[1] Das ist der Titel eines roten großen Bandes, der auf dem Bücherregal neben meinem Schreibtisch steht. Der Katalog wurde für eine Ausstellung über die feministische Künstlerin Ellen Cantor und ihren Film *Pinochet Porn* herausgegeben. Ich übersetze den Satz mit »eine Geschichte der Welt, wie ich sie kennengelernt habe«. Genauer wäre »eine Geschichte der Welt, wie sie sich mir vorgestellt hat«. Der Satz beschreibt für mich den Arbeitsprozess einer Historikerin, die im Dialog mit der Welt steht, um die Vergangenheit durch die eigenen Augen in der Gegenwart wiederzubeleben. Geschichtsschreibung ist eine Collage aus Wahrnehmungen, Wahrheiten und Widersprüchen.

Narrative sind nie neutral. Sie sind oft mächtig und dominant, aber sie können auch solidarisch und sogar parteilich sein. Ihre Entstehung basiert auf einem Interesse oder folgt einem Zweck. Jede Nacherzählung beruht auf individuellen Entscheidungen für und/oder gegen spezifische Quellen. Diese Entscheidungen sind subjektiv und vollziehen sich mal bewusst und mal unbewusst. Jede Historikerin hat Vorlieben, Abneigungen und blinde Flecken. Immer aber verweist die Konstruktion der Erinnerung auf die Zukunft.

Forschen bedeutet suchen und sammeln, Forschen ist ein Prozess, der Prozess ist flüchtig, weich und flexibel. Ein historisches Buch schreiben hält ein mögliches Ergebnis fest. Auch ein Buch, das so statisch und unverzeihlich wirkt, ist nur eine Bestandsaufnahme, zu einem spezifischen Moment innerhalb eines Kontextes. Als feministische Historikerin ist es meine Aufgabe, Geschichten, die nur begrenzt Aufmerksamkeit bekommen haben, im Kontext der dominanten Geschichtsschreibung zu platzieren und im sogenannten Kanon sichtbar zu machen. Ich erzähle dabei nichts unbedingt Neues, sondern kuratiere Stimmen und Orte zu historischen Ereignissen.

Als Historikerin habe ich gelernt, in Quellen und Sekundärliteratur zu unterscheiden. Ersteres sind Zeugnisse einer spezifischen Zeit und werden einer Analyse unterzogen. Zweiteres dient dem Untermauern von Argumenten. Ich entscheide mich für eine weitere Methode und behandle in diesem Buch alles als Quelle, alles als Material, das von Menschen zu einem jeweiligen Zeitpunkt an einem bestimmten Ort verfasst wurde.

Meine Arbeit beruht somit auf einem Erbe, das Expert*innen vor mir und neben mir aufgebaut haben. Darum befindet sich im Anhang eine lange Literaturliste. Der Text basiert auf meiner Auswahl von Quellen und ist parteilich. Feministische Parteilichkeit ist auch für die Arbeit in Frauenhäusern und im Umgang mit Gewaltbetroffenen zentral. Sie setzt voraus, einer hilfesuchenden Person wohlwollend entgegenzutreten, ihr zu glauben und ihre individuellen Entscheidungen ernst zu nehmen und ihre Situation in Kontext zu den gesellschaftlichen Machtstrukturen zu setzen. Parteilichkeit setzt gleichzeitig die Verantwortung aller Beteiligten zur Selbstreflexion voraus. Und diese ist keine Selbstverständlichkeit.

Eigene Bedürfnisse wahrnehmen zu können, also zu spüren, wo sich die eigenen Grenzen befinden, zu bemerken, wann sie überschritten werden, und die eines Gegenübers zu akzeptieren, will gelernt sein. Autonome und kollektive Selbstreflexion ist nicht Teil der patriarchalen Ideologie.

Dieses Buch entsteht während der Corona-Pandemie. Europaweit führten die Vorkehrungen zur Eindämmung des Virus zu einem sprunghaften Anstieg der Berichte über häusliche Gewalt. In vielen EU-Ländern wurden spontane Maßnahmen ergriffen, um Betroffene von häuslicher Gewalt zu unterstützen. Trotzdem zeigte sich, dass die anhaltende Unterfinanzierung von Frauenhäusern, Notunterkünften und Beratungsstellen zu einer lückenhaften Hilfestruktur geführt hatten, die der hohen Nachfrage nicht gerecht werden konnte.

Seit der sogenannten Corona-Krise sind Frauenhäuser und ihre Mitarbeitenden in Deutschland medial so präsent, wie wahrscheinlich seit Mitte der 1970er Jahre nicht mehr. Die traurige Wahrheit ist, dass die Pandemie den Entwicklungen auf Bundes- und Länderebene im Ausbau des Hilfesystems für gewaltbetroffene Menschen Anschub gegeben hat. In Deutschland wird erneut über eine flächendeckende Finanzierung *nachgedacht*.

Während eines langen Winters in Isolation wurden die Zusammenhänge zwischen geschlechtsspezifischer Gewalt, Zweigeschlechtlichkeit, Heteronormativität, Kernfamilie und fehlendem Wohnraum offensichtlich.

Auch sexualisierte Gewalt gegen Kinder, sowohl im Netz als auch in der Familie, nahm seit der Pandemie drastisch zu. Übergriffe an Kindern finden meist im privaten Umfeld statt, weswegen der Kontakt nach außen über Kita, Schule, Sportgruppe etc. so notwendig ist. Die Diskussion um Kita- und Schulschließungen zeigte, wie enorm wichtig Orte, die außerhalb der privaten vier-Wände liegen, sind. Öffentliche Orte bieten die Chance, Kontrolle zu entkommen oder Hilferufe abzusetzen. Da diese Möglichkeiten für Frauen und Kinder wegfielen, stieg die Anzahl der Notrufe bei Beratungsstellen nach jedem Lockdown an.

Gewalt gegen Frauen und nichtbinäre Menschen ist kein individuelles, sondern strukturelles Problem. Dass Frauenhäuser und Notunterkünfte existieren, liegt an fehlendem und unbezahlbarem Wohnraum, an prekären Arbeitsverhältnissen und der Privilegierung von bürgerlichen Normen und Misogynie.

Während meiner Recherchen las und hörte ich immer wieder vom »gesellschaftlichen« oder »öffentlichen Bewusstsein«. Kulturen und ihre Erinnerungen sind performativ. Sie entstehen und bestehen im ständigen Wiederholen, Aneignen und Aushandeln miteinander. Das kulturelle Gedächtnis ist aber auch träge und das Bewusstsein trügerisch, mal verleugnend, mal traumatisiert.

In den siebziger Jahren entstand dieses öffentliche Bewusstsein um häusliche Gewalt. Die neuen Frauenbewegungen machten das Private politisch und brachten geschlechtsspezifische Gewalt ins Gespräch und damit ins Bewusstsein. Geschlechtsspezifische Gewalt beschreibt Gewaltformen, die gegen Menschen angewendet werden, *weil* sie den Vorstellungen *eines* bestimmten Geschlechts entsprechen, oder weil sie diesem nicht *richtig* entsprechen.

Häusliche Gewalt, partnerschaftliche Gewalt, Gewalt im sozialen Nahraum und Gewalt im Geschlechterverhältnis betrifft alle. Alle, alle, alle. Sie wird in jeder gesellschaftlichen Klasse, jeder politischen Zugehörigkeit, in jeder Gehaltsstufe und in jedem Bundesland praktiziert. Jede*r kennt Opfer und jede*r kennt Täter.[i]

Die heutige Zeit ist ähnlich der 1970er Jahre eine Phase des Experimentierens; statt scheinbar »Althergebrachtes« unhin-

i Wenn ich den Begriff »Opfer« im Text verwende, dann weil ich ihn in Relation zum Begriff »Täter« denke, nicht um eine*n Überlebende*n von Gewalt zu stigmatisieren oder abzuwerten.

terfragt anzuwenden, wird sprachlich, räumlich und körperlich nach neuen Ausdrucksformen und Möglichkeiten gesucht.

Die feministischen Kämpfe sind nicht neu, sie sind mindestens so alt wie der Kapitalismus selbst. Damals wie heute ging es um strukturelle Veränderungen des Privaten und politische Emanzipation. Damals wie heute stehen sich konservative und soziale Kräfte gegenüber. Generationen von Feminist*innen kämpfen seither für die Gleichwertigkeit und Chancengleichheit aller.

Die Frauenbewegungen verhandelten immer schon die Differenzen innerhalb der eigenen Gruppen. Sie scheiterten an Ideen von kollektiver Schwesternschaft, grenzten sich voneinander ab und reorganisierten sich in lesbische, Schwarze, bürgerliche, behinderte, migrantisierte usw. Bewegungen. Hinter dieser Vielfalt von Bewegungen und Körpern liegen Ressourcen und bilden die Stärke des Feminismus, der sich mal theoretisch, mal praktisch, immer aber aktivistisch äußert.

Die Verquickung von Geschlecht und Rassismus zeigt sich auch am europaweiten Wiedererstarken des Nationalismus. Mehr und mehr Länder diskutieren, es der Türkei gleichzutun und aus dem *Übereinkommen des Europarats zur Verhütung und Bekämpfung von Gewalt gegen Frauen und häuslicher Gewalt* (kurz: *Istanbul-Konvention*) auszusteigen. Das Abkommen definiert Geschlecht als kulturell konstruiert und verpflichtet seine Mitgliedsstaaten, gegen Gewalt an Frauen und Kindern strafrechtlich vorzugehen. Die Argumentation gegen die Istanbul-Konvention folgt überall ähnlichen konservativen und religiösen Strategien, die eine Gefahr in der Auflösung von Geschlecht und damit eine Gefahr für die Kernfamilie fürchten. In den meisten Ländern wird die Debatte gegen das Übereinkommen flankiert von der Kritik an LGBTIQ-Rechten. In einigen Ländern hat die Zahl von Angriffen auf LSBTIQ bereits zugenommen, sowohl auf der Straße als auch im Netz. An diesen Entwicklungen zeigt sich, dass es gegen die Selbstbestimmung von Menschen zugunsten eines Systems geht. Körper sind immer politisch und an ihnen verhandeln Gesellschaften Normen, Inklusion und Exklusion. Vor allem aber sind Körper verletzlich.

Dieses Buch ist eine Momentaufnahme und ein Beitrag zum Kampf gegen geschlechtsspezifische Gewalt. Es ist all jenen Feminist*innen gewidmet, die dagegen kämpfen – damals wie heute.

Einleitung

Warum gibt es Frauenhäuser? Warum haben die ersten zwei Frauenhäuser in Westberlin und Köln im Jahr 1976 eröffnet? Die Entstehung der Frauenhäuser ist eine der bedeutendsten Errungenschaften der Neuen Sozialen Bewegungen der 1970er Jahre. Denn dank dieser Orte wurde Gewalt in Familien sichtbar und ins gesamtgesellschaftliche Problembewusstsein aufgenommen, was nicht heißt, dass es auch als solches anerkannt und behandelt wurde und wird.

Nach den ersten Frauenhäusern kamen 1977 die ersten Notruf-Beratungsstellen für Betroffene von sexualisierter Gewalt und 10 Jahre später die ersten Beratungsstellen für sexuell missbrauchte Mädchen. Bis heute existieren zahlreiche, jedoch nicht ausreichende Fachberatungsstellen für Betroffene von Gewalt im Geschlechterverhältnis. Doch gerade für Frauenhäuser, die akute Hilfe in Form von Schutzräumen bieten, ist die Situation seither kompliziert. Wie lässt sich diese Geschichte erzählen?

Das Westberliner Frauenhaus, genau wie all die anderen Häuser, die in dieser Zeit in Westdeutschland entstanden, war ein Experiment. Es gab wenige Vorbilder und kaum Erfahrungswerte, wie solch ein Ort in der Praxis funktionieren könnte. Die Gründungsfrauen waren Pionierinnen und ihnen ist es zu verdanken, dass sich das Konzept Frauenhaus bis heute durchgesetzt hat.

In diesem Buch rekonstruiere ich exemplarisch die Entstehungsgeschichte des Westberliner Frauenhauses als erstes Bundesmodellprojekt. Als staatlich gefördertes Projekt der Frauenbewegungen setzten die feministischen Initiatorinnen zusammen mit SPD-Familiensenatorin Ilse Reichel und Bundesfamilienministerin Katharina Focke durch, dass Gewaltschutz für Frauen und Mädchen als gesamtgesellschaftliches Problem behandelt wurde und jene Projekte im Laufe der 1980er und 90er Jahre zu etablierten Institutionen wurden.

Meine Frage ist: Welche Begebenheiten haben zur Eröffnung geführt, wer war involviert und welche Bündnisse wurden zwischen welchen Akteur*innen, Organisationen und Institutionen eingegangen, um das Thema Gewalt gegen Frauen in die Öffentlichkeit zu tragen? Die Westberliner Frauenhausinitiative als Teil der Lesben- und Frauenbewegungen, kämpfte mit viel Ausdauer und Strategie zwei Jahre lang, bis am 1. November 1976 im Grunewald das erste Haus für gewaltbetroffene Frauen und ihre Kinder öffnen konnte.

Der Gang ins Frauenhaus ist ein mutiger und selbstbewusster Akt hin zu einem selbstbestimmten Leben. Das Frauenhaus stellt auf diesem Weg die erste Alternative zu den lebensbedrohlichen vier Wänden dar. In Form von Unterkunft, Beratung und mobiler Unterstützung können sich Frauen und ihre Kinder hier so gut es geht erst einmal erholen, um dann Stück für Stück ihre eigene Existenz aufzubauen. Einige versuchen dies zum ersten Mal.

Von Überlebenden war und ist der Aufenthalt im Frauenhaus häufig mit der Angst vor sozialem Abstieg verbunden. Diese Sorge ist berechtigt, da durch eine Trennung Einkommen, Wohnraum und eventuell Kita- und Schulplätze wegbrechen. Bezeichnend ist auch, dass in der Regel davon ausgegangen wird, dass die Frau mit den Kindern den Lebensmittelpunkt verlässt. Weniger Jobchancen bei geringerer Bezahlung führen dann zu weiteren Schwierigkeiten und Abhängigkeit. Angst äußert sich häufig als

Scham. Die Künstlerin Andrea Büttner beschreibt das Gefühl, sich für etwas zu schämen, als ein Muster, das immer den Blick der *anderen* bedarf.[2] Bei häuslicher Gewalt zeichnet sich nur allzu oft ab, dass diese Position von der Gesellschaft mit ihren traditionellen und statischen Rollenerwartungen übernommen wird. Diese Scham basiert auf der überholten konservativen Annahme, eine Beziehung/Ehe dürfe nicht scheitern.

Die beginnende Sichtbarkeit der patriarchalen Gewalt durch die Frauenhäuser und ein wachsendes öffentliches Interesse führten zu enormen Widerständen seitens der bürgerlichen Gesellschaft, die praktisch in allen Facetten allergisch auf die Bemühungen der Frauenbewegung reagierte. Dieses Buch entsteht im Bewusstsein einer ideologischen Dominanz des weißen westdeutschen Bürgertums. Die feministische Historikerin Gisela Notz umschreibt diese mit dem Begriff des Familismus. Nach diesem Konzept wird die Kernfamilie zum »Dreh- und Angelpunkt aller sozialen Organisationsformen«.[3] Dabei werden familiäre Netzwerke, die nicht auf Blutsverwandtschaft basieren, maximal zweitrangig behandelt. Im Familismus werden Geschlecht, Mutterschaft und Familie heteronormativiert und institutionalisiert. Das bedeutet, bestimmte Beziehungen werden zum Beispiel steuerlich durch die Ehe privilegiert. Trotz Ehe für alle gelten immer noch mehr Vorteile für heterosexuelle Paare. Queere Ehefrauen müssen in langwierigen Verfahren ihre eigenen Kinder adoptieren. Nur durch die Adoption teilen sie die gleichen Rechte wie die Gebärende oder können für Unterhaltszahlungen verpflichtet werden. Das Zynische am kapitalistischen System ist die glorifizierte Mutterschaft als Königinnendisziplin der Frau bei gleichzeitiger Benachteiligung von alleinerziehenden, lesbischen, geflüchteten, armen, traumatisierten sowie männlichen und nichtbinären Gebärenden.

In den folgenden Unterkapiteln gebe ich einen Überblick über die aktuellen gesellschaftlichen Verhandlungen um Gewalt gegen Frauen. Während der Pandemie wurden die Strukturen eindeutig sichtbar, die dem Gewaltschutz widersprechen. Frauen leben zu großen Teilen in prekären Umständen, sei es durch Teilzeitarbeit, ökonomische Abhängigkeit, fehlende Sprachkenntnisse, unsichere Aufenthaltsbestimmungen oder Pflegebedürftigkeit. Diese Kriterien erhöhen das Risiko, einem Gewalttäter nicht zu entkommen.

Um dies auch politisch abzubilden, gebe ich einen kurzen Überblick über die geschlechtsspezifischen Debatten zwischen den Parteien im Bundestag. Dem folgt ein Blick auf die momentane Situation von Frauenhäusern in Deutschland. Eines der wichtigsten Handlungsinstrumente für den Gewaltschutz von Frauen und Kindern ist die sogenannte Istanbul-Konvention, ein europäisches Übereinkommen gegen Gewalt im Geschlechterverhältnis. Ich werde die Konvention und ihre Anwendung in Deutschland im letztes Unterkapitel darlegen.

Es gibt einige Begriffe, um Gewalt gegen Frauen zu beschreiben. Welche in Deutschland verwendet werden und um welche Gewaltformen es sich dabei handelt, bespreche ich im zweiten Kapitel. Jede Form der Partnerschaftsgewalt ist ein Angriff auf die Autonomie und Integrität der Betroffenen. Für Frauen in gewalttätigen Beziehungen sind die gefährlichsten Phasen, die in Deutschland auch den allermeisten Femiziden/Feminiziden vorausgehen, die Zeit unmittelbar vor und nach einer Trennung, während der Schwangerschaft und wenn Kinder unter einem Jahr sind. Phasen, in denen der Mann nicht mehr die Hauptrolle im Leben der Partnerin spielt und sein patriarchaler Besitzanspruch in Gefahr gerät. Die aktuelle politische Debatte in Deutschland um Femizide, also Morde an Frauen, weil sie Frauen sind, stelle ich ebenfalls im zweiten Kapitel vor. Denn selbst im Jahr 2021 weigert sich die Bundesregierung, den Begriff Femizid anzunehmen und den spezifischen Gewaltakt damit anzuerkennen. Auf gewisse Weise blockiert sie damit mögliche Maßnahmen, die zu einer deutlicheren Kriminalisierung von sexualisierter oder geschlechtsspezifischer Gewalt beitragen könnten. Die empirische Sozialforschung der letzten 20 Jahre belegt, dass die Motivhintergründe »Macht und Kontrolle« in heterosexuellen Paarbeziehungen zu Gewalt und Tötung der Partnerin führen. Aus diesem Grunde werde ich ausgehend von der Dabatte um Femizide/Feminizide ausführlicher auf die Entstehung der Heteronormativität und der Zweigeschlechtlichkeit sowie Ehe und Kernfamilie als Gewaltraum eingehen.

Die Ergebnisse der aktuellen Kriminalstatistik zur heterosexuellen Partnerschaftsgewalt für das Jahr 2019 zeigen, 141.792 Menschen wurden Opfer häuslicher Gewalt. 81 Prozent der Gewalttaten gehen von Männern gegen Frauen aus.[4] Alle 2,5 Tage begeht ein Partner oder Ex-Partner Mord an einer ihm nahestehenden Frau. Alle 45 Minuten wird in Deutschland eine Frau Opfer von versuchter oder vollendeter Körperverletzung durch einen nahestehenden Mann. Das BKA geht dabei von einem »erheblichen Dunkelfeld« aus, da nicht alle Gewalttaten zur Anzeige kommen.[5]

Basierend auf dem Wissen um diese verbreitete Gewaltform, unterziehe ich historisch gewachsene Annahmen von Mutterschaft, Kernfamilie und Heteronormativität einer feministischen Kritik. Das Buch folgt keiner linearen Konstruktion der Vergangenheit, sondern setzt aktuelle Diskurse mit der Entstehungsgeschichte des Westberliner Frauenhauses in Bezug zueinander. Auf diese Weise spüre ich Momente in der bundesdeutschen Zeitgeschichte auf, die Rassismus, Sexismus und Klassismus immer wieder manifestierten und so sukzessive gegen die Selbstbestimmung von Frauen, nichtbinären Menschen und Kindern vorgingen.

Im dritten Kapitel untersuche ich die Familienpolitik seit der Nachkriegszeit um 1945 bis zur Entstehung der ersten Frauenhäuser Ende der 1970er Jahre. Auf diese Weise finde ich Antworten auf die Frage, warum häusliche Gewalt bis heute solch ein enormes Problem in der deutschen Gesellschaft darstellt, aber nicht konsequent als solches behandelt wird.

Gerade an der Geschichte des sogenannten Familienministeriums ist der Wandel von Werten und Normen bezüglich Familie, Frauen und Gewalt abzulesen. Durch dieses historische Vorgehen zeige ich auf, auf wie vielen Ebenen immer noch Handlungsbedarf besteht. Das heutige Bundesministerium für Familie, Senioren, Frauen und Jugend trug seit seiner Entstehung wechselnde Bezugsgruppen im Namen und hatte dementsprechend ständig wechselnde Aufgabenbereiche. Während dieses Buch entsteht, gibt es zum ersten Mal seit der Nachkriegszeit kein Ministerium, das sich um die Belange von Frauen und Kindern kümmert, da die Ministerin aufgrund einer Plagiatsaffäre zurückgetreten ist und sich der Wahl zur Bürgermeisterin von Berlin widmet. Es ist erschütternd, dass ausgerechnet während der sogenannten Corona-Krise die Bedürfnisse der Schwächsten zweitrangig sind. Zwar existiert seit 2018 der Runde Tisch »Gemeinsam gegen Gewalt an Frauen« in Deutschland, doch gibt es im Jahr 2021 immer noch keine konkreten Umsetzungen für eine einheitliche Finanzierung von Frauenhäusern.

Im Spiegel einer konservativen Weltsicht war ein Frauenhaus in den 1950er und 60er Jahren undenkbar. Es stand den christlich-konservativen Werten, die den Erhalt der Familie um jeden Preis propagierten, diametral gegenüber. Erst mit den emanzipatorischen Bewegungen der 1970er Jahre und einer sozialliberalen Koalition wurde das Frauenhaus überhaupt vorstellbar. Und trotzdem brauchten die Feminist*innen zwei Jahre, bis die Öffentlichkeit ausreichend sensibilisiert und die Politik genügend unter Druck stand und das Haus eröffnet werden konnte.

Die Feminismen der 1970er Jahre wohnte eine Radikalität inne, die Einfluss auf die privaten Beziehungen nahm wie kaum eine politische Bewegung zuvor. Keine andere politische Bewegung hatte bis dahin Politik, Psychologie und Pädagogik so eng miteinander verzahnt und nachhaltig beeinflusst. Im dritten Kapitel gehe ich genauer auf diese feministischen Kämpfe und ihren immensen Einfluss auf die gesellschaftliche und politische Bundesrepublik ein.

Zu Beginn des 19. Jahrhunderts handelten die feministischen Kämpfe mehrheitlich von der Gleichheit *beider* Geschlechter und der Forderung nach Gleichberechtigung. Im 20. Jahrhundert betonten Feminist*innen die Differenz zwischen den *beiden* Geschlechtern und forderten darauf basierend mehr Gleichberechtigung. Den Feminismen heute ist klar, dass es egal ist, ob die Gleichheit oder die Differenz der Geschlechter herausgestrichen wird, beide Ansätze gehen von der Binarität von Geschlecht und damit einhergehend einer weiblichen Geschlechtsidentität aus.

Die konkrete Entstehungsgeschichte des Westberliner Frauenhauses rekonstruiere ich ab Kapitel vier bis fünf. Hierfür habe ich den Archivbestand im Feministischen Archiv FFBIZ (erkennbar an den Signaturen), Zeitzeuginnen-Interviews und schriftliche Erfahrungsberichte ausgewertet. Die Zitate von gewaltbetroffenen Frauen stammen aus dem ersten Erfahrungsbericht, den die Mitarbeiterinnen des Berliner Frauenhauses 1978 publizierten.[6] An einigen Stellen verschmelzen historische Aussagen mit zeitgenössischer Theorie, um aufzuzeigen, dass geschlechtsbasierte Gewalt, damals wie heute, einer ähnlichen Dialektik folgt.

Bemerkenswert an den Frauenbewegungen der 1970er Jahre ist die transnationale Vernetzung. Heute fällt es mir schwer auszumalen, wie diese Frauen über Kontinente hinweg in Austausch standen und so voneinander lernen konnten. Im Spiegel der Klimakrise wird diese Frage wieder relevant, da ein eingeschränkter Flugverkehr die Art zu reisen und ein verlangsamtes Zeitgefühl die internationalen Beziehungen herausfordern werden. Zentrale Treffpunkte waren damals ausschlaggebend für die Erfolge der Frauenbewegungen. Feministische Buchläden, Kneipen und Frauenzentren boten einen Safe Space und dienten gleichzeitig der Vernetzung. Frauenverlage, wie auch Orlanda, aus Westberlin, Köln und München übersetzten Bücher aus dem Englischen zum Thema häusliche Gewalt und publizierten die ersten Forschungsarbeiten von Feminist*innen zum Thema. Diese Texte, von denen eine Fülle seit Mitte der 1970er Jahre bis weit in die 80er hinein entstand, ermöglichten die öffentliche Wahrnehmung und den Diskurs um Gewalt gegen Frauen. Diese Bücher und Zeitschriften verliehen den Frauenbewegungen eine Stimme und ließen gleichzeitig die der hegemonialen Männlichkeit leiser werden. Die feministischen Zeitschriften *Courage, Die Schwarze Botin* sowie *Emma* dienten diesem Buch als wichtige Quellen. Sie alle entstanden Mitte der siebziger Jahre, jedoch unter völlig anderen Vorzeichen. Die *Courage* entstand im Frauenzentrum Kreuzberg von der Bewegung für die Bewegung, die *Emma* war marktorientiert und wurde im Laufe der Zeit gefällig und die *Schwarze Botin* kritisierte an beiden die Idee einer »neuen Weiblichkeit« und selbstgenügsamen Schwesternschaft. Gleichzeitig zeigen diese Diskurse, dass der Prozess der Enttabuisierung häuslicher Gewalt vor 45 Jahren begonnen hat und bis heute anhält. Die mit einer Tabuisierung einhergehenden Hürden für Betroffene und Helfende konnten nicht abgebaut werden.

In heutiger Lesart klingen einige Quellen zeitgenössisch, andere antiquiert und ausgrenzend, da die Feminismen komplexer geworden sind. Heute besteht kein Zweifel, dass Männer menstruieren, nichtbinäre Menschen Kinder kriegen und trans*Frauen Plätze in Frauenhäusern benötigen, im Bewusstsein der siebziger Jahre schon.

Es existierte nie eine universale Gruppe von Frauen mit homogenen Wahrnehmungen und Konflikten. Die Historikerin Miriam Gebhardt bezeichnet die feministische Kritik am Feminismus als festen Bestandteil seiner Geschichte und vor allem als Voraussetzung seines Erfolgs.[7] Die Erkenntnis, aber auch das Potenzial von Differenz führte innerhalb der Frauenbewegung dazu, dass sich BIWoC, queere Frauen und weiße Heteras in eigenen Bewegungen formierten, wobei die Grenzen oftmals fließend verliefen. Auch wenn die Frauenbewegungen auf ein lehrreiches Erbe zurückschauen, bringt jede Gesellschaft ihre eigenen Bedürfnisse hervor, die immer auch mit politischen und sozialen Sichtbarkeiten und Teilhabe verbunden sind. Trotz allem blieb der weiblich gelesene Körper, als Austragungsort hegemonialer Kämpfe, ein gemeinsamer Ausgangspunkt. Damals wie heute ging es um patriarchale Dominanz und Raumeinnahme.

1. Häusliche Gewalt und aktuelle Rahmenbedingungen

Dieses Buch entsteht während der COVID-19-Pandemie. Ich gehe im folgenden Kapitel auf die Pandemie und ihre Auswirkungen auf gewaltbetroffene Familien ein, weil hieran die Notwendigkeit von Frauenhäusern besonders deutlich wird und sich ein Bogen zu den Bedingungen und Strukturen ihrer Entstehungszeit schlagen lässt. Hierfür skizziere ich aktuelle politische Diskussionen um Gewalt, die die Notwendigkeit von Frauenhäusern unterstreichen.

Geschlechtsbasierte Gewalt konnte stillschweigend historisch wachsen und hat mittlerweile eine globale Verbreitung pandemischen Ausmaßes erreicht; sie stellt weltweit das größte Gesundheitsproblem für Frauen dar. Ein Drittel aller Frauen weltweit hat, laut der WHO, sexualisierte Gewalt erlebt, in den meisten Fällen durch ihren männlichen Intimpartner.[8] Epidemien und gesellschaftliche Ausnahmesituationen erhöhen das Risiko für Frauen, von Gewalt betroffen zu werden.

Zu Beginn der Pandemie, im März 2020, gab es diesen gefühlten Moment des Stillstandes und das Private geriet in den Fokus der Öffentlichkeit. Zwischen März und April wurde in einer medialen Dichte bundesweit über Gewalt gegen Frauen und über die Situation von Frauenhäusern berichtet, wie seit Mitte der 1970er und

#metoo[i] nicht mehr. In unterschiedlichsten Onlineformaten diskutierten feministische Expertinnen und teilten ihre Erfahrungen mit einem interessierten Publikum. Anerkannte Zeitschriften und Zeitungen interviewten Frauenhausmitarbeiterinnen und publizierten Artikel zum Themenschwerpunkt Gewalt gegen Frauen. Trotzdem klangen die Presseberichte zu Beginn so, als würde die spezielle Situation während des Lockdowns häusliche Gewalt erst hervorbringen und nicht extrem verstärken. Mittlerweile wird immer noch täglich über Gewalt an Frauen und vor allem Kindern berichtet. Dank der starken Präsenz gemeinnütziger Organisationen aus dem Gewaltschutz hat sich der Tonus teilweise verändert und die Tragweite häuslicher Gewalt erheblicher kommuniziert.

Im Juni 2020 veröffentlichte die Technische Universität München in Zusammenarbeit mit dem Leibniz-Institut für Wirtschaftsforschung die Ergebnisse einer ersten repräsentativen Studie zum Anstieg häuslicher Gewalt in Zusammenhang mit den COVID-19-bedingten Ausgangsbeschränkungen in Deutschland.[9] Unter der Leitung von Professorin Janina Steinert und Dr. Cara Ebert wurden 3.800 Frauen zwischen 18 und 65 Jahren online befragt. Die Studie zeigt, rund 3 Prozent der befragten Frauen erlebten physische Gewalt, 3,6 Prozent erlebten sexualisierte Gewalt. 3,8 Prozent der Frauen fühlten sich vom Partner bedroht, in 2,2 Prozent der Fälle durften Frauen das Haus nicht ohne seine Erlaubnis verlassen, bei 4,6 Prozent der Frauen kontrollierte der Partner jegliche Form von Kontakt mit anderen Personen. In 6,5 Prozent

i Der Hashtag geht auf die Aktivistin Tarana Burke zurück und wird seit den späten 2000er Jahren dazu genutzt, sexualisierte Gewalt durch Personen in Machtpositionen sichtbar zu machen. In den USA führte diese digitale Vernetzung und feministische Sichtbarmachung zur Verurteilung von Männern aus der Filmbranche.

der Haushalte wurden Kinder gewalttätig bestraft. Die Zahlen verdoppelten sich sogar im Falle von Quarantäne, finanzieller Sorge, bei Depression und Angst oder wenn im Haushalt Kinder unter 10 Jahren lebten.

Geschlechtsspezifische Gewalt ist immer Ausdruck einer gesellschaftlichen Ungleichwertigkeit der Geschlechter. Aus diesem Grund gehe ich an dieser Stelle knapp auf die aktuellsten Forschungsergebnisse zum Gender Gap[i] in Zusammenhang mit der Corona-Pandemie ein.

Das Wirtschaftswachstum- und Sozialwissenschaftliche Institut (WSI) der Hans-Böckler-Stiftung veröffentlichte im März 2021 eine Studie zu »Corona und Gleichstellung: Eine neue Studie beleuchtet die Wirkung auf den Gender Pay Gap, Arbeitszeiten und die Aufteilung von Sorgearbeit.« Die Wissenschaftlerinnen Dr. Yvonne Lott und Dr. Aline Zucco kamen dabei zu dem Ergebnis, dass der Gender Pay Gap 2020 zwar leicht zurückgegangen sei (mit 19 Prozent, auch im europäischen Vergleich, sehr hoch), was wahrscheinlich daran lag, dass Männer eher arbeitslos oder in Kurzarbeit waren.

Für 2021 vermuten sie eine Vergrößerung der Gender Pay Gaps, da sich die Höhe des Kurzarbeitergeldes, wie auch die des Arbeitslosengeldes, vom Nettoeinkommen ableitet, welches bei vielen verheirateten Frauen wegen des Ehegattensplittings niedriger ausfällt.[10]

Außerdem wurde Kurzarbeiterinnen seltener eine Aufstockung des Kurzarbeitergeldes zugesprochen als Kurzarbeitern.

---

i Gender Gap beschreibt einen »Spalt«, der zwischen den *zwei* Geschlechtern verläuft, und die ungleichwertige Behandlung markieren soll. Gender Pay Gap beschreibt die ungleiche Bezahlung aufgrund von Geschlecht und Gender Time Gap die ungleiche Zeitnutzung, vor allem bei der Fürsorge von Kindern, aufgrund von Geschlecht.

Die Ergebnisse zeigen auch, dass Frauen ihre Erwerbsarbeit eher wegen Kinderbetreuung reduzierten als Männer, denn nach wie vor übernehmen in Deutschland in erster Linie die Frauen die unbezahlte Arbeit bei der Kinderbetreuung, selbst wenn sie berufstätig sind.

»In der Gesamtschau spricht vieles dafür, dass sich die bereits vor der Krise existierenden Ungleichheitsstrukturen in der Krise verschärfen und damit auch langfristig zu einer wachsenden Ungleichheit zwischen den Geschlechtern führen könnten, wenn nicht rechtzeitig gegengesteuert wird«, so Professorin Dr. Bettina Kohlrausch, Leiterin des Instituts, »Gleichzeitig können wir durch die Erfahrungen der Krise lernen, welche Faktoren eine egalitäre Verteilung der Sorgearbeit ermöglichen: mehr Arbeit im Homeoffice und ein geringeres Arbeitszeitvolumen sind wichtige Säulen einer gerechteren Geschlechterordnung.«[11]

Die Expertinnen weisen darauf hin, dass die Betriebe ihre Vereinbarkeit von Familie und Beruf verbessern müssten. Hilfreich wäre hierfür der Ausbau der Partnermonate des Elterngelds und der Ausbau der 30-Stunden-Woche. Außerdem müsste, gerade für den Fall einer Krise, das Kurzarbeiter*innengeld und Arbeitslosengeld von der Steuerklasse III/V gelöst werden. Für diese Entwicklung bedürfe es einer Reform des Ehegattensplittings.

Und zu guter Letzt müssen Dienstleistungsberufe, die seit je an das weibliche Geschlecht gekoppelt sind, gesellschaftlich und finanziell aufgewertet werden. Neben der Verstärkung der strukturellen Gewalt, für die der Gender Pay Gap ein Beispiel ist, kam es während der Pandemie auch zu einem weltweiten Anstieg häuslicher Gewalt.

Die Vereinten Nationen sprechen von einer »Schattenpandemie« bei einem weltweiten Anstieg häuslicher Gewalt von 30 Prozent.[12]

Beispielsweise wurde in Liberia allein im ersten Halbjahr der Pandemie ein Anstieg geschlechtsspezifischer Gewalt um 50 Prozent registriert. In Kenia berichtete die Presse von 4.000 Schülerinnen, die infolge des Lockdowns schwanger zur Schule kamen. Laut der südafrikanischen Polizeistatistik begeht alle drei Stunden ein Mann einen Femizid.[13] In Frankreich wurden seit des Lockdowns im März 30 Prozent mehr Strafanzeigen gegen häusliche Gewalt gestellt als zuvor. In Zypern und Singapur wurden Beratungstelefone bis zu 33 Prozent häufiger angerufen. In Argentinien gehen 25 Prozent mehr Notrufe gegen häusliche Gewalt ein als vor dem Lockdown. Für Kanada, die USA, Großbritannien, Spanien und Deutschland verzeichnen sowohl NGOs als auch staatliche Institutionen eine erhöhte Inanspruchnahme der Telefonnotrufe[i], außerdem sei der Bedarf an Schutzräumen und Frauenhausplätzen erheblich gestiegen.[14]

Eine aktuelle deutschlandweite Umfrage in Frauenhäusern belegt, »dass dutzende Einrichtungen im vergangenen Jahr über Wochen oder Monate keine freien Plätze anbieten konnten, teilweise mussten sie hunderte Frauen abweisen. Mitten in der Pandemie, in der Fälle häuslicher Gewalt zunehmen und Betroffene noch schwerer als sonst eine sichere Bleibe etwa in Pensionen oder bei Vertrauenspersonen finden können.«[15]

Sowohl bei Beratungsstellen als auch Frauenhäusern stieg die Zahl der Anfragen erst nach Ende des ersten Lockdowns an, da der ohnehin knappe Bewegungsradius gewaltbetroffener Frauen sich noch weiter verringert hatte. Die Familienfürsorge konnte nicht mehr zu den Familien und Kindern nach Hause kommen und weil Schulen und Kitas geschlossen waren, blieb Kindesmissbrauch vielfach unentdeckt.

---

i Das bundesdeutsche Hilfetelefon genau wie die Notrufnummer des Berliner BIG e.V. verzeichneten seit April 2020 einen Beratungsanstieg um 20 Prozent.

Seit dieser Zeit wurden telefonische und digitale Hilfsangebote wichtiger denn je. Viele Beratungsstellen reagierten schnell und bauten ihre digitalen Hilfestrukturen aus.

Die Bundesregierung machte kurzfristig mit großen Plakaten im öffentlichen Raum aufmerksam auf die Nummer des Hilfetelefons. Außerdem wurden in 26.000 Supermärkten Plakate und Kassenbons mit Informationen über Hilfsangebote verbreitet. Die Nummer richtet sich sowohl an Frauen in Gewaltbeziehungen als auch alle anderen irgendwie Betroffenen, sei es durch Fälle im Freund*innenkreis oder in der Nachbarschaft.

In Berlin wurden vom Senat zwei Hotels als Schutzorte für Frauen und ihre Kinder angemietet, um der hohen Nachfrage und den Pandemiebestimmungen und -risiken gerecht zu werden.

Im »Stadthotel« standen 60 Zimmer zur Verfügung, die einzeln belegt wurden – das Haus war schnell voll. Ein weiteres Hotel wurde zur Quarantäneisolierung für Frauen und ihre Kinder eingerichtet, damit mögliche Infektionen nicht zu Schließungen etablierter Häuser führten. Hier können bis zu 130 Menschen Schutz finden. Die Hotels wurden schnell umfunktioniert und Mitarbeiterinnen aus anderen Beratungskontexten sind hier mit begrenzter Zeit tätig.

Frauenhäuser sind von der Pandemie besonders betroffen, da viele Menschen auf engem Raum zusammenkommen. Nicht nur die Bewohnerinnen, sondern gerade auch das Personal ist gefährdet und bei Krankheitsausfällen kann keine ausreichende Unterstützung geboten werden.

Laut Frauenhauskoordinierung ist das Bundesministerium für Gesundheit nicht auf die Empfehlung der Ständigen Impfkommission eingegangen, um Mitarbeitende und Bewohnerinnen von Frauenhäusern priorisiert zu impfen. Dabei zeigte sich gerade jetzt die Systemrelevanz dieser Orte und ihrer Mitarbeitenden.

Die politische Debatte um häusliche Gewalt

Um den internationalen Tag gegen Gewalt an Frauen, jährlich am 25. November, wird Gewalt gegen Frauen Thema der Parteien. In den Jahren 2019 und 2020 wurden im Bundestag mehrere Anträge der Opposition dazu gelesen. Im Juni 2021, eineinhalb Jahre nach Beginn der Pandemie, wurde über diese Vorlagen abgestimmt – alle wurden abgelehnt.

Die FDP hatte beantragt, »Frauenhäuser als Teil des staatlichen Schutzauftrags« wahrzunehmen, und in einem zweiten Antrag gefordert, die »Infrastruktur für Betroffene häuslicher Gewalt in Deutschland krisenfest aufzustellen«. Beide Vorhaben wurden durch CDU/CSU, SPD, AfD abgelehnt, die Grünen und Linksfraktion sprachen sich für die Anträge aus.[16] Der Antrag der Grünen mit dem Titel »Verantwortung für Frauen in Frauenhäusern übernehmen« wurde von CDU/CSU, SPD, AfD abgelehnt und FDP, Linksfraktion stimmten dafür. Dem zweiten Antrag, »Beratungsangebote für gewaltbetroffene Frauen stärken«, wurde nur von der Linksfraktion zugestimmt.[17] »Gewalt gegen Frauen und Mädchen systematisch bekämpfen – Grundlagen zur erfolgreichen Umsetzung der Istanbul-Konvention schaffen«, forderte die Linke, CDU/CSU, SPD und AfD stimmten dagegen, die Grünen und FDP dafür.[18] Der Antrag der Linken, »Femizide in Deutschland untersuchen, benennen und verhindern«, wurde von allen Parteien (CDU/CSU, SPD, AfD, FDP) außer den Grünen abgelehnt.

Über keinen der rassistischen Anträge der AfD wurde abgestimmt. Dafür reichte die FDP einen neuen Antrag zur Beratung in den Familienausschuss ein, in dem sie eine Folgestudie zu Zwangsheirat forderte.[19]

Diese Debatte zeigt, das politisch linke und grüne Lager betrachten Gewalt gegen Frauen strukturell und teils intersektional. Im konservativen und rechten Lager herrscht ein geringeres Problembewusstsein. Hier gilt die heteronormative Kernfamilie nach wie vor als heiliger Schrein und Gleichberechtigung als Gefahr für die soziale Ordnung. Die SPD und CDU/CSU, wie aus einem Plenarprotokoll hervorgeht,[20] sind zufrieden und sehen die bisherigen Maßnahmen im Kampf gegen Gewalt an Frauen als erfolgreich an; die Frauen- und Familienministerin wird zu diesem Zeitpunkt schon zurückgetreten sein. Die FDP engagiert sich, wie später gezeigt wird, seit den 1970ern sehr eindeutig für Frauenhäuser. Die Mehrheit der Parteien spricht sich für eine einheitliche und bundesweite Finanzierung von Frauenhäusern aus. Diese Forderung wird jährlich auf politischer Ebene diskutiert, bisher ohne Erfolg.

Erwähnt werden sollte noch ein Antrag von den Grünen, der zu keiner Abstimmung kam, dessen Inhalt jedoch immer relevanter wird und leider kaum erforscht ist. »Rechter Frauenhass, gerade im Internet und in den sozialen Netzwerken«, wird, laut den Grünen, unterschätzt. Genau wie antisemitische und rechtsextreme Motive müssen auch »frauenfeindliche Motive endlich im Rahmen von politisch motivierter Kriminalität, sogenannter Hasskriminalität[i], erfasst werden.«[21]

---

i Hasskriminalität umfasst politisch oder weltanschaulich motivierte Straftaten, bei denen das Opfer aufgrund seiner tatsächlichen oder unterstellten Zugehörigkeit zu einer dem Täter verhassten sozialen Gruppe gezählt wird, dem Täter geht es also nicht um das Opfer, sondern er will eine Wirkung in der Gesellschaft erzielen. Dass dies noch nicht der Fall ist, zeigt, wie exkulpiert voneinander Rassismus und Sexismus gedacht werden.

Die aktuelle Situation von Frauenhäusern und ihrer Bewohnerinnen

Grundsätzlich gilt nach dem Selbstverständnis der Frauenhäuser, dass alle Frauen aufgenommen werden, die von akuter Gewalt betroffen sind, Schutz bedürfen und Unterstützung brauchen. Bis heute existiert jedoch kein Rechtsanspruch auf einen Frauenhausplatz.

Ein grundlegendes Problem für die allermeisten Kommunen liegt in der Finanzierung. Der Wissenschaftliche Dienst des Bundestags stellte bereits 2019 in einem Gutachten fest, dass Frauenhäuser bundesweit überlastet seien und dass es nach wie vor keine einheitliche Finanzierung gebe. Aus diesem Zusammenhang ergibt sich, dass die Inanspruchnahme eines Frauenhausplatzes in einem anderen Bundesland als in dem, in dem man gemeldet ist, sich als »äußerst kompliziert, mitunter sogar unmöglich« gestalte.[22]

Frauenhausplätze werden oft nach einem Tagessatz-Modell abgerechnet. Das bedeutet eine Finanzierung über die Leistungsansprüche der gewaltbetroffenen Frauen nach dem Sozialgesetzbuch (SGB II und SGB XII), damit wird diese Maßnahme als eine berufliche Wiedereingliederung umdefiniert.[23] Die Zentrale Informationsstelle Autonomer Frauenhäuser berichtet, selbst Frauen, die erwerbstätig sind, müssten oftmals Leistungen des SGB II beantragen, um die Tagessätze aufbringen zu können. Auch (Ehe-)Frauen, die über Vermögen verfügten, auf das sie aber nicht zugreifen können, müssten teilweise SGB-II-Leistungen als Darlehen beantragen und seien nach dem Aufenthalt verschuldet.[24] Die Aufnahme erfolgt somit nicht anonym, was für einige Frauen eine Hürde und zusätzliche Gefahr darstellen kann.

Vor allen Dingen bedeutet dies, dass Frauen ohne Leistungsanspruch, wie Studentinnen, Auszubildende, Schülerinnen, Frauen mit eigenem Einkommen/Vermögen, geflüchtete Frauen, EU-Bürgerinnen, Diplomatenfrauen oder UN-Mitarbeiterinnen, Frauen mit prekären Aufenthaltsstatus, mit Residenzpflicht oder Wohnsitzauflagen, keinen Zugang zu Frauenhäusern haben. Diese Gruppen können in den meisten Bundesländern Beratung und Schutz nur in Anspruch nehmen, wenn sie für die Kosten selbst aufkommen.

»In einigen Fällen«, so Heike Herold, Geschäftsführerin von Frauenhauskoordinierung e.V., »werden Frauen zu Lasten des Frauenhausträgers aufgenommen.« Das Frauenhaus bekomme in solch einem Fall keinerlei Finanzierungshilfe über den Staat und finanziert den Aufenthalt selbst.[25] Diese Finanzierungshürde führt auch zu Komplikationen bei der Vermittlung in andere Bundesländer, bspw. wenn erhöhte Gefahr droht oder Häuser belegt sind. Jede Kommune legt freiwillig und ohne jegliche gesetzliche Verankerung fest, wie viel, wie lange und auf welche Art sie ein Frauenhaus aus dem eigenen Haushalt unterstützt. Herold betont, dass diese Form der Finanzierung einige Nachteile bringe: Beispielsweise, wenn eine Kommune aufgrund von Corona nicht mehr zahlungsfähig sei und unter Zwangsverwaltung durch das Land gerät, müssten freiwillige Leistungen gestrichen werden.[26]

Lediglich in Berlin, Hamburg und Schleswig-Holstein werden die Plätze aus Zuwendungen durch Landesmittel finanziert und sind damit mehr Frauen zugänglich – solange es freie Plätze gibt. Schwierigkeiten bleiben bestehen bei der Unterbringung von Frauen mit Behinderungen (gehörlos, sehbehindert, mobilitätseingeschränkt), mit Psychiatrieerfahrung, bei Frauen mit älteren Söhnen oder Haustieren und bei Suchtmittelabhängigkeit, da nur wenige Häuser barrierefrei oder zugänglich sind oder weil die finanziellen Mittel fehlen, um spezifische Unterstützung anzubieten.

Es gibt in Deutschland nicht ausreichend Frauenhausplätze, obwohl die Häuser untereinander kooperieren und bundesweit vermitteln.

In Berlin gibt es aktuell (stand September 2021) sieben Frauenhäuser mit insgesamt 422 Plätzen. Damit fehlen immer noch knapp die Hälfte der laut Istanbul-Konvention empfohlenen Plätze. Ein achtes und neuntes Frauenhaus sind angekündigt. Doch die vorhandenen Kapazitäten reichen nicht, denn zwei Drittel der laut Istanbul-Konvention empfohlenen Plätze fehlen aktuell, so Kristin Fischer von Berliner Initiative gegen Gewalt an Frauen, BIG e.V. Nach 20 Jahren Erfahrung in der Frauenhausarbeit weiß sie, dass es vorkommt, »sind morgens 13 Plätze frei, sind diese abends belegt«.[27]

Insgesamt existierten ca. 350 Frauenhäuser mit 6.800 Plätzen in Deutschland, wobei die regionale Verteilung sehr unterschiedlich ist.[28] 130 Frauenhäuser bezeichnen sich als autonom, also parteipolitisch und konfessionell unabhängig, und werden von Fraueninitiativen und Trägervereinen verwaltet. Der andere Teil ist in Trägerschaft von traditionellen Wohlfahrtsverbänden. Ein barrierefreies Angebot für mobilitätseingeschränkte Frauen bietet bisher ein Frauenhaus in Berlin.

Im Rahmen ihrer Bewohnerinnenstatistik für das Jahr 2019, an der 182 Frauenhäuser teilnahmen, erhob Frauenhauskoordinierung e.V. über 7.045 Bewohnerinnen und 8.134 Kinder Angaben.[29] 73 Prozent der Bewohnerinnen waren zwischen 20 und 40 Jahre alt. Die Hälfte der Frauen floh vor einem gewalttätigen Ehemann, 26 Prozent vor dem Partner, 11 Prozent vor einem männlichen

Angehörigen, 10 Prozent vor dem Ex-Mann, -Partner und 6 Prozent vor weiblichen Angehörigen, 3 Prozent vor anderen Personen und 1 Prozent vor gleichgeschlechtlichen Partnerinnen. Die Zahlen verdeutlichen, dass Fälle männlicher Gewalt in heterosexuellen Paarbeziehungen deutlich dominieren.

Gesamtgesellschaftlich erleben Frauen jeden Alters, aus allen Einkommens- und Bildungsschichten und ungeachtet ihrer Herkunft häusliche Gewalt, allerdings sind es insbesondere vulnerable Gruppen mit begrenzten finanziellen oder sozialen Ressourcen, die die Unterstützung der Frauenhäuser in Anspruch nehmen.[30]

Laut der Statistik sind zwei Drittel der Bewohnerinnen nicht in Deutschland geboren und 30 Prozent der Bewohnerinnen gaben an, eine Beeinträchtigung zu haben. Damit ist ein Drittel auf barrierefreie Angebote angewiesen. Fast 80 Prozent der Frauen waren vor ihrer Ankunft im Frauenhaus nicht berufstätig und haben kein eigenes Einkommen. 33 Prozent der Arbeitenden sind in Voll-, 39 Prozent in Teilzeit beschäftigt. Ein relevanter Anteil der Frauen muss ihre Arbeit für einen Aufenthalt im Frauenhaus, wegen Wohnortswechsel oder fehlender Kinderbetreuung aufgeben. Fast drei Viertel der Frauen hat Kinder unter 18 Jahre. Einige Frauen lebten vor ihrem Aufenthalt bereits in Armut. Der Bezug von ALG II in Zusammenhang mit ihrem Frauenhausaufenthalt ermöglicht es ihnen, zum ersten Mal eigenständig zu wirtschaften. 44 Prozent der Frauen beziehen vor ihrem Aufenthalt ALG II, ihr Anteil steigt während des Aufenthalts auf 65 Prozent. Fast jede zweite Bewohnerin bezahlt ihren Aufenthalt teilweise oder ganz selbst.

Bei trans* und nichtbinären Personen wird je nach Einzelfall entschieden, ob sie in einem Frauenhaus unterkommen können. Die autonomen Frauenhäuser, die der Zentralen Informationsstelle Autonomer Frauenhäuser angeschlossen sind, stehen darüber in Dialog. Das sechste autonome Frauenhaus in Hamburg bietet explizit Plätze für Menschen, die Mehrfachdiskriminierung erfahren.

Eine »massive Gewaltbetroffenheit« konnte bei Frauen mit Fluchterfahrung, Sexworkerinnen, suchtkranken und wohnungslosen Frauen festgestellt werden, da sie komplexere Unterstützung benötigen, die personell und finanziell kaum zu bieten sind.[31] Monika Schröttle, Wissenschaftlerin mit Schwerpunkt Gender, Gewalt und Menschenrechte, betont außerdem, dass migrantisierte Frauen »in höherem Maße und schwerer von Gewalt durch aktuelle Partner« betroffen sind.[32] Verlassen diese Frauen Gewaltbeziehungen, stehen sie oft vor weitaus komplexeren Herausforderungen, da der Zugang zu alternativen Wohnmöglichkeiten aufgrund kleinerer sozialer außerfamiliärer Netzwerke und geringerer sozioökonomischer Ressourcen weniger ausfällt. Hinzu kommt die Diskriminierung auf dem Wohnungsmarkt.

Aussagen wie: »der gefährlichste Ort für eine Frau ist ihr Zuhause«, müssen immer auch intersektional gehandhabt werden. Notwendigerweise sollte der Begriff »Zuhause/häuslich« ausgedehnt werden, da beispielsweise Angriffe gegen geflüchtete Frauen in Sammelunterkünften nicht als häusliche Gewalt eingestuft werden. Asyl beantragende Frauen befinden sich aufgrund von Gewalterfahrungen vor und während der Flucht in gesundheitlichen »Ausnahmezuständen«. Gerade diese Menschen benötigen einen besonders behutsamen Umgang und Schutzräume mit Privatsphäre. Für geflüchtete Frauen kommen erschwerende Wohnsitzauflagen, Ortsgebundenheit und Umverteilungsanträge und eine unklare Finanzierung hinzu.

Die am extremsten von Gewalt betroffene Gruppe stellen Frauen mit Behinderungen dar. Sie sind je nach Behinderung und Gewaltform zwei- bis viermal häufiger von (Partnerschafts-) Gewalt betroffen als Frauen im Bevölkerungsdurchschnitt.[33] In den wenigsten Fällen kommt es zu Strafverfahren. Aus diesem Grund hat der Bundesverband der Frauenberatungsstellen und Frauennotrufe in Deutschland zusammen mit Polizei, Justiz, Ärzt*innen und Sozialarbeitenden ein transdisziplinäres Handbuch herausgegeben.[34] Erschwerend kommen ableistische Strukturen hinzu, die behinderte Menschen als weniger wert einstufen und keinen Zugang zum Arbeitsmarkt und zum freien Wohnungsmarkt zulassen. Die fehlende Infrastruktur für Menschen mit Behinderungen führt zu weniger Teilhabe am gesellschaftlichen Leben. Dieser Ausschluss führt zu Isolation und Abhängigkeit, eine Grundlage für häusliche Gewalterfahrungen. Diese Exklusion kann tödlich sein, wie die Ermordung von vier behinderten Menschen in einem Potsdamer Pflegeheim durch eine Mitarbeiterin kürzlich zeigt.[35]

Die meisten Frauen kommen durch die Hilfe professioneller Dienste, wie Beratungsdienste, Behörden und Ärzt*innen ins Frauenhaus. Ein erheblicher Teil wird von der Polizei vermittelt. Vor allem in Berlin arbeitet diese eng mit den Frauenhäusern und Vermittlungsstellen zusammen. Seit den 1990er Jahren können sich Polizist*innen während ihrer Ausbildung für den Umgang in Situationen von häuslicher Gewalt schulen lassen. Die Trainings werden von externen Expertinnen aus der Praxis angeboten. Fast die Hälfte der Bewohnerinnen kommt aus eigener Initiative oder durch Unterstützung von Freund*innen.

Alle diese Zahlen sind Ausdruck eines gesellschaftlich verbreiteten Frauenhasses, worauf ich in Kapitel zwei genauer eingehen werde. Misogynie ist ein strukturelles Problem und findet seinen Ausdruck unter anderem in einem patriarchalen Besitzanspruch über Frauen und in destruktiven Abhängigkeitsverhältnissen.

Frauenhass stellt kein individuelles Problem kranker Frauen und »verletzter Einzeltäter« dar, sondern muss gesellschaftlich betrachtet werden.

Eine gesamtgesellschaftliche Betrachtung des Problems findet allerdings kaum statt, wie das Phänomen des »verwirrten Einzeltäters« zeigt, das sich aktuell häufig in Debatten um rechtsextremen Terrorismus und/oder Incels findet.[36] Autorin Veronika Kracher begreift diese Täter nur als »Spitze einer Gesellschaft«, in der heterosexuelle und cisgeschlechtliche Männer ein pathologisches und gefährliches Problem darstellten.[37]

Die Täter üben Gewalt aus, unabhängig von Einkommen und Vermögen, Herkunftsort und Aufenthaltsstatus. Dass es in der öffentlichen Wahrnehmung so wirkt, als überwiege die Kriminalität in migrantisierten oder armen Familien, liegt vor allem an der medialen Berichterstattung, die diese häufiger sichtbar macht und besonders hervorhebt und damit letztlich eine gesamtgesellschaftliche Betrachtung des Problems verhindert. Vergleicht man die Zahlen der BKA-Statistik mit denen der Bewohnerinnenstatistik, zeigt sich diese Diskrepanz. 2019 hatten über 70 Prozent der Opfer von Partnerschaftsgewalt eine deutsche Staatsangehörigkeit, aber nur 40 Prozent der Bewohnerinnen.

Die Istanbul-Konvention

Die sogenannte *Istanbul-Konvention* ist das erste völkerrechtliche Übereinkommen, das explizit zum Ziel hat, Gewalt gegen Frauen und Mädchen im Allgemeinen und häusliche Gewalt im Besonderen zu verhindern und zu bekämpfen.[38] Es handelt sich um einen wichtigen und starken Vertrag. Das Abkommen wurde 2011 vom Europarat[i] verabschiedet und trat 2014 in Kraft. Von den 47 Mitgliederstaaten[ii] haben Russland und Aserbaidschan die Unterzeichnung abgelehnt. Unter Präsident Putin wurde häusliche Gewalt im Jahr 2017 entkriminalisiert und zur Ordnungswidrigkeit degradiert. Mittlerweile haben 34 Staaten das Abkommen ratifiziert. Damit ist es in diesen Staaten geltendes Recht, gegen geschlechtsspezifische Gewalt in Form von psychischer Gewalt, Nachstellung, körperlicher Gewalt, erzwungener Ehe, Abtreibung und Sterilisation, Verstümmelung weiblicher Genitalien, sexuelle Belästigung und Gewalt im Namen der »Ehre« vorzugehen.

Die Vertragsparteien verpflichten sich zur Gewaltprävention durch die Sensibilisierung der Öffentlichkeit, zur Unterstützung

---

i Der Europarat ist eine unabhängige internationale Organisation und setzt sich seit seiner Gründung im Jahr 1949 für die Grundprinzipien der Demokratie, der Menschenrechte und des Rechtsstaates ein. Nicht zu verwechseln mit dem Europäischen Rat, der sich aus den 27 Staats- und Regierungschef*innen zusammensetzt.

ii Alle Länder des geografischen Kontinents Europa und dessen Peripherie mit Türkei, Russland oder Aserbaidschan, ohne Belarus. Um Mitglied zu werden, muss jedes Land die Europäische Konvention zum Schutz der Menschenrechte und Grundfreiheiten unterzeichnen.

und zum Schutz durch Hilfestrukturen, ausgebildete Fachkräfte und ausreichende Frauenhäuser, außerdem zur strafrechtlichen Aufklärung und Sanktionierung von Gewalt gegen Frauen und damit einhergehende Kontakt- und Näherungsverbote sowie die Anwendung dieser Maßnahmen auch im Falle von Asylverfahren und die Möglichkeit eines unabhängigen Aufenthaltstitels für Gewaltopfer.

Die Türkei hatte als erstes Land die Konvention in der eigenen Hauptstadt ratifiziert und am 19. März 2021, als erstes Land, seine Unterschrift zurückgezogen. Und auch in Polen und Ungarn fordern kirchliche und politisch-konservative Stimmen bereits öffentlich den Ausstieg.

Diese Rücknahme kommuniziert eine klare Botschaft, denn was gesetzlich nicht mehr verboten ist, ist sanktionsfrei gestattet. Das ist nicht nur ein heftiges Zeichen an gewaltbetroffene Frauen, sondern gleicht einem Aufruf zu Gewalt gegen alle, die nicht der traditionellen Wertenorm entsprechen.

»Der Austritt sendet ein fatales Signal an weltweite Bemühungen des Kampfes gegen Gewalt an Frauen und Mädchen und die Rechte der LSBTQI* Gemeinschaft.«[39] Vor dem Europäischen Gerichtshof wird aktuell geprüft, ob und wie eine Ratifizierung durch die Europäische Union möglich wäre. DaMigra, Dachverband der Migrantinnenorganisationen, fordert die konsequente bedingungslose und vorbehaltlose Umsetzung der Istanbul-Konvention durch die Unterzeichnerstaaten. Zahlreiche andere NGOs fordern Konsequenzen für die europäisch-türkischen Beziehungen und ein klares Bekenntnis der EU gegen Antifeminismus, Homophobie und Rassismus. »Dies ist das Ergebnis einer schon seit Jahren schwelenden Entwicklung, die darauf abzielt, die Rechte von Frauen und Mädchen auf ein gewaltfreies Leben massiv einzuschränken. Der Kampf von Frauen für Gleichstellung und Selbstbestimmung ist durch das Wiedererstarken patriarchaler, nationalistischer und autoritärer Strömungen und Politik vehementen Angriffen ausgesetzt«, so die Stellungnahme des Bündnis Istanbul-Konvention.[40]

Denn die *Istanbul-Konvention* empfiehlt auch, »Geschlecht« als »gesellschaftlich geprägte Rollen, Verhaltensweisen, Tätigkeiten und Merkmale, die eine bestimmte Gesellschaft als für Frauen und Männer angemessen ansieht«, anzuerkennen.[41] Ungarn, Ukraine, Moldawien, Bulgarien, Armenien, Litauen, Lettland, Tschechien und die Slowakei weigern sich, das Abkommen wegen dieser »Gender-Ideologie« zu ratifizieren. Diese Ablehnung und die Forderungen nach einem Ausstieg zeigen deutlich, wie eine Wiederherstellung heteronormativer Häuslichkeit mit traditionellen Familienwerten immer auch flankiert wird von Antifeminismus und Homophobie.

Liechtenstein berät im Mai 2021 über die Ratifizierung, und aus dem Vereinigten Königreich gibt es bisher keine Bewegungen auf gewaltbetroffene Frauen zu. Eher im Gegenteil, die Gewalt gegen Frauen wird von staatlicher Seite ausgeübt, wie aktuell der Femizid an der 33-jährigen Sarah Everard durch einen Londoner Polizisten zeigt. Unter dem #ReclaimTheStreets posten Frauen gegen Gewalt an Frauen im öffentlichen Raum.

Wie ich in Kapitel fünf zeigen werde, war häusliche Gewalt (auch) in einigen Londoner Stadtteilen extrem verbreitet, staatlich wurde sie jedoch ignoriert. In den frühen 1970er Jahren besetzten Frauen mit häuslicher Gewalterfahrung deswegen Häuser und organisierten sich selbst in unabhängigen Strukturen. Dieser Aktivismus nahm starken Einfluss auf die Westberliner Frauenhausbewegung.

Die Umsetzung der Istanbul-Konvention in Deutschland

Mit Blick auf Deutschland knüpft die Istanbul-Konvention da an, wo eine repräsentative Studie aus dem Jahr 2014 zur Gewaltbetroffenheit von Frauen und Mädchen endete. Die Studie ergab, dass 40 Prozent der befragten Frauen seit ihrem 16. Lebensjahr körperliche und/oder sexualisierte Gewalt erlebt haben.[42] Die Studie zeigt auch, dass jede vierte Frau in Deutschland häusliche Gewalt erlebt. Mädchen sind bis zu dreimal so häufig Opfer von sexuellem Missbrauch, vorwiegend in der Familie, als Jungen. Für Gesamteuropa sind die Zahlen ganz ähnlich, wie die Ergebnisse einer europaweiten Studie aus dem gleichen Jahr zeigen. [43] Eine Studie zur Lebenssituation von Frauen mit Behinderungen 2011 deckte auf, dass fast die Hälfte der Befragten im Laufe ihres Lebens sexualisierte Gewalt erfahren hatten. Frauen mit Behinderung erfahren doppelt so häufig physische Gewalt im Erwachsenenalter wie nichtbehinderte Frauen.[44] Alle Studien, die bisher zu geschlechtsspezifischer Gewalt durchgeführt wurden, berücksichtigen keine Angriffe auf trans* oder nichtbinäre Geschlechtsidentitäten, obwohl sie ebenfalls in hohem Maße von Gewalt betroffen sind. Geschlechtsbasierte Gewalt wegen rassistischer Zuschreibungen, wie sie BIWoC, Frauen mit Hidschab oder Romnja erleben, werden ebenfalls nicht ausdrücklich berücksichtigt.

Artikel 22, 23 und 25 der Istanbul-Konvention verpflichten Deutschland als Vertragspartnerin, für von Gewalt betroffenen oder bedrohten Frauen die notwendigen Hilfsdienste bereitzustellen. Artikel 23 der Istanbul-Konvention empfiehlt dabei konkrete Standards für Frauenhäuser.

»Der Zweck dieser Schutzunterkünfte besteht darin, zu jeder Tages- und Nachtzeit die sofortige Unterbringung der Opfer, häufig Frauen und Kinder, die bei sich zu Hause nicht mehr sicher sind, zu gewährleisten. Das Vorhalten vorübergehender Unterkünfte oder allgemeiner Schutzunterkünfte wie Obdachlosenunterkünften reicht nicht aus, da sie nicht die erforderliche Hilfe bieten und die Rechte des Opfers nicht im erforderlichen Maße stärken.«[45] Spezialisierte Frauenhäuser bieten den notwendigen Raum, um die traumatisierenden Erfahrungen zu verarbeiten und gewalttätige Beziehungen zu beenden. Gewaltbetroffene Frauen haben hier die Chance, ihr Selbstwertgefühl wiederzufinden und eine Grundlage für ein unabhängiges Leben nach eigenen Vorstellungen zu schaffen.

Die Schutzräume müssen leicht zugänglich und in ausreichender Form vorhanden sein. Das Übereinkommen gibt vor, dass pro 10.000 Einwohner*innen eine Familie in einem Frauenhaus (»Family Place«) unterkommen können muss.[46] Daraus ergeben sich 2,5 Plätze pro 10.000 Einwohner*innen als ausreichende Anzahl an Frauenhausplätzen. »Mit durchschnittlich einem Frauenhausplatz auf 12.000 Einwohner*innen ist die Versorgung in Deutschland defizitär«, so der Deutsche Juristinnen Bund, »es fehlen nach aktuellen Schätzungen mehr als 14.600[i] Schutzplätze.«[47] In der Realität bedeutet dies, dass im Schnitt jede zweite hilfesuchende Frau abgewiesen wird.[48] Mindestens in 125 Kommunen in Deutschland gibt es überhaupt kein Frauenhaus.[49]

---

i Diese Zahl fällt je nach Zählweise mal höher und mal niedriger aus. Einige Quellen zählen Zweite-Stufe-Wohnungen als Frauenhausplatz, doch bieten diese keine akute Schutzunterbringung im Notfall.

In jedem Frauenhaus muss Sicherheit Priorität haben. Angriffe durch die Gewalttäter stellten nicht nur für die Frauen und Kinder eine Gefahr dar«, so Artikel 23, »sondern auch für das Personal und andere in der unmittelbaren Nähe wohnende Personen. Außerdem ist eine effektive Zusammenarbeit mit der Polizei in Sicherheitsfragen unerlässlich.«

Auch schon in der Geschichte des ersten Berliner Frauenhauses kamen Angriffe von (Ex-)Partnern oder Brandanschläge auf das Haus immer wieder vor. Auch mit der Nachbarschaft gab es häufiger Komplikationen

Artikel 23 des Abkommens besagt auch, Frauenhäuser spielten »eine zentrale Rolle bei der Gründung von Netzwerken, der Zusammenarbeit zwischen den verschiedenen betroffenen Stellen und der Bewusstseinsbildung in der lokalen Gemeinschaft«.[50] Die Öffentlichkeitsarbeit spielt eine zentrale Rolle, um eben Nachbarschaft, Freund*innen und Familie zu sensibilisieren und zu Hilfsbereitschaft aufzurufen.

Ein Streitpunkt in Deutschland, den ich an dieser Stelle erwähnen möchte, ist der Artikel 59 der Istanbul-Konvention.

Dieser Artikel befasst sich mit dem eheunabhängigen Aufenthaltsrecht und wurde von der Bundesregierung nur unter Vorbehalt angenommen.[51] Das bedeutet, entsprechende Verpflichtungen gelten nicht für Deutschland. Obwohl Art. 4 Abs. 3 der Konvention Schutz unabhängig vom »Migranten- oder Flüchtlingsstatus gewährleistet«.[52]

Emigrierten Frauen, deren Aufenthaltstitel an den des Ehemanns gekoppelt ist, wird im Falle einer Trennung nicht unbedingt Gewaltschutz gewährleistet.

Gerade bei Eheleuten oder Familiennachzug, also wenn die Frau ohne »eigenen« Fluchtgrund eingereist ist und der Aufenthalt vom Ehemann abhängt, kann sich eine Trennung aufgrund häuslicher Gewalt negativ auf die Aufenthaltserlaubnis der Frau auswirken.

Die Bundesregierung sieht Artikel 59 bereits in der Härtefallregelung (Absatz 2) des familiären Aufenthaltstitels § 31 AufenthG umgesetzt.[i] Diese Regelung gibt vor, dass, im Falle häuslicher Gewalt, eine in Deutschland geschlossene Ehe vor Ablauf der Dreijahresfrist getrennt werden darf und damit eine Verlängerung des bestehenden familiären Aufenthaltsstatus erfolgt. Dies entspricht jedoch nicht dem nach der Istanbul-Konvention geforderten, eigenständigen Aufenthaltstitel für die gewaltbetroffenen Frauen.

Wenn eine Frau § 31 AufenthG Abs. 2 geltend macht, wird ihr von den Ausländerbehörden oftmals nicht geglaubt. »Die Zweifel verstärken sich, wenn die Betroffene trotz Geltendmachung einer besonderen Härte bei dem Täter wohnen bleibt. Zieht sie jedoch in ein Frauenschutzhaus (was angesichts der Kapazitäten

i »Von der Voraussetzung des dreijährigen rechtmäßigen Bestandes der ehelichen Lebensgemeinschaft im Bundesgebiet nach Absatz 1 Satz 1 Nr. 1 ist abzusehen, soweit es zur Vermeidung einer besonderen Härte erforderlich ist, dem Ehegatten den weiteren Aufenthalt zu ermöglichen, es sei denn, für den Ausländer ist die Verlängerung der Aufenthaltserlaubnis ausgeschlossen. Eine besondere Härte liegt insbesondere vor, wenn dem Ehegatten wegen der aus der Auflösung der ehelichen Lebensgemeinschaft erwachsenden Rückkehrverpflichtung eine erhebliche Beeinträchtigung seiner schutzwürdigen Belange droht oder wenn dem Ehegatten wegen der Beeinträchtigung seiner schutzwürdigen Belange das weitere Festhalten an der ehelichen Lebensgemeinschaft unzumutbar ist; dies ist insbesondere anzunehmen, wenn der Ehegatte Opfer häuslicher Gewalt ist. Zu den schutzwürdigen Belangen zählt auch das Wohl eines mit dem Ehegatten in familiärer Lebensgemeinschaft lebenden Kindes. Zur Vermeidung von Missbrauch kann die Verlängerung der Aufenthaltserlaubnis versagt werden, wenn der Ehegatte aus einem von ihm zu vertretenden Grund auf Leistungen nach dem Zweiten oder Zwölften Buch Sozialgesetzbuch angewiesen ist.«

wie Finanzierungsprobleme ohnehin schwierig genug ist) oder eine andere Schutzunterkunft, endet die Ehebestandszeit und die Abschiebung droht.«[53]

Wenn eine Aufenthaltserlaubnis nach § 31 AufenthG erteilt wurde, was Monate und Jahre dauern kann, müssen die Frauen ein Jahr später für die erste Verlängerung nachweisen, dass ihr Lebensunterhalt gesichert ist. Dies stelle einige vor »unüberwindbare Schwierigkeiten«, beispielsweise »als alleinerziehende Mutter oder wenn der Ehemann einen Deutschspracherwerb verhindert hatte.«[54]

Im Falle eines juristischen Prozesses sei es »deutsche Praxis, Betroffenen von Gewalt gegen Frauen oder häuslicher Gewalt nur eine Duldung zum Zwecke von Ermittlungs- oder Strafverfahren zu erteilen«, so der Deutsche Juristinnenbund. »Dies ist ein wesentliches Strafverfolgungshindernis, sie würdigt die Betroffenen zu reinen Objekten staatlicher Strafverfolgungszwecke herab, weil sie ausschließlich im öffentlichen Interesse zur Sicherung des Strafverfahrens erteilt wird.«[55] Diese Duldung bedeutet gleichzeitig extrem erschwerte Zugänge zum Arbeits- und Wohnungsmarkt und schließt damit eine selbstbestimmte Existenzsicherung zu großen Teilen aus.

Es geht also eher darum, die Vorbehalte gegenüber Artikel 59 zurückzunehmen und stattdessen im Aufenthalts- und Asylrecht AsylbLG, §§ 4 und 6, für Asylsuchende, Geduldete und Papierlose einen Rechtsschutz zu verankern.[56] Seit 2005 wird nach AsylbLG, §§ 4 und 6, geschlechtsspezifische, nichtstaatliche Verfolgung als Asylgrund anerkannt.

Im Zuge der Ratifizierung der Istanbul-Konvention im Jahr 2017 initiierte Bundesfrauenministerin Franziska Giffey 2018 den Runden Tisch *Gemeinsam gegen Gewalt an Frauen*, an dem Mitglieder von Bund, Ländern und Kommunen am Ausbau der Frauenhäuser und weiteren Hilfsangeboten arbeiten. Nach ihrem Rücktritt 2021 wurden die ersten Ergebnisse durch Justizministerin Christine Lambrecht veröffentlicht. Kommunen, Länder und Bund sind sich demnach zum ersten Mal einig, dass es einer einheitlichen Finanzierung bedar; wie dies umgesetzt werden wird, ist bisher noch unklar. Als zusätzliche Maßnahme gegen Gewalt an Frauen startete Giffey im November 2019 die bundesweite Initiative »Stärker als Gewalt«, die die Öffentlichkeit für das Thema sensibilisieren sollte. Seit dem Jahr 2020 existiert das Bundesförderprogramm »Gemeinsam gegen Gewalt an Frauen«, bei dem für vier Jahre 120 Millionen zusätzlich für den Aus-, Um- und Neubau von Beratungsstellen und Frauenhäusern bereitgestellt werden. Auch Organisationen, die mit gewaltbetroffenen Männern arbeiten, sollen aus diesem Topf unterstützt werden. Teil der Initiative sind folgende Organisationen: Hilfetelefon »Gewalt gegen Frauen«, Frauenhauskoordinierung e.V., Bundesverband Frauenberatungsstellen und Frauennotrufe, Zentrale Informationsstelle Autonomer Frauenhäuser, Weibernetz, Bundesforum Männer, Landesfachstelle Männerarbeit Sachsen, Sozialdienst Katholischer Männer, die Antidiskriminierungsstelle des Bundes, Bundesweiter Koordinierungskreis gegen Menschenhandel, der Dachverband der Migrantinnenorganisationen, Bundesarbeitsgemeinschaft Täterarbeit Häusliche Gewalt und Bundesarbeitsgemeinschaft kommunaler Frauenbüros und Gleichstellungsstellen.

Am 27.5.2021 veröffentlichte der Runde Tisch »Gemeinsam gegen Gewalt an Frauen« Ergebnisse seiner bisherigen Arbeit. Laut des Positionspapiers solle es eine bundesgesetzliche Regelung für die Finanzierung der Hilfestruktur geben, so dass der Gewaltschutz für alle Personen unabhängig ihres Wohnortes gesichert werden kann. »Der Zugang zu Schutz und Beratung in einer Schutzeinrichtung oder Beratungsstelle muss möglichst unbürokratisch, zügig und unabhängig von einer Kostenzusage der Herkunftskommune und zur Umsetzung der UN-Behindertenrechtskonvention barrierefrei ermöglicht werden.«[57] Durch diese Neuregelung solle der Zugang diskriminierungsfrei verlaufen und auch bisher ausgeschlossene Personengruppen, wie z.B. Studierende und Auszubildende, EU-Bürgerinnen und Asylbewerberinnen, Schutz erhalten. Dabei berufen sich die Mitglieder des Runden Tischs auf Artikel 4 der Istanbul-Konvention. Die Kostenerstattungsregelung solle gesetzlich neu geregelt werden und Bund und Länder unterstützen die Kommunen mehr.

Der Alternativbericht des Bündnis Istanbul-Konvention und traurigerweise auch die Pandemie haben dieser Entwicklung, die hoffentlich so auch in der nächsten Legislaturperiode umgesetzt wird, Aufwind gegeben.

Deutschland hat am 1. September 2020 den offiziellen Staatenbericht zum aktuellen Stand der Umsetzung der Istanbul-Konvention eingereicht. Die GREVIO-Kommission[i], ein unabhängiges Expert*innenteam des Europarats, wird den Bericht voraussichtlich im Herbst 2021 überprüfen.

Artikel 9[58] der Istanbul-Konvention folgend, der auf eine »wirkungsvolle Zusammenarbeit« mit der Zivilgesellschaft und einschlägigen Organisationen hinweist, schlossen sich 2018 folgende führende Frauenrechtsorganisationen, Bundesverbände und Expert*innen mit dem Arbeitsschwerpunkt Gewalt gegen

---

i Group of Experts on action against Violence against women and domestic violence. Das GREVIO-Team besteht aus 15 Mitgliedern und wird auf vier Jahre gewählt. Es überprüft die Umsetzung der Konvention in den einzelnen Mitgliedsstaaten und weist Nachbesserungsbedarfe aus. Die Prüfung erfolgt anhand von Regierungsberichten und Berichten von Nichtregierungsorganisationen sowie im Rahmen eines Besuchs einer GREVIO-Delegation vor Ort.

Frauen und Mädchen zum Bündnis Istanbul-Konvention (BIK) zusammen: Bundesarbeitsgemeinschaft Autonomer Mädchenhäuser, Bundesarbeitsgemeinschaft Feministischer Organisationen gegen Sexuelle Gewalt an Mädchen und Frauen e.V. (BAG FORSA), Bundesarbeitsgemeinschaft kommunaler Frauenbüros und Gleichstellungsstellen, Bundesarbeitsgemeinschaft Täterarbeit Häusliche Gewalt e.V., Bundesarbeitsgemeinschaft Wohnungslosenhilfe e.V., Bundesverband Frauenberatungsstellen und Frauennotrufe Frauen gegen Gewalt e.V. (bff), Berliner Initiative gegen Gewalt an Frauen – BIG e.V., Bundesfachverband feministische Selbstbehauptung und Selbstverteidigung e.V. (BVFeSt), Cora – Frauen helfen Frauen e.V. Rostock, DaMigra e.V. Dachverband der Migrantinnenorganisationen, Deutscher Frauenrat e.V. (DF), Deutscher Juristinnenbund e.V. (djb), Frauenhauskoordinierung e.V. (FHK), GESINE Intervention Frauen helfen Frauen EN e.V., JUMEN e.V. – Menschenrechte in Deutschland, Bundesweiter Koordinierungskreis gegen Menschenhandel e.V. (KOK), medica mondiale e.V., Mütterinitiative für Alleinerziehende (MIA e.V. i. G.), S.I.G.N.A.L. e.V. – Intervention im Gesundheitsbereich gegen häusliche und sexualisierte Gewalt, Weibernetz e.V. – Bundesnetzwerk von FrauenLesben und Mädchen mit Beeinträchtigung, Zentrale Informationsstelle Autonomer Frauenhäuser (ZIF).

Basierend auf ihrer Praxis und Expertise, begleitet das Bündnis die Umsetzung der Konvention, spricht Empfehlungen aus und schärft das öffentliche Bewusstsein für die Konvention.

Das Bündnis übergab im März 2021 einen Alternativbericht an die GREVIO-Kommission.[59] Der Alternativbericht zeigt, dass auch drei Jahre nach Inkrafttreten der Konvention gewaltbetroffenen Frauen und Mädchen in Deutschland nicht ausreichend Schutz gewährleistet wird. Bisher wurde keiner der 61 Artikel zufriedenstellend umgesetzt.

Ich hebe drei Artikel hervor, die in meinen Augen einer besonderen Beachtung bedürfen, damit die Istanbul-Konvention auf struktureller Ebene Veränderung bewirkt.

In Artikel 3f wird festgelegt, dass unter dem Begriff »Frauen« auch Mädchen unter 18 Jahren zu verstehen sind«.[60] Diese Inklusivdefinition erweist sich, laut der Analyse des Alternativberichts, in der Praxis als nicht realistisch. Allein rechtlich befinden sich Mädchen in einer anderen Position, sie können ohne die Zustimmung der Eltern oder des Jugendamtes selbstständig keine Hilfe und Schutz in Anspruch nehmen. Um Mädchen zu schützen und präventive Arbeit zu leisten, muss die Istanbul-Konvention auf den Jugendschutz ausgedehnt werden.

»Artikel 15 betont die Bedeutung von Aus- und Fortbildungsmaßnahmen von Fachkräften für die wirksame Bekämpfung und Unterbindung geschlechtsspezifischer Gewalt.«[61] In den Ausbildungsverordnungen der relevanten Berufsgruppen, wie Justiz (Strafrecht, Familienrecht), Polizei, Soziale Arbeit, Gesundheitswesen, Psychotherapie, Bildung, Arbeitende im Bereich Asyl und Migration, Sprachmittlung, Medienschaffende und Militär, fehlt es bisher an der Vermittlung eines geschlechtersensiblen Bewusstseins und eines professionellen Umgangs mit geschlechtsspezifischer Gewalt.

»Artikel 25 verpflichtet zum Aufbau einer ausreichenden Zahl von leicht zugänglichen Krisenzentren für Vergewaltigungsopfer und Opfer sexueller Gewalt, damit den Opfern medizinische und gerichtsmedizinische Untersuchungen, Traumahilfe und Beratung angeboten werden können.«[62] Aus dem Alternativbericht geht hervor, dass es in Deutschland zwar einige (Gerichts)medizinische Krisenzentren gibt, diese jedoch nicht ausreichend sind und sich in der Versorgung qualitativ stark unterscheiden.

Am 2. März 2021 legte die Berliner Senatorin für Gesundheit, Pflege und Gleichstellung den Alternativbericht zur Kenntnisnahme vor und verspricht den Abbau von Geschlechterstereotypen und verspricht ein ressortübergreifendes Zusammenarbeiten gegen Gewalt an Frauen in der Hauptstadt.[63] Solch eine ressortübergreifende Zusammenarbeit wäre wünschenswert für ganz Deutschland. Gewalt gegen Frauen und Kinder kann nicht nur Aufgabe des Familienministeriums sein, sondern betrifft in gleichem Maße die politischen Ministerien Gesundheit, Arbeit, Inneres und Wirtschaft.

Es bleibt zu hoffen, dass die zunehmende Gewalt während der Corona-Pandemie endlich als ein gesundheitliches Problem anerkannt wird und unter dem Dach des Gesundheitsministeriums verhandelt wird. Auf diesem Weg würde häusliche Gewalt als das Problem anerkannt, das es ist: eines der weltweit größten Gesundheitsrisiken für Frauen und Kinder.[64] Aufgrund körperlicher Verletzungen sowie psychischer Symptome sehen sich Überlebende häufig nicht mehr in der Lage, einer Erwerbstätigkeit nachzugehen, was zu weiteren Abhängigkeiten führen kann. In neoliberalen Gesellschaften gelten traumatische Erfahrungen, insbesondere sexualisierte Gewalterfahrungen, häufig als Defizit, weswegen sie verschwiegen werden. Ein weniger positivistisches Verständnis von Gesundheit und ein offener Umgang mit psychischen Krankheiten könnte der Enttabuisierung von häuslicher Gewalt helfen.

2. Geschlechtsspezifische und häusliche Gewalt

»Frauen mit Knochenbrüchen, Verletzungen von Messerstichen, zerschundenem Gesicht, Prellungen und Platzwunden, zerschlagenen Nasen und Kiefer kommen ins Frauenhaus: Frauen werden von Männern geprügelt, getreten, geboxt, vergewaltigt, gewürgt, gefoltert.

Da wird mit Mord gedroht, jeder nur denkbare Gegenstand von Flaschen, über Messer, Äxten, Gummiknüppel und Schusswaffen wird von Männern gegen Frauen eingesetzt. Männer übergießen Frauen mit kochendem Wasser. Frauen werden tage- und wochenlang eingesperrt, Bekleidungsstücke werden versteckt, die Wohnungsschlüssel werden abgenommen, das Telefon wird abgeschlossen, Frauen dürfen nicht allein zur Toilette gehen, Knöpfe werden von Mänteln abgetrennt, Männer binden Frauen auf Stühlen fest, damit sie nicht fremdgehen, Männer urinieren Frauen auf den Kopf, Frauen müssen vor ihren Männern mit mitgebrachten Freunden Geschlechtsverkehr haben, Männer bestimmen, wann Frauen ins Bett gehen, wann sie aufstehen, Männer bestimmen, was Frauen lesen, Männer bestimmen, mit wem Frauen reden dürfen, Männer bestimmen, was Frauen anziehen, Männer bestimmen, ob und wann Frauen den Fernseher einschalten, Männer drücken brennende Zigaretten auf Frauenkörpern aus, Männer zerstören Gegenstände, die Frauen gerne haben, Männer leeren Spülmittelflaschen über die Frau, Männer schütten Mülleimer in der Wohnung aus, Männer führen Frauen Gegenstände in die Scheide ein.

All das geschieht, weil etwas Staub hinter dem Schrank liegt, sie nicht in der gleichen Minute die Tür öffnet, wie er klingelt, sie keinen Geschlechtsverkehr will, sie etwas lesen will, sie ausgehen will, sie zuhause bleiben will, sie trinkt, sie nicht trinkt, sie arbeiten gehen will, sie nicht arbeiten gehen will, das Ei zu hart gekocht ist, das Ei zu weich gekocht ist, er eifersüchtig ist, er zuviel getrunken hat, er Ärger bei der Arbeit hat, die Kinder zu laut sind, das Essen nicht schmeckt, die Kinder zu schmutzig sind, das Essen nicht warm ist, wenn er nachts heim kommt.«[65]

Diese schmerzhafte Sammlung von Gräueltaten wird im ersten Erfahrungsbericht des Berliner Frauenhauses der Frauenhausinitiativgruppe von 1978 dokumentiert. Die Aktivistinnen begriffen »jeden Angriff auf die körperliche und seelische Integrität eines Menschen unter Ausnutzung einer gesellschaftlich vorgeprägten relativen Machtposition« als Gewalt.[66] Seitdem gab es zahlreiche Diskussionen, in Theorie und Praxis, neue Ideen entstanden, alte Annahmen wurden überworfen. Begriffe wurden verändert und erweitert. Diese Entwicklungen zeichne ich in diesem Kapitel nach und verknüpfe sie mit den feministischen Kämpfen der 70er Jahre und der Entstehung des Westberliner Frauenhauses.

Entwicklung der Gewaltbegriffe

In den 1970er Jahren existierte weder ein Begriff noch ein Gesetz für Gewalt in der Ehe und der Familie; sie galt schlicht als Privatsache. Dies änderte sich erst mit den Frauenbewegungen, die die private Gewalt und mit ihr die unbestreitbare Politisierung offen aussprachen und sie durch Frauenhäuser sichtbar machten.

Begriffsfindungen sind komplex. Begriffe sollen eine etymologische Vergangenheit, eine gegenwärtige Bedeutung und im besten Fall noch eine Gültigkeit in der Zukunft abbilden. Vor allem haben Begriffe die Macht, Dinge zu benennen, sie sichtbar zu machen und Handeln herauszufordern. Solange es für gewisse Formen der Gewalt keinen Namen gibt, muss es auch keine spezifischen Konsequenzen im Falle ihres Auftretens geben.

Auch heute existiert in der Bundesrepublik Deutschland keine Legaldefinition für häusliche Gewalt. Für Partnerschaftsgewalt kommen nach dem StGB folgende Straftatbestände in Betracht: Mord und Totschlag (§§ 211, 212), Körperverletzung (§§ 223 ff.), Vergewaltigung und sexuelle Nötigung (§ 177 f.), Nötigung und Bedrohung (§§ 240 f.), Nachstellung (§ 238), Freiheitsberaubung (§ 239), Zuhälterei (§ 181a) und Zwangsprostitution (§ 232a). Heute werden Taten juristisch kaum als Mord, selten als Totschlag, häufig aber als Körperverletzung mit Todesfolge verurteilt. Die feministische Anwältin Christina Clemm kennt Fälle, bei denen die Rechtsprechung nicht für Mord plädiert, wenn ein Mann seine Frau vor dem Femizid bereits mehrfach krankenhausreif geschlagen hat, denn woher solle das Gericht wissen, ob er sie diesmal nicht auch »nur« schlagen wollte.[67]

In Westberlin fanden bereits seit der ersten Hälfte der 1970er Jahre regelmäßige Demonstrationen gegen sexualisierte Gewalt und die Ermordung von Frauen statt. Autorinnen der EMMA riefen dazu auf: »Das Schweigen über Vergewaltigung muss gebrochen werden! Erst wenn wir verstärkt die Öffentlichkeit auf unsere Erfahrungen aufmerksam machen, wird die Vergewaltigung als ein soziales Problem erkannt.«[68] Direkt daneben ein Bild eines Demo-Banners mit der Aufschrift »Das Schweigen über Vergewaltigung muss enden!« Es folgt der Ausschnitt einer Befragung von Frauen, nach der die meisten nachts nicht mehr rausgingen, aus Angst vor einer Vergewaltigung. Mit Blick in die Gegenwart erscheinen all diese Aufrufe so aktuell wie damals. Die bundesdeutsche Repräsentativuntersuchung zu Gewalt gegen Frauen von 2004 zeigt, dass weit über die Hälfte aller Fälle sexualisierter Gewalt im eigenen Zuhause stattfinden.[69]

In Anlehnung an die englischen Begriffe »domestic violence« und »family violence« wurden in Deutschland »Gewalt im sozialen Nahraum« und »Gewalt in der Familie« eingeführt. Laut der Sozialwissenschaftlerin Carol Hagemann-White sind damit alle Täter und Opfer gemeint, »die in engen Beziehungen stehen, vorrangig aber solche, die in einem Haushalt leben«.[70]

Im Zuge der Interventionsprojekte der 1990er Jahre, nach denen der Abbau familiärer Gewalt als Aufgabe des Staates und der Gesellschaft wahrgenommen wurde, entstand der neutralere Begriff »häusliche Gewalt«. Er sollte sich vom polizeilichen Begriff »Familienstreitigkeit« und vom Begriff »Männergewalt«, der in Frauenschutzeinrichtungen genutzt wurde, abgrenzen. »Der Begriff häusliche Gewalt umfasst alle Formen der körperlichen, sexuellen, seelischen, sozialen und ökonomischen Gewalt, die zwischen erwachsenen Menschen stattfindet, die in einer nahen Beziehung stehen oder gestanden haben.«[71] Sowohl für Politik, Verwaltung und die Entwicklungen im Gewaltschutz war dieser Begriff dienlich.

Später in den 90ern kamen die Begriffe »Gewalt gegen Frauen« und »Gewalt im Geschlechterverhältnis« hinzu. Zum einen, da sie in internationalen Abkommen und Verträgen vorkommen (»gender-based violence«, »violence against women«), zum anderen, weil sie auf die strukturell angelegte Verquickung zwischen Gewaltakt und der hierarchischen Beziehung der Geschlechter verweisen.[72] Mit den Begriffen »geschlechtsspezifische Gewalt« und »sexualisierte Gewalt« wird der Kontext, in dem die Gewalt ausgeübt wird, weiter von der Familie und von einem binären Geschlechterdenken entfernt. Beide Begriffe folgen einem gleichen Sinn und meinen sowohl die Befriedigung sexueller Wünsche gegen den Willen einer Person wie auch alle Verletzungen, die aufgrund einer geschlechtlichen Machthierarchie zugefügt werden.[73]

Am Begriff »häusliche Gewalt« wird kritisiert, dass er Opfer und Täter unsichtbar mache.[74] Auf der anderen Seite macht er den häufigsten Schauplatz der Gewalt sichtbar und zeigt, dass Gewalt in den heimischen vier Wänden keine Privatangelegenheit ist.

Die Istanbul-Konvention bezeichnet als häusliche Gewalt »alle Handlungen körperlicher, sexueller, psychischer oder wirtschaftlicher Gewalt, die innerhalb der Familie oder des Haushalts oder zwischen früheren oder derzeitigen Eheleuten oder Partnerinnen beziehungsweise Partnern vorkommen, unabhängig davon, ob der Täter beziehungsweise die Täterin denselben Wohnsitz wie das Opfer hat oder hatte«.[75]

Weiter wird der Begriff »Gewalt gegen Frauen« als eine Menschenrechtsverletzung und eine Form der Diskriminierung der Frau verstanden und bezeichnet alle Handlungen geschlechtsspezifischer Gewalt, die zu körperlichen, sexuellen, psychischen oder wirtschaftlichen Schäden oder Leiden bei Frauen führen oder führen können, einschließlich der Androhung solcher Handlungen, der Nötigung oder der willkürlichen Freiheitsentziehung, sei es im öffentlichen oder privaten Leben. Das Übereinkommen beschreibt »geschlechtsspezifische Gewalt gegen Frauen« als »Gewalt, die gegen eine Frau gerichtet ist, weil sie eine Frau ist, oder die Frauen unverhältnismäßig stark betrifft«.[76] Die stärkste Ausprägung dieser Gewaltform ist der Femizid.

Femizid/Feminizid

Der Begriff Femizid geht auf die südafrikanische Soziologin Diana Russell zurück. Wie ich später noch zeigen werde, organisierten Russell und Mitglieder der Berliner Frauenbewegung 1976 das »International Tribunal on Crimes Against Women« in Brüssel. Das Tribunal spielte eine wichtige Rolle für die Gründerinnen des ersten Berliner Frauenhauses.

Russell und die Soziologin Nicole Van de Ven dokumentierten und publizierten die Zeuginnenaussagen unzähliger Teilnehmerinnen, die an diesem Tribunal von ihren Gewalterlebnissen sprachen. Russell führte hier erstmals den Begriff »Femizid« in den feministischen Gewaltdiskurs ein, um den Mord an einer Frau, weil sie eine Frau ist, durch einen Mann zu beschreiben.[77] Knapp 15 Jahre später konkretisierte sie zusammen mit Jill Radford den Begriff als »frauenfeindliche Tötung von Frauen durch Männer«.[78]

Die mexikanische Anthropologin und Politikerin Marcela Lagarde y de los Ríos führte 2005 den Begriff Feminizid in die politische Praxis ein. Feminizide bezeichnen die Tötungen von Frauen, »die im Kontext ihrer generellen Abwertung und als Zuspitzung einer Vielzahl von geschlechtsbezogenen Gewaltformen gegen Frauen begangen werden«.[79] Die Anthropologin Rita Segato führte den Begriff Femigenozid an. Zum einen, um Täter, die im Kontext von Krieg und organisierter Kriminalität Morde an Frauen begangen hatten, vor internationale Gerichtshöfe zu bringen. Zum anderen, um namentlich auf die Häufigkeit von Beziehungsgewalt aufmerksam zu machen.[80] In Lateinamerika ist die Forschung zu Femiziden/Feminiziden am breitesten und progressivsten und Aktivist*innen sind seit Jahren ein lauter und wichtiger Bestandteil bei der Bekämpfung von Frauenhass. In Mexiko führte die öffentliche Debatte, angestoßen von Frauen, zu einer Veränderung des Strafrechts und in Argentinien ist die NGO *La casa del encuentro* maßgeblich für Aufklärung und Prävention verantwortlich. Inspiriert von Lateinamerika wächst in Deutschland das öffentliche Bewusstsein um Femizide und unter dem #KeineMehr (#NuncaMás) bündelt sich der Kampf.

Bis Ende der 1970er Jahre gab es keine empirisch abgesicherten Untersuchungen zur Häufigkeit und Schwere von Misshandlungen in der Ehe/häuslicher Gewalt. Weder bei den Landesämtern, noch in polizeilichen oder gerichtlichen Analysen wurde das Problem statistisch erfasst. Das Problem existierte damit nicht.

Heute ist das ähnlich mit Femiziden/Feminiziden. Wird ein Mord an einer Frau begangen, wird untersucht, ob es sich um Körperverletzung, versuchten oder vollendeten Mord bzw. Totschlag handelt. Es gibt keine Statistiken über den Bekanntschafts- oder Verwandtschaftsgrad von Täter und Opfer.

Durch die fehlende systematische Erfassung und Tatursachenforschung werden Femizide/Feminizide nicht als strukturelles Problem sichtbar. Was dazu führt, dass auch keine spezifischen Erkenntnisse, Verfahren und Präventionsmaßnahmen ergriffen werden können.

Die Berichterstattung der siebziger Jahre zeigt, mit welcher nahezu humoristischen Haltung Femizide damals in der Bundesrepublik behandelt wurden:

So titelte die *Bild*-Zeitung »Scheidung – da sah der Techniker rot«[81], »Mit elf Karatehieben: Deutscher Millionär schlug seine Frau tot«[82], »Alkohol, Prügel und Liebe – bis er Gerda totschlug«[83], »Nacht in Todesangst – Frau erschossen!«[84] Auch den Berliner Tageszeitungen mangelt es nicht an Sensationswille: »Ehefrau mit Beil geschlagen«[85], »Familiendrama forderte zwei Tote«[86], »Einfach explodiert«[87], »Ehemann gestand tödliche Stiche«[88], »Ex-Verlobter stach zu – Nächtliches Eifersuchtsdrama in Charlottenburg«[89], »Ich würgte meine Frau – und plötzlich war sie in der Klappcouch gefangen«.[90]

Die Bundesregierung weigert sich bisher, den Begriff Femizid nach der Definition der WHO (»vorsätzliche Tötung von Frauen in intimen Beziehungen und außerhalb, sogenannte Ehrenmorde, Tötungen im Kontext von Mitgiften«) oder der Vereinten Nationen (»geschlechtsbezogene Tötungen«) zu verwenden und den spezifischen Gewaltakt damit anzuerkennen.[91] Solange nicht definiert wird, muss auch nicht gehandelt werden. In Großbritannien werden Gewalttaten, die möglicherweise in einem Femizid enden, nach einem genauen Fahrplan analysiert. Die englische Kriminologin Jane Monckton Smith erarbeitet acht Stufen, die Hinweise darauf geben, dass ein Täter einen Femizid verüben wird. Ich zähle diese hier auf, da sie deutlich zeigen, dass geschlechtsbasierte Gewalt und häusliche Gewalt häufig einem Muster folgen. Dieses Schema kann auch für Privatpersonen hilfreich sein, um Alarmsignale frühzeitig zu erkennen:

1. Vorgeschichte: Der Täter fiel bereits vor der Beziehung als Gewalttäter auf.

2. Frühe feste Bindung: Die Bindung wird in kurzer Zeit sehr eng.

3. Kontrolle: Der Täter kontrolliert die Frau zunehmend emotional, finanziell, sozial und digital.

4. Auslöser: Ein Ereignis wie Trennung, finanzielle Krise führen zum Kontrollverlust des Täters.

5. Eskalation: Die Kontrollverluste intensivieren sich und werden häufiger, in Form von Stalking, emotionaler Erpressung, Selbstmorddrohungen.

6. Sinneswandel: Der Täter scheint sich zu besinnen und wird ruhiger.

7. Mordplanung: Der Täter denkt über Durchführung und Organisation des Mordes nach.

8. Tatdurchführung: Der Täter ermordet die Frau, manchmal auch die Kinder.[92]

Doch Femizide sind keine dramatischen Einzelfälle, keine Beziehungsdramen oder Familientragödien. Täglich versucht ein (Ex-) Partner, eine Frau zu töten, jeden dritten Tag gelingt es ihm. Diese Gewalt hat Struktur, diese Gewalt basiert auf einem gesellschaftlichen Einverständnis, das vorgibt, wie Frauen von Männern behandelt werden dürfen. In Deutschland werden vor Gericht Mörder milder bestraft, wenn sie eine intime Beziehung zum Opfer hatten und aus Eifersucht und Verlustangst gehandelt haben. Sie werden nicht des Mordes, sondern nur des Totschlags angeklagt, wenn sie vor dem Femizid bereits gewalttätig gegenüber der Partnerin waren, denn »er wollte sie eigentlich *nur* schlagen«.

Die Frauenhausbewegung der 1970er Jahre brachte diese tief sitzenden Machtstrukturen zum ersten Mal an die Oberfläche der Gesellschaft. Im Folgenden zeige ich die aktuelle Debatte zum Phänomen Femizid. Anfang März 2021 kam es im Bundestag zur öffentlichen Anhörung des Familienausschusses zum Antrag der Linksfraktion mit dem Titel »Femizide in Deutschland untersuchen, benennen und verhindern«.[93] Die Partei fordert darin, die Anerkennung des Sachverhalts Femizid durch die Bundesregierung, die Einrichtung einer unabhängigen »Femicide Watch – Beobachtungsstelle«, die Ausdifferenzierung der polizeilichen Kriminalstatistik mit Blick auf Partnerschaftsgewalt, den barrierefreien Ausbau des Hilfesystems, finanzielle »Starthilfen« für betroffene Frauen und eine genau Prüfung jeden Mordes an einer Frau durch Strafverfolgungsbehörden sowie obligatorische Fortbildungen zu geschlechtsspezifischer Gewalt für Jurist*innen.

An der Anhörung nahmen erfahrene Expert*innen teil. Stellung bezogen Rechtsanwältin und Autorin Christina Clemm, Heike Herold, Geschäftsführerin Frauenhauskoordinierung, Richter Dr. Thomas Fischer, Prof. Dr. Ulrike Lembke vom Lehrstuhl Öffentliches Recht und Geschlechterstudien der Humboldt-Universität zu Berlin, Dr. Leonie Steinl, Vorsitzende der Kommission Strafrecht beim Deutschen Juristinnenbund, Prof. Dr. Susanne Schröter vom Lehrstuhl Philosophie und Geschichtswissenschaft der Goethe-Universität Frankfurt am Main sowie Prof. Dr. Monika Schröttle, Leitung der Forschungs- und Beobachtungsstelle Geschlecht, Gewalt, Menschenrechte und Koordinatorin des European Observatory on Femicide (EOF) sowie des European Network on Gender and Violence (ENGV).

Da es im deutschen Recht bisher keine Definition gibt, schlägt Rechtsanwältin Clemm vor, Femizide als »Tötungen von Frauen, weil sie Frauen sind und die Taten den ungleichen Machtverhältnissen zwischen den Geschlechtern entspringen« zu definieren. Clemm hat sich auf geschlechtsspezifische Gewaltfälle spezialisiert und berichtet aus der Praxis, dass Morde von Männern oftmals nach der Kategorie »niedrige Beweggründe« verurteilt würden, da die Taten als »Ausdruck von Verzweiflung und Ausweglosigkeit« gewertet werden, statt »als Ausdruck von Macht- und Besitzanspruch«.[94] Ein weiteres Problem besteht, laut Clemm, im Umgang mit sogenanntem erweitertem Suizid. Wenn der Täter sich nach dem Femizid umbringt, wird das Ermittlungsverfahren eingestellt. Dadurch bleiben sexistische Motive unerkannt.

Juristin Steinl beschäftigt sich mit Trennungstötungen. Bei dieser Kategorie werden Frauen ermordet, weil die Täter ihnen kein eigenes selbstbestimmtes und von ihnen getrenntes Leben zugestehen. Steinl weiß aus der Praxis, dass den meisten Femiziden Partnerschaftsgewalt vorausging, »die sich in übersteigerter Eifersucht, dem Bestreben um möglichst weitgehende Kontrolle der Frau und ihre Isolierung von Freunden und Familie« zeigt.[95]

Heike Herold von Frauenhauskoordinierung e.V. hebt hervor, dass bisher nur NGOs und Aktivist*innen Daten zu Femiziden, zum Beispiel *Femicide Observation Center Germany* sowie die tagesaktuelle Zählung von *One Billion Rising*, erfassten. Um Artikel 11 (»Datenerhebung und Forschung«) der Istanbul-Konvention umzusetzen, bedarf es einer unabhängigen Monitoringstelle, die Femizide zählt, Forschung initiiert und Empfehlungen zu Präventions- und Aufklärungsarbeit erstellt.«[96]

Juristin Ulrike Lembke hebt in ihrer Stellungnahme hervor, dass Ehrenmorde häufig fehlerhaft mit Femiziden gleichgesetzt werden, obwohl sie nur einen Bruchteil tödlicher geschlechtsspezifischer Gewalt oder von Tötungsdelikten überhaupt ausmachten. Trennungstötungen würden häufig als Ehrenmord definiert, »wenn der Täter einen bestimmten kulturellen Hintergrund aufzuweisen scheint. Dies lässt die Zahl von Ehrenmorden höher erscheinen, als sie tatsächlich ist, und verortet tödliche geschlechtsspezifische Gewalt exklusiv bei Fremden.«[97] Weiter zeige die Erfahrung gerichtlicher Praxis, dass Femizide von weißen Tätern häufig als »menschlich verständlich« und »nachvollziehbar« behandelt werden und im Falle einer Trennung ausgehend von der Frau sogar verständnisvoll auf die männliche »Verlustangst«, »Verzweiflung« und »Eifersucht« zurückgeführt werden.

Rechtssprechungen in Deutschland weisen, nach Lembke, Muster orientalistischer Abwertung auf, nach denen »Ehrenmörder« den »archaisch-patriarchalischen Wertvorstellungen« eines »fremden Kulturkreises« verhaftet waren, während die »moderne Gesellschaft der Bundesrepublik Deutschland« als »deutsche Rechtsgemeinschaft« mit ihrer »individualistischen und freiheitlichen Ausrichtung« insbesondere Frauen volles »Selbstbestimmungsrecht garantierte«, so Lembke.[98] Wenn die Bewertung eines Mordes abhängig davon ist, ob sie für das entscheidende Gericht »verständlich« oder »nachvollziehbar« ist, ist der Weg frei für eine rassistische, sexistische und klassistische Rechtssprechung.

Der Vorsitzende Richter am Bundesgerichtshofs Thomas Fischer lehnt alle Forderungen der Linksfraktion ab.[99] Wissenschaftlerin Monika Schröttle kritisiert seine empirischen Befunde als veraltet. Basierend auf ihrer langjährigen Arbeitserfahrung, fordert sie die Unterstützung nationaler und internationaler Organisationen, um Tatmotive zu erforschen. Außerdem fordert sie die Unterstützung und Entschädigung von Angehörigen getöteter Frauen und den Einbezug Betroffener in die Präventionsarbeit.[100]

Aus diesem Grund liegt dem Bericht von Schröttle eine Stellungnahme der Autorin und Journalistin Antje Joel[101] bei. Sie selbst ist Überlebende häuslicher Gewalt und weiß, »um zu entkommen, brauchen die Betroffenen Ressourcen: Geld, einen Zufluchtsort, Unterstützung seitens der Polizei und Gerichte, Unterstützung durch Familie, Freunde, Sozialarbeiter, Therapeuten, etcetera. Wenn diese Ressourcen fehlen, oder wenn sie den Betroffenen unbekannt oder unzugänglich sind, ist die Botschaft an sie klar: Ein Entkommen ist unmöglich. Die Betroffenen erleben sich als entsprechend wertlos. Ihnen die o.g. Ressourcen zur Verfügung zu stellen und leicht zugänglich zu machen, ist aus diesen Gründen entscheidend.«[102]

Mitte Juni 2021, trotz der angespannten Situation seit der Pandemie, wurde der Antrag abgelehnt. Das bedeutet, Femizide werden weiterhin nicht als solche benannt und strategisch untersucht.

Gewalt gegen Menschen, die als Frauen gelesen werden, muss als strukturelles Problem anerkannt werden. Beteiligte im Hilfesystem, wie Polizist*innen, Jurist*innen, Lehrer*innen, Sozialarbeitende usw. müssen sensibilisiert sein, um Gewalt zu erkennen und Femizide zu verhindern.

Der Begriff Femizid macht auf eine Gewaltform aufmerksam, die auf der patriarchalen Zweiteilung von Geschlecht beruht. Gewalt und im schlimmsten Fall Morde an trans*Frauen, sogenannte trans*Femizide, die häufiger im öffentlichen Raum verübt werden, basieren ebenfalls auf den Spannungen im Geschlechterverhältnis.

»Cis-Frauen werden in heterosexuellen Beziehungen häufig getötet, weil der Mann ihren Trennungswunsch und damit ihren Wunsch nach Selbstständigkeit nicht akzeptiert. Trans*Frauen werden häufig getötet, weil ihnen nicht zugestanden wird, die ihnen zugeschriebene Identität abzulehnen.«[103]

Die feministischen Kämpfe der 1970er

Die Gewalt gegen Frauen im privaten Raum ist strukturell verknüpft mit der Gewalt im öffentlichen Raum. In beiden Fällen wendet sich die Dominanz der männlichen Täter gegen Frauen, die nicht der patriarchalen Rollenerwartung entsprechen.

Die alltägliche Gewalt trifft unterschiedliche Frauen auf unterschiedliche Weise. Gewalt gegen Frauen im öffentlichen Raum trifft BIWoC, trans*Frauen, migrantisierte Frauen in einem weitaus heftigeren Ausmaß, als für weiße Frauen überhaupt nur denkbar ist.

Die weiße Autorin und Feministin Verena Stefan (*1947) nahm die Westberliner Öffentlichkeit der siebziger Jahre als eine Atmosphäre der Gewalt wahr. »Ob Krieg oder Frieden, wir leben im Ausnahmezustand«, und weiter, »die Übergriffe an mir bei Tag und bei Nacht sind unzählbar. Dies ist nicht meine Welt. Ich will keine Gleichberechtigung in dieser Welt. Ich will neben keines Mannes Brutalität und Verkümmerung gleichberechtigt sein.«[104] Stefan beschrieb eine Art geschlechtsspezifische Grammatik, nach der Männer als Subjekte der Gewalt und Frauen als Objekte der Gewalt bzw. Subjekte der Angst besetzt seien.[105] Brigitte Classen und Gabriele Goettle, Herausgeberinnen der anarchistischen Zeitschrift *Die Schwarze Botin*, sahen Stefans Buch kritisch, da es reproduzierte, was es kritisierte, die »natürliche« Gegebenheit der Geschlechter.[106]

Die Afro-Deutsche[107] Autorin Helga Emde (*1946) erstarrte und fühlte sich als junge Frau der Siebziger »verletzt und gedemütigt« und noch Jahre später konnte sie den »Wut und Hass auf diese Männer, die mich lediglich als wandelndes Sexualobjekt betrachteten«, verspüren. »Ich fühlte mich erniedrigt und diskriminiert. Nicht genug, dass ich zu einer Minderheit gehörte, ich fühlte mich auch einsam und isoliert.«[108] Selbst innerhalb der Beziehung zu ihrem Mann suchte sie, »was ich nie finden konnte, nämlich Solidarität. Er konnte vieles nicht verstehen, einfach weil er weiß war. Er hat diese vielen subtilen Verletzungen und Anfeindungen nicht erfahren, die seine und leider auch meine Gesellschaft mir zugefügt haben. Immer wieder bekam ich von ihm zu hören, ich sei zu empfindlich.«[109]

Stefan setzt ihre persönliche Wahrnehmung in Relation zur Dominanzgesellschaft und positioniert sich gegen die politische Forderung nach Gleichberechtigung. Emde beschreibt ihre Wahrnehmung in Konfrontation mit den vielfach auf sie einwirkenden Machtverhältnissen, sowohl im öffentlichen als auch im privaten Raum.

Emdes Beschreibungen der 1970er Jahre zeigen, wie grundlegend Rassismus und struktureller Sexismus gerade unter aufgeklärten, linken weißen Freund*innen zusammenwirkte: »Als meine Kinder noch klein waren, fühlte ich mich unzufrieden, überfordert, eingesperrt, bildungshungrig. Mein Nachholbedürfnis gerade in Bezug auf Bildung wurde noch verstärkt, weil fast alle unsere Bekannten und Freunde zu dieser Zeit Studenten oder schon fertige Akademiker waren. Und jedes Mal, wenn die Rede auf meine Bedürfnisse kam, stieß ich auf Unverständnis, niemand konnte mit dem, was ich sagte, etwas anfangen. Wieso wollte ich mich weiterbilden? Auf die Schule gehen? Irgendetwas machen, um aus dem Hausfrauendasein herauszukommen?«[110]

Das *Combahee River Collective*, eine Gruppe Schwarzer lesbischer Marxistinnen, schrieb in ihrem 1977 veröffentlichten Statement, »dass Genderpolitik im Patriarchat das Leben Schwarzer

Frauen genauso stark durchdringt wie Race- und Klassenpolitik. Für BIWoC sei es schwer, rassistische von klassistischer und von sexistischer Unterdrückung zu trennen, »da wir diese Diskriminierungsformen in unseren Leben meistens gleichzeitig erfahren«.[111] Das Kollektiv machte im Zuge des Schwarzen Feminismus der späten 1970er Jahre darauf aufmerksam, dass die zentralen Anliegen der feministischen Bewegungen über die Unterdrückung aufgrund von Geschlecht hinausgehen müssen.

»Wenn eine kopftuchtragende Muslimin«, so Wissenschaftlerin Reyhan Şahin, »in einer nicht muslimischen Mehrheitsgesellschaft nicht nur aufgrund ihres ethnischen Backgrounds (etwa Türkin, Kurdin, Araberin) und ihrer religiösen Zugehörigkeit (sichtbar unter anderem an ihrem Kopftuch) ausgegrenzt und/oder diskriminiert wird, sondern zusätzlich aufgrund ihres weiblichen Geschlechts.«[112]

Sexismus unabhängig von Rassismus zu denken, ist nur für weiße Menschen möglich. Stereotype Rollenerwartungen unterscheiden sich je nach Kontext.[113] Ausgehend von der Afroamerikanischen Arbeiterinnen*bewegung, erarbeitete die Schwarze Juristin Kimberlé Crenshaw in den 1980ern das Konzept der »Intersektionalität«, um gleichzeitige und wechselseitige Mehrfachdiskriminierungen, die auf einen Menschen einwirken, zu benennen.[114]

Sozialwissenschaftlerin Christina Thürmer-Rohr, die 1976 den Studienschwerpunkt Frauenforschung an der TU Berlin begründete, erkannte, »nicht nur der Mann ist verantwortlich […] für die Minderbewertung der Frau, durch sein tägliches Tun und Lassen, […] sondern auch die Frau ist mitbeteiligt […] an der mystifizierenden Hochbewertung des Mannes, seiner Produkte und Entscheidungen, auch wenn sie an deren Erstellung, Ausführung, Umsetzung, Durchführung im allgemeinen überhaupt nicht beteiligt ist.«[115] Die Idee der weiblichen Mittäterschaft am Patriarchat räumte mit dem weiblichen Opferkollektiv auf und gab der Frau Verantwortung als handelndes Subjekt.[i] Ohne dabei aus den Augen zu verlieren, dass Mittäterschaft auf internalisierten Machtstrukturen und in diesem Falle auf »männlicher« und »weiblicher« Sozialisation beruhte.[116]

Der Afro-Deutschen Frauenbewegung der frühen 1980er Jahre ist der notwendige Anstoß zu verdanken, nicht mehr »nur« von Mittäterschaft oder Komplizinnenschaft, sondern tatsächlicher Täterschaft zu sprechen. Der explizite Rassismus im universalistischen Verständnis als einer Opfergruppe und einer »Schwesternschaft« führte in den 1970ern dazu, dass Schwarze Feministinnen wieder und wieder feststellten, »dass du eine ganze Reihe fundamentaler Erfahrungen bei weißen Frauen nicht loswerden kannst«, so Feministin Gloria Wekker, »dass sie diese Erfahrungen, im Vergleich zu unserer gemeinsamen Unterdrückung als Frauen und Lesben, sogar als unwichtig oder subversiv zur Seite schieben«.[117]

Schwarze Kritik wurde von den weißen hegemonialen Feministinnen häufig als Illoyalität gegenüber dem Feminismus generell abgetan. Wenig kritisch erkannten einige weiße Feministinnen nicht, dass ihre Theorien in einem rassistischen Kontext entstanden, der für BIWoC viel schwerer zugänglich war.

Aktivistin und Dichterin Audre Lorde, die Ende der 1970er Jahre nach Westberlin kam, um an der mehrheitlich weißen Universität zu unterrichten, brachte es auf den Punkt: »Sicherlich gibt es sehr reale Unterschiede zwischen uns in Bezug auf race,

---

i Diese Diskussion innerhalb der Frauenbewegung verlief gleichzeitig mit der Debatte um weibliche Täterschaft im NS-Regime und mündete Anfang der 1990er im akademischen Historikerinnenstreit zwischen den Historikerinnen Gisela Bock und Claudia Koonz.

class und sex. Aber es sind nicht diese Unterschiede zwischen uns, die uns trennen. Es ist vielmehr unsere Weigerung, diese Unterschiede anzuerkennen und die Verzerrungen zu untersuchen, die sich aus unserer falschen Benennung dieser Unterschiede und ihren Auswirkungen auf menschliches Verhalten und Erwartungen ergeben.«[118]

Widersprüchlich an der weißen Idee einer »farbenblinden« Schwesternschaft ist seit jeher, dass sie die Zugehörigkeit zu weißen Männern über die Zugehörigkeit zu BIWoC stellt. Bei der Präsidentschaftswahl in den USA von 2016 wählten 47 Prozent der weißen Frauen den Sexisten und Rassisten Trump.[119]

Die Mehrheit der weißen Feministinnen der siebziger Jahre, dachte ihre persönlichen und institutionellen weißen Privilegien nicht mit. Um aber Strategien gegen geschlechtsspezifische Gewalt weiterzuentwickeln, muss intersektional gedacht und gehandelt werden.

Für häusliche Gewalt bedeutet dies, dass es für eine rassifizierte Frau eine größere Hürde darstellt, die Polizei zu verständigen, da sie mit einer rassistischen Haltung rechnen muss. Ähnliches gilt vor Gericht, wo häusliche und sexualisierte Gewalt für rassifizierte und weiße Menschen unterschiedlich bewertet wird. Wem wird was geglaubt und wer bekommt welche Hilfe in einer weißen Dominanzgesellschaft?

Gewalt, Körper und Subjekt

Auch im Westberliner Frauenhaus selbst kam es zu Gewalt: »Es kamen eine ganze Reihe von Frauen, die durch ihr Leben extrem abgehärtet waren. Und die vor allem zu ihren Kindern alles andere als zimperlich waren. Wir hatten ein großes Problem mit Gewalt gegen Kinder und auch mit Gewalt unter Kindern im Haus«, erinnert sich die ehemalige Mitarbeiterin Barbara Kavemann.[120] Der Gründungsgruppe des Frankfurter Frauenhauses wurde nach und nach klar, dass »geschlagene Frauen nicht engelhaft rein sind und nur darauf warten, von uns gerettet zu werden, sondern dass sie Frauen mit widersprüchlichen Erwartungen und ambivalenten Gefühlen sind und Menschen in ihrem eigenen Recht, so wie wir auch«.[121]

Das feministische Gewaltverständnis der siebziger Jahre verstand geschlechtsspezifische Gewalt vorrangig als strukturell und durch Institutionen wie die Kernfamilie und die Ehe gegen Frauen gerichtet.

Margrit Brückner, die 1978 Dozentin am Fachbereich Sozialarbeit an der Fachhochschule Frankfurt war und die Gründerinnengruppe des ersten autonomen Frauenhauses in Frankfurt wissenschaftlich unterstützte, stellte damals die These auf, dass »das Phänomen Gewalt gegen Frauen in der Ehe in engem Zusammenhang mit der Position der Frau in unserer Gesellschaft steht«.[122]

Strukturell-geschlechtsbasierte Gewalt ermöglicht häusliche Gewalt erst. Die Sozialwissenschaftlerinnen und Mitarbeiterinnen des ersten Berliner Frauenhauses, Carol Hagemann-White, Barbara Kavemann und Dagmar Ohl, warnen davor, dass so die verletzten Subjekte hinter der strukturellen Gewalt drohten zu verschwinden.[123] Die Autorinnen verstehen Gewalt als Handlung, für die eine Person verantwortlich ist und die Auswirkungen auf konkret benennbare Opfer hat. Zu jeder Handlung gibt es Alternativen, deswegen könne auf den Begriff der Schuld nicht verzichtet werden. Die Sozialwissenschaftlerin Maria Mies erinnert sich aus ihrer Zeit im Kölner Frauenhaus Mitte der 1970er Jahre an eine ältere Frau, die sagte: »Das Schlimmste ist gar nicht, wenn ich geprügelt werde, sondern wenn er nachts aufsteht und mir ins Gesicht pinkelt.«[124]

In den heutigen Debatten sieht Juristin Isabel Marcus Parallelen zwischen häuslicher Gewalt und Terrorismus. Gemeinsam sei den beiden eine Atmosphäre der Einschüchterung, fehlende Sichtbarkeit und die Angst, sich öffentlich zu äußern. Der Unterschied zwischen ihnen liege in der Logik öffentlicher Beachtung und Anteilnahme. Marcus beschreibt, wie gerade im Umgang mit Betroffenen von häuslicher Gewalt eine konzeptionelle Verschiebung der Wahrnehmung stattfinde. Anstatt ihnen als Überlebende von Gewalt mit Mitgefühl und Respekt zu begegnen, wird der Fokus auf eine selbst verschuldete Provokation gelenkt. Diese Verschiebung führe dazu, die Gewalt aus dem sozialen, kulturellen, ökonomischen und politischen Kontext der geschlechtlichen Herrschaft und Unterordnung herauszulösen. Stattdessen werden misshandelte Frauen zur Verkörperung vorherrschender Geschlechterstereotypen, wie »nörgelnde Schlampe« oder eine »kastrierende Frau«.[125]

Gewalttätige Partner und Geiselnehmer vergleicht auch die Autorin Antje Joel. Aus eigener Erfahrung erkennt sie drei Hauptziele, die beide gemeinsam haben: das Opfer zu bestrafen, zu verletzen und zu kontrollieren. Der Unterschied sei bei häuslicher Gewalt, dass der Täter das Opfer und seine Schwächen sehr gut kennt und dies ausnutzt. Hinzu komme, dass die Gewalt in einer eigentlich »sicheren Zone« stattfindet. Dieser eigentliche Zufluchtsort »dämpft das Gespür für die eigenen Bedürfnisse, Wünsche, für die eigene Sicherheit. Er verzerrt die Realität.«[126]

Um geschlechtsspezifische Gewalt im Kontext einer patriarchalen Ordnung zu verstehen, lohnt ein Blick auf die Verworrenheit von Sexualität und Gewalt am Beispiel der Vergewaltigung. Sozialwissenschaftlerin Gaby Zipfel ist der Überzeugung, dass einer auf der Straße zusammengeschlagenen Person zwar wenig Empathie von Anwesenden entgegengebracht werde, dafür aber »ihre Erfahrung des gewaltsam zugefügten körperlichen Schmerzes unzweideutig als eine negative Erfahrung angesehen« werde. Opfern sexualisierter Gewalt würde diese eindeutige Zuordnung häufig versagt, »denn der Angriff zielt in diesem Fall nicht nur auf einen Körper, der schmerzempfindlich ist. Sondern auch auf einen, der lustfähig ist. Sexuelle Gewalt unterwirft den Körper des Opfers durch Schmerz und bemächtigt sich gleichzeitig seiner libidinösen Empfindsamkeit.«[127] Dieses Beispiel soll die Notwendigkeit aufzeigen, über körperliche Gewalterfahrungen zu sprechen, um bspw. im Falle von Vergewaltigung die vermeintlich sexuelle Komponente, die auf Überlebende schamauslösend wirken kann, zu eliminieren. »In der Regel ist Vergewaltigung eben nicht das wirklich Böse«, so Mithu Sanyal, »sondern das Banale, warum sollte Sex auch ein Bereich sein, der nicht nur frei von Gewalt wäre, sondern auch frei und unabhängig von allen anderen Sphären existiere? Sexualität ist eingeflochten in das Gewebe unserer kulturellen Realität und genauso wenig ohne diese zu denken.«[128]

Allein das Wissen um eine potentielle Vergewaltigung verweist den Körper zurück auf »die Natur der Frau« als verletzliches Wesen. Denn solange männliche Dominanz existiert, existiert auch Vergewaltigung.[129]

»Ich bin nicht wütend auf mich, dass ich nicht gewagt habe, einen der Kerle umzubringen. Ich bin wütend auf die Gesellschaft, die mich erzogen hat, ohne mir beizubringen, einen Mann zu verletzen, der mir mit Gewalt die Beine spreizt, während die gleiche Gesellschaft mir eingetrichtert hat, dass das ein Verbrechen sei, von dem ich mich nie wieder erholen dürfte.«[130] Die ehemalige Sexworkerin und Autorin Virginie Despentes beschreibt das Dilemma, Vergewaltigung als Frau ertragen zu müssen und die Erwartung als Überlebende, verwundet worden zu sein. Dieser Vergewaltigungsmythos beschreibt die Vergewaltigung als das Schlimmste, was einem weiblichen Körper zugefügt werden kann und erzeugt Angst und gleichzeitig Schuld, sollte eine Frau bemerken, dass sie das Erlebte psychologisch integrieren kann.

Autorin und Sexualpädagogin Peet Thesing fordert, Vergewaltigungsmythen mit der Realität zu konfrontieren. So gebe es einen Widerspruch zwischen der gesellschaftlichen Vorstellung von sexualisierter Gewalt und dem, wie und wo diese Gewalt tatsächlich stattfindet, sowie der Art und Weise, wie Betroffene darauf zu reagieren haben.[131] Die Chance einer Verurteilung steige, nach Thesing, wenn möglichst viele rassistische und klassistische Vergewaltigungsmythen auf einen Täter zutreffen, er bspw. fremd, nichtweiß und arm sei.[i] Diesen Vergewaltigungsmythen liegt die patriarchale Idee zugrunde, ein glaubwürdiges Opfer sei: weiß, bürgerlich, entspreche dem heterosexuellen Schönheitsideal, habe keine wechselnden Sexpartner*innen, sei keine Sexworke-

i Darauf geht auch der Alternativbericht des Bündnis Istanbul-Konvention ein, siehe Alternativbericht S. 124.

rin und habe keine psychischen Krankheiten.[132] In der Umkehrung wird Frauen, auf die diese Parameter nicht zutreffen, eine Mitschuld attestiert oder nicht geglaubt.[133] Das »perfekte« Opfer ist außerdem schwerst traumatisiert und fühlt sich beschmutzt. Vor Gericht können Überlebende es oft nicht »richtig« machen, entweder sie kommen zu gut klar oder sie sind zu verwirrt. Unerschütterlich hält sich auch die Annahme von Falschaussagen bei Vergewaltigungsanzeigen. Dabei gibt es keine Vorteile durch eine Vergewaltigungsanzeige, weder Karrierechancen noch ein angemessenes Schmerzensgeld, stattdessen Viktimisierung. Das Bündnis Istanbul-Konvention betont, dass im Spiegel von Vergewaltigungsmythen Polizist*innen »insbesondere Frauen mit Lernschwierigkeiten bzw. kognitiven Beeinträchtigungen oder hörbeeinträchtigten Frauen« weniger Glauben schenken und Verfahren häufiger eingestellt würden.[134] Mit einem Fokus auf den jeweiligen individuellen Körper statt auf oberflächliche Kategorien und Vorannahmen könnte Gewalt vielleicht überwunden werden. Wenn die Körper sich selbst entscheiden, wird selbst der eigene schmerzhafte Körper zur Ressource für politischen Aktivismus.

Patriarchale Zweigeschlechtlichkeit

Häuslicher Gewalt liegen geschlechtsbasierte Stereotype zugrunde, die Frauen und Männer mit spezifischen Räumen und Handlungen besetzen. Das Frauenhaus wurde in den siebziger Jahren als ein Ort gesehen, der dem kapitalistischen Konzept der heterosexuellen Kernfamilie diametral entgegensteht. Wie die Normen von Zweigeschlechtlichkeit und Familie sich entwickelt haben und wie sie wirken, wird im Folgenden anhand wissenschaftlicher Diskurse beleuchtet, die von Quellen aus der Zeit der Frauenhausbewegung ergänzt, um dann anhand der Entstehungsgeschichte des Berliner Frauenhauses konkret abgebildet zu werden.

Die feministische Sozialwissenschaftlerin Cheryl Benard beschrieb Ende der 1970er die Ehe als »Diskontinuität im Leben von Frauen«. Ihre bisherige Identität trat hinter den Anforderungen und Erwartungen der neuen Rolle zurück, und sie wurden aufgefordert, nun widerspruchslos Anteil am Beruf und den Ambitionen des Mannes zu nehmen. Eigene Zukunftspläne wurden suspendiert zugunsten von Kindern und Erziehung. Die Heirat sei das »Entmündigungsverfahren« zur Ausgrenzung der Frau aus der Öffentlichkeit.[135]

Mit dem Übergang von der feudalen zur kapitalistischen Produktionsweise in Europa seit Anfang des 19. Jahrhunderts entstand das Bürgertum und in diesem Zuge fand eine Spaltung in Erwerbs- und Familienleben statt, die sich vor allem in spezifisch männlichen und spezifisch weiblichen Verhaltensweisen und Pflichten äußerte. In dieser Organisationsform wurde die

Kindheit mit der Welt der Frau als Mutter verzahnt. Die dabei entstandene Kernfamilie, die bis heute die deutsche Gesellschaft dominiert, ist damit ein relativ neues Konzept und nichts naturgegebenes oder absolutes.

Die jüngeren Mitglieder der Frauenbewegungen rund um das Berliner Frauenhaus kamen mehrheitlich aus weißen bildungsbürgerlichen Zusammenhängen.

Die feministische Historikerin Karen Hausen war 1976 Mitglied der Frauenbewegungen und erkannte als Grundlage dieser Arbeitsteilung binärkonstruierte Geschlechtscharaktere, nach denen körperliche Stärke, Leistungsfähigkeit und Versorgung als typisch männliche Attribute, Sorge, Harmonie und Schwäche als typisch weibliche Attribute anerkannt wurden.[136] Hausens Forschung war ein wichtiger Beitrag für die Frauenbewegungen der 70er Jahre, doch ging sie lediglich von der weißen, bürgerlichen Frau aus und blendete Arbeiter*innen of Colour und Bäuer*innen vollständig aus.

Biologisches und soziales Geschlecht sollten eins sein und sich entweder als »Weiblichkeit« oder »Männlichkeit« äußern. Auf diesen sich aufeinander beziehenden »männlich« und »weiblich« konnotierten Stereotypen basiert das heterosexuelle Begehren, das seine Materialisierung in der Liebesideologie »in guten wie in schlechten Zeiten« gründet.

Vorwürfe wie »Sie hat ihn sich doch selbst ausgesucht«, »Warum hat sie ihn nicht früher verlassen?« oder »Warum ist sie denn zurückgegangen?« waren und sind typische Reaktionen, mit denen Frauen aus Gewaltbeziehungen zu rechnen haben. Sie markieren das Unverständnis für eine fragwürdige Norm.

Zum einen liegt die Schwierigkeit in der bereits erwähnten nicht ausreichenden Hilfestruktur, zum anderen in der emotional abhängigen Gewaltform selbst. Wenige Beziehungen beginnen mit Gewalt, es ist ein schleichender Prozess, der die Grenzen des Sagbaren und der Handlungen langsam ausdehnt. Durch Manipulation und Abhängigkeit sind Trennungen aus Gewaltbeziehungen mit Angst verbunden. Zum einen, weil die Gewalt im Zuge einer Trennung wahrscheinlich zunehmen wird, zum anderen weil der ohnehin geschwächte Selbstwert sich nun mit Schuld- und Schamgefühlen, Sorgerechtsstreits und Bürokratie herumschlagen muss.

»Liebe ist oft nichts anderes als eine Schreckreaktion«, so die weiße Autorin Verena Stefan Mitte der siebziger Jahre, »eine Reaktion auf den Schreck, daß die Wirklichkeit so brutal anders ist als die Vorstellung von ihr. Durch Liebe läßt sich Brutalität eine Weile vertuschen. Liebe ist oft nur die Beschichtung von Abhängigkeiten aller Art, von der Abhängigkeit bspw., die Bestätigung durch einen Mann zu brauchen. Liebe ist eine tausendfache Verwechslung von begehrtsein und vergewaltigt werden.«[137]

Systematische Erniedrigung und Einschüchterung in Form irrationaler Befehle, entmündigenden Belohnungen und unerwarteter Strafen führen zu Desorientierung und einem zunehmenden Realitätsverlust, da genau die Person, an die so viel Hoffnung geknüpft ist, zur Quelle von Angst und Verunsicherung wird.[138] Die Hoffnung, dass eine Person sich ändert, ist ein nicht unerheblicher Grund, warum Menschen länger als es gut tut in toxischen Beziehungen verhaften.

Aussagen von Bewohnerinnen des Kölner Frauenhauses aus den siebziger Jahren zeigen, wie die Sozialisierung von Menschen zu Frauen mit der Verinnerlichung von Fürsorge einhergeht und zu der Annahme führt, das Leid von Männern »heilen« und sie »retten« zu können. Eine Bewohnerin des Kölner Frauenhauses berichtete: »Denn ich dachte, dieser Mann, der mich schlägt, ist nicht der Mann, den ich liebe. So ein Mensch, der in seinem Leben nie erfahren hat, was Liebe und Vertrauen ist. Er ist zu oft enttäuscht worden […]. Ich dachte, daß Liebe solche Wunden heilen kann, daß meine Liebe ihm helfen kann. Immer habe ich daran geglaubt, auch wenn ich vor ihm weggelaufen bin.«[139] Der Glaube an die eine große Liebe scheint stärker ausgeprägt zu sein als die Möglichkeit einer Trennung.

Vor Entstehung der Beratungsstellen und Frauenhäuser Mitte der siebziger Jahre waren die Möglichkeiten zum Austausch und zur Aufklärung kaum existent. Dass ehelicher Sex auch gewaltfrei oder gar nicht stattfinden könnte, war kein populäres Wissen. »Man wusste ansatzweise was über Gewaltdynamiken, aber nicht zu vergleichen mit dem, was wir heute alles wissen«, so Barbara Kavemann vom ersten Berliner Frauenhaus.[140]

Heterosexuelle Ehe und Kernfamilie als Gewaltraum

Ich gehe davon aus, dass geschlechtsspezifischer Gewalt die gewaltvolle Trennung in zwei Geschlechter vorausgeht. Diese gewaltvolle Trennung unterscheidet in ein Subjekt und ein Objekt, in Autonomie und Anerkennung, die gegensätzlich festgeschrieben die Abgrenzung zwischen den Geschlechtern markiert. Sie äußert sich dann als strukturelle Gewalt über Institutionen wie Ehe, Kernfamilie und Mutterschaft sowie Sprache, soziale Praktiken und Normen.

Ein Beispiel für die Ehe in den 1970er Jahren zeigt Helga Reidemeisters Dokumentarfilm *Von wegen Schicksal*, der das Leben der geschiedenen Hausfrau Irene Rakwitz und ihrer Familie im Märkischen Viertel in Berlin-West dokumentiert.[141] Der Dokumentarfilm zeigt die Widersprüchlichkeiten, mit denen Rakwitz während ihrer Ehe zu tun hatte. So sei es immer darum gegangen, den guten Ruf zu wahren, »das wurde mir so eingeimpft: Familienprobleme gehören nicht nach draußen.« Das Lebensziel war Heirat, denn »Heiraten ist das Einzige, was es gibt«. Und trotzdem stellt sie fest, »die Ehe ist Folter der Einsamkeit, wo du niemals zu dir selbst kommen kannst«, es hilft nur Scheidung. »Meine Generation hat keine Partnerschaft gelernt. [...] Männer beschlagnahmen mich, ständig muss ich für sie da sein.« Frauen »ziehen Kinder auf, bedienen den Mann, schmeißen den Haushalt und verdienen nichts. Und wenn wir uns scheiden lassen, haben wir nichts. Wenn ich Dienstmädchen bin, bekomm ich wenigstens Weihnachtsgeld und Rente.« Aber »die Liebe zur Familie muss über allem stehen und befriedigen«.

Der sogenannte »Familismus« überhöht die Familie zur gesellschaftlichen Organisationsnorm und wurde 1949 mit den Worten »Ehe und Familie stehen unter dem besonderen Schutze der staatlichen Ordnung« im Grundgesetz der Bundesrepublik manifestiert.[142] »Aus dieser verfassungsrechtlichen Verpflichtung lassen sich jedoch keine konkreten Ausgestaltungspflichten ableiten; vielmehr hat der Gesetzgeber bei der Umsetzung dieser Schutzpflicht einen weiten Gestaltungsspielraum.«[143]

Um dieser Schutzpflicht über die Familie nachzukommen, regelt das Gesetz bspw. den Umgang mit Kindern aus gewaltbetroffenen Familien. Im Sinne des Familismus, der sich an einer christlichen Norm von Familie orientiert, wird der Umgang für ein Kind mit *beiden* Elternteilen als Kindeswohl dienlich eingestuft. Seit der Gründungsphase des Berliner Frauenhauses bis heute, hält sich das Argument, gerade dann, wenn ein Kind Gewalt gegen die Mutter durch den Vater erlebt habe, müsse es die Möglichkeit auf ein positives Männerbild zurückbekommen. Dieses Argument wurde in den 1970ern auch genutzt, um die Mitarbeit von Männern in Frauenhäusern zu legitimieren.

Heute erhalten Frauen keinen Schutz, wenn sie Gewalt aufgrund des Umgangsrechts durch den Vater der gemeinsamen Kinder erleben oder zu befürchten haben. Das bedeutet konkret, dass der Gewalttäter bei der Übergabe der Kinder die Möglichkeit hat anzugreifen. Rechtsanwältin Christina Clemm bezeichnet die Regelung für den Umgang als den kompliziertesten Bereich bei familiengerichtlichen Auseinandersetzungen, bei denen regelmäßig der Gewaltschutz der Frau ausgehebelt werde.[144]

Frauen, die als Kind oder Jugendliche Partnerschaftsgewalt bei den Eltern miterlebten, sind später doppelt so häufig und Frauen, die in ihrer Kindheit oder Jugend Gewalt durch Erziehungsberechtigte am eigenen Leib erleiden mussten, dreimal so häufig von häuslicher Gewalt betroffen. Kinder aus gewalttätigen Zusammenhängen haben ein fünfmal höheres Risiko an behandlungsbedürftigen psychischen Erkrankungen zu leiden, wie aggressives Verhalten, dissoziale Verhaltensmuster, Bindungsstörungen, psychosomatische Erkrankungen.[145]

Aus sozialwissenschaftlichen Publikationen der späten 1970er Jahre zum Phänomen Gewalt in der Ehe sind folgende Szenen entnommen. »Sie wurde von ihrem Mann so in die Nieren getreten, daß sie einen Kreislaufkollaps bekam. Er schleifte sie an den Haaren durch die Wohnung, hielt sie über die Balkonbrüstung, warf sie gegen die Wand, gegen den Schrank, gegen den Weihnachtsbaum. Sie wurde von ihrem Mann während einer Schwangerschaft so brutal in den Bauch getreten, daß das Kind tot zur Welt kam. Er hat sie mit Milchflaschen, einem Blecheimer bearbeitet und sie nach solchen Szenen vergewaltigt. Monikas Mann warf Glasvasen und ein Radio nach ihr, Angelika wurde nackt vor die Wohnungstür gesperrt.«[146]

Cheryl Benard und Edit Schlaffer zeigen mit ihren »Texten zu einer Soziologie von Macht und Liebe«, dass es nicht immer nur um physische Gewalt ging, sondern auch um Dominanz und Unterwerfung in Form von mal unterschwelligen, mal sehr direkten abfälligen Bemerkungen: Er findet Rauchen für Männer ungesund und bei Frauen »unästhetisch«.[147] Nach jeder Einladung macht er ihr Vorwürfe über ihr Verhalten, entweder saß sie »verkrampft da« oder hat »keinen einzigen vernünftigen Satz über die Lippen gebracht«, das führte dazu, dass sie schon einen Tag vorher Angst vor solchen Einladungen hatte.[148]

Damals wie heute wird versucht, die Gewalt von Männern an Frauen anhand allgemein gültiger Merkmale und biologistischer Merkmale zu entschuldigen.[149] Männer mit eigener Gewaltbiographie werden später auch eher Gewalt ausüben. Andrerseits leben Frauen weitaus seltener ihre Gewalttätigkeit aus, auch wenn sie mit Gewalt in der Familie aufgewachsen sind. »Wo Unterdrückung Männer aggressiv macht, macht sie Frauen depressiv. In ihrer Ohnmacht zerstören sie nicht das, was sie kaputtmacht, sondern sich selbst«, so ein Artikel aus der *Emma* von 1977.[150]

Als antifeministisches Erklärungsmodell für männliche Dominanz diente in den siebziger Jahren der patriarchale Mythos vom weiblichen Masochismus: »Die Frauen brauchen das ja ab und zu – Gewalt!« Die Psychoanalytikerin Margarete Mitscherlich trug 1977 zur Diskussion bei und widerlegte die These, »daß Frauen von Natur aus masochistisch seien, das heißt eine Tendenz zur Selbstquälerei und zur Lust am Leiden zeigten«, als »psychische Verarbeitungen von pathologischen sozialen Verhältnissen. Die Tatsache, daß masochistische Phantasien so zahlreich bei Frauen anzutreffen sind, muß auf ihre jahrhundertelange familiäre und soziale Fesselung zurückgehen.«[151]

Sozialwissenschaftlerin Benard griff diesen vorherrschenden Mythos ebenfalls auf und bestätigte, »all die typisch weiblichen Normen, die Frauen verinnerlicht haben, die ihnen befehlen, sich zu fügen, unterwürfig und masochistisch zu sein, sind Ausdruck dieser Form von Gewalt. (...) Strukturelle Gewalt zeigt sich auch darin, daß Frauen immer noch der Zugang zu qualifizierten gesellschaftlichen und beruflichen Positionen wegen ihres Geschlechts erschwert oder unmöglich gemacht wird. Noch immer ungleicher Lohn bei gleicher Arbeit, noch immer schlechtere Chancen auf dem Arbeitsmarkt, noch immer weniger Bildungschancen für Mädchen – all dies ist Ausdruck der Benachteiligung, der Unterdrückung und der Gewalt gegen Frauen.«[152]

In einer kapitalistischen Gesellschaft, in der Männern eine Vormachtstellung eingeräumt wird, geht der wirtschaftliche Vorteil Hand in Hand mit einem patriarchalen Besitzanspruch auf Frauen. Die italienische Philosophin und Aktivistin Silvia Federici sieht in der Benennung von Frauen als »Hexen« den Grundstein für die Beschränkung der Frauen in Europa auf unbezahlte Hausarbeit und Reproduktion.[153] Sie sieht die Ursache für geschlechtsspezifische Gewalt im Kapitalismus.

Soziale Benachteiligung und Gewalt aufgrund von Geschlecht gehen mit wirtschaftlichen Interessen einher. Das scheinbare Selbstverständnis eines gebärfähigen Körpers zur Fortpflanzung geht Hand in Hand mit der Selbstverständlichkeit unbezahlter Reproduktionsarbeit. Der Berufseinstieg für Frauen, also potentielle Mütter, ist am einfachsten im Bereich Care-Arbeit.[i]

Bei den personenbezogenen Dienstleistungsberufen beträgt der Frauenanteil über 70 Prozent.[154] Dazu zählen Gesundheitsberufe, Reinigungsberufe sowie soziale und kulturelle Dienstleistungsberufe. Frauen mit Migrations- und Fluchtgeschichte sind öfter auf diese Berufe angewiesen, da ihre Abschlüsse in Deutschland nicht anerkannt werden und sie rassistischer Benachteiligung ausgesetzt sind. Die Alterssicherung von Frauen fällt dadurch um die Hälfte geringer aus als bei Männern.

Die geringere Bezahlung von Frauen generell hängt nicht nur mit der geringeren Wertschätzung von Care-Arbeit und der Haltung »Frauen machen das von Natur aus gern« zusammen, sondern auch mit der Anstellung in und Aufrechterhaltung von Niedriglohnsektoren. Niedriglohntätigkeiten, vor allem im Dienstleistungsbereich, werden seit den 1960er Jahren vor allem von BiWoC oder Migrantinnen verrichtet. Durch die Möglichkeit von Mehr-

i Die Berufe Sozialarbeit und Sozialpädagogik sind auf den Kampf der Frauenbewegung im 19. Jahrhundert für bezahlte Berufstätigkeit zurückzuführen.

fachdiskriminierung, bspw. aufgrund fragiler Aufenthaltsrechte, fällt ihre Bezahlung noch niedriger aus, bis hin zur Ausbeutung – vor allem aber zu anhaltender Abhängigkeit.

Die Idee, Frauen den Zugang zum Arbeitsmarkt zu erschweren oder zu beschränken, bekommt im Bewusstsein einer Gesellschaft, die den Wert einer Person über ihre Arbeit definiert, einen besonders trüben Nachgeschmack.

Durch die ungerechten Karrieremöglichkeiten und finanzielle Ungleichbehandlung bleiben Abhängigkeitsverhältnisse oftmals bestehen. Finanzielle Abhängigkeit ist einer der vorrangigsten Gründe, warum die Trennung von einem Gewalttäter so schwer sein kann, vor allem wenn Kinder im Spiel sind. Ein Großteil der Frauen kehrt nach 1–3 Tagen zurück in die alte Wohnung, Beziehung und die Verhältnisse, ehe sie den endgültigen Absprung schaffen. Gelingt es ihnen jedoch, eine eigene Wohnung zu finden, gehen nur noch sehr wenige zurück in die ursprünglichen Verhältnisse.[155]

Feministische Kritik am Mythos Mutterschaft

Im Folgenden zeige ich, wie das heteronormative Modell mit dem »naturgegebenen« Konzept von Mutterschaft einhergeht und Frauen auf die Rolle der Mutter reduziert. Anhand zeitgenössischer Theorien und feministischer Debatten im Kontext der ersten Frauenhäuser zeige ich Alternativen zu dieser einseitigen Festschreibung auf.

Die Familie »ist eine Institution«, so die feministische Autorin Ellen Willis Ende der 1970er Jahre, »eine Reihe von Gesetzen, Bräuchen und Überzeugungen, die definieren, was eine Familie ist oder sein soll, welche Rechte und Pflichten ihre Mitglieder haben und in welchem Verhältnis sie zur Gesellschaft steht. Diese Einrichtung umfasst nur Haushalte von Personen, die durch Geburt oder Heirat verwandt sind. Sie basiert auf der Akzeptanz männlicher Autorität über abhängige Frauen und Kinder.«[156] Nach diesem Verständnis wird ein Begehren nach individueller Freiheit als egoistisch und unverantwortlich abgetan, da »die Unterordnung des persönlichen Glücks unter häusliche Verpflichtungen als Kennzeichen des Erwachsenenalters und als Grundlage der Moral« gilt.[157] Diese Unterwerfung vollziehen Frauen zweifach, einmal als Unterwerfung unter die Erwartungen des Mannes (welche gleichzeitig die gesellschaftlichen darstellen) und ein zweites Mal unter die Bedürfnisse der Kinder.

Historikerin Christina von Braun identifiziert in der Entwicklung von der patriarchalischen Ehe zur Kleinfamilie die Geschichte der »Mutterwerdung« der Frau.[158] Die Frau verschmilzt mit der

Mutterschaft, die synonym zu Aufopferung steht. Von Radikalfeministinnen der 1970er Jahre wurde »Mutterschaft« nicht als körperliche Selbstverständlichkeit, sondern als patriarchales Konstrukt kritisiert. Mit ihrem radikalfeministischen Manifest *Dialectic of Sex* wollte Shulamith Firestone bereits 1970 die Festschreibung der gebärenden Frau und die Kernfamilie abschaffen. Nach ihrem Verständnis ist der Kern der Unterdrückung der Frau in ihrer Rolle als Gebärenden und Versorgende zu finden. Sie versteht Geschlecht rein biologisch und somit muss die Mutterschaft durch künstliche Reproduktion vom weiblichen Körper getrennt und die Frau befreit werden.[159] Nur auf diese Weise könne auch die Kleinfamilie abgeschafft und mit ihr ein gewaltfreies Gemeinschaftsleben möglich werden.

»Sicher: Biologisch ist die Mutterschaft Frauensache«, so die Autorin einer *Emma*-Ausgabe von 1977, »nur Frauen können Kinder austragen. Sozial aber ist die Mutterschaft nicht notwendig unsere Sache.«[160] Für die Autorin stand fest, das Entscheidende sei eine stabile gefühlsmäßige Bindung an eine oder mehrere Personen, ob das die biologische Mutter ist, sei gleichgültig. Die Realität aber sehe anders aus, denn »erst wenn eine Frau biologisch Mutter wird, wird sie zur vollwertigen Frau. Erst wenn eine Mutter nach der biologischen auch die soziale Mutterschaft verantwortlich übernimmt, gehorcht sie ihrer »Natur«, ihrem »Instinkt«, findet sie das ihr bestimmte wahre Glück. Solche Zitate klingen fast 45 Jahre später im Spiegel aktueller Abtreibungsdebatten, Lehrpläne und Reproduktionsrechte, immer noch aktuell. Die *Emma*-Autorin stellt am Ende ihres Textes fest, »einen Vaterinstinkt kennt unsere Sprache und Kultur nicht. Also sind sie auch ohne Schuld.«[161] Sie formuliert die Schuld der Mutter, wenn sich diese nicht in den Dienst der Familie stellt. Schuld und Scham sind aus dem gleichen Material. Eine Trennung, selbst im

Falle häuslicher Gewalt, erzeugt dann Scham, den Erwartungen nicht gerecht geworden zu sein und Schuldgefühle den anderen Familienmitgliedern gegenüber.

Die Zeitschrift *Courage* druckte in einer Ausgabe von 1979 das Kapitel *Gewalt – Das Herz mütterlicher Dunkelheit* aus Adrienne Richs Buch *Von Frauen geboren – Mutterschaft als Erfahrung und Institution.* Die US-amerikanische Lyrikerin verstand Mutterschaft als Institution, die »nicht angefasst oder gesehen werden« könne, jedoch sichtbar gemacht werden müsste, damit Frauen die einzelnen Fragmente ihres Lebens zu einem Ganzen zusammenfügen können. Dazu zählt sie »Vergewaltigung und ihre Nachwirkungen; Heirat als ökonomische Abhängigkeit, als Besitzrecht des Mannes an *seinen* Kindern, der Diebstahl der Geburt an Frauen; das Konzept der *Illegitimität* eines außerehelich geborenen Kindes; die Gesetze, die Verhütung und Abtreibung regulieren; die arrogante und sorglose Vermarktungsweise gefährlicher Geburtenkontrollmittel; die Leugnung, daß die Arbeit, die zu Hause verrichtet wird, Teil der Produktion ist; das Fesseln der Frauen mit Ketten von Liebe und Schuld, das Fehlen gesellschaftlicher Unterstützung für Mütter; die ungenügenden Einrichtungen der Kinderversorgung in den meisten Teilen der Welt; die ungleiche Bezahlung, die Frauen als Lohnempfängerinnen erhalten und die sie häufig in die Abhängigkeit eines Mannes zwingen; die Isolationshaft der *Ganztagesmutterschaft* die Scheinnatur der Vaterschaft, die einem Mann Rechte und Privilegien über Kinder gibt, für die er minimale Verantwortung auf sich nimmt«.[162]

Mütterliche Selbstlosigkeit und Selbstvergessenheit bedeuten, die Bedürfnisse einer Frau zurückzustellen und aus einem »natürlichen« Instinkt im Sinne der Familie zu agieren. Von Braun zeichnet auch die historischen Parallelen zwischen Mutterschaft und Hysterie nach, beide Konzepte hätten die »Ich-losigkeit«

der Frau zum Ziel, entweder ist sie Ehefrau und Mutter oder krank.[163] »Du gehörst nicht ins Ehebett, sondern in die Psychiatrie!«, so ein Verlobter im Jahr 1975 als Reaktion, weil seine Verlobte nicht mit ihm schlafen wollte.[164] Die Parallelen von der »Pathologisierung zur Delegetimierung« von Frauen ziehen sich bis heute, kommend von der sogenannten hysterischen Frau um 1900 bis hin zur zeitgenössischen Borderlinerin.[165] Solche Pathologisierungen kommen auch zum Tragen, wenn den Frauen die Schuld an der Gewalt gegeben wird. »Warum hat sie sich den ausgesucht? Was stimmt nicht mit ihr?« Stattdessen sollte die Frage lauten: »Was stimmt nicht mit ihm, warum quält er dauerhaft eine nahestehende Frau?«

Autorin Antje Joel »brauchte Jahrzehnte«, bis sie auf die Frage, warum sie denn nicht früher gegangen sei, die richtige Antwort hatte: »Ich bin gegangen. Ich bin hier.«[166]

Die Siebziger sind auch die Hochphase der Roten Armee Fraktion. Eine Phase in der die westdeutsche Gesellschaft im Inneren sehr angespannt war und die Gewalt für einige unberechenbar und plötzlich überall auftauchen konnte. Dass Ulrike Meinhof ihre Kinder verließ, um in den Untergrund zu gehen und hauptberuflich gewaltbereite Aktivistin zu sein, wurde pathologisch so missverstanden, dass nach ihrem Tod im Jahr 1976, ohne die Genehmigung ihrer Angehörigen, offiziell ihr Hirn entnommen wurde. Verantwortlich gemacht für ihre Aggressivität und Gewaltbereitschaft wurde eine zurückliegende Operation am Schädel. Im Jahr 2002 wurde das Gehirn von einem Arzt zerlegt und erneut untersucht. Sowohl im 20. als auch 21. Jahrhundert wollten die Mediziner den »neuronalen Defekt« dieser »Mutter« finden, der sie zur Massenmörderin gegen die Verhältnisse machte.[167] Gewaltbereitschaft und Weiblichkeit okay, aber dann auch noch Mutter – diese Kategorien konnten nicht zusammengehen, sie musste verrückt sein. Die um Meinhof trauernde Zeitgenossin Sibylle Plogstedt behielt diese anders in Erinnerung: Sie »hat sich gewehrt, im Gegensatz zu so vielen. Als Frau. Hat nicht lamentiert darüber, wie schlecht es Frauen geht. Hat aufgezeigt, dass Frauen handeln. Hat Handeln gelebt. Unter Bedingungen wie keine von uns. Dafür haben wir sie geliebt.«[168]

Die Idealisierung der Mutterschaft innerhalb der Partnerschaft kritisierte 1976 Sophie Behr, Journalistin und Mitbegründerin des Verbands für alleinerziehende Mütter und Väter (VAMV). Unter dem Artikel »Was ist eine Mutter?« kritisiert die Autorin den Artikel 6 des Grundgesetzes: »Jede Mutter hat Anspruch auf den Schutz und die Fürsorge der Gemeinschaft«. Doch wie Behr feststellen musste, war mit »jede« nicht jede gemeint. Sie klagte vor dem Finanzgericht, dass sie jährlich 3.000 DM mehr Steuern zu zahlen habe als eine verheiratete Mutter. In seinem Urteil zitierte das Finanzgericht das Grundgesetz, wonach der Anspruch jeder Mutter auf Schutz und Fürsorge der Gemeinschaft beschränkt sei auf die sogenannten Notzeiten einer Mutter – wie Schwangerschaft, Niederkunft und Stillzeit. Nach dieser Zeit bedarf eine Mutter dann zwar weiterer Unterstützung, doch die habe dann ihr Gatte zu übernehmen.[169] Mit Blick auf häusliche Gewalt gelten diese »Notzeiten« als die risikoreichsten für von Gewalt betroffene Frauen. Die bewusst erhaltene ökonomische Abhängigkeit der Frau durch die Mutterschaft wird hier deutlich und zeigt sich heute im Ehegattensplitting.

Die Mystifizierung des Mutterinstinkts, der Mutterliebe, der Muttermilch, selbst wenn diese Phänomene in einem Körper real stattfinden, befreien den Vater von seinen Pflichten.

Adrienne Rich sprach 1975 von dem Druck, ein »Nest« bauen zu müssen, und der Erwartung, für das Wohlbefinden der Kinder und die Harmonie in der Familie allein verantwortlich zu sein.[170] Rich galt als vorausschauend, weil sie Müttern zugestand nicht bedingungslos und ständig ihre Kinder lieben zu müssen. Firestone strich die gesellschaftliche Erwartung des permanenten Glücks einer Mutter und ihrer Kinder im Zwang ständig lächeln zu müssen heraus.[171] Die erzwungene Glückseligkeit und das damit verbundene Nichtausleben von Wut, kann dazu führen, dass Frauen keine Grenzen ziehen, sondern stattdessen nachsichtig mit eigentlichen Konflikten umgehen. Im Falle geschlechtsspezifischer Gewalt kann diese Haltung tödlich enden.

Als Ausweg aus dem Dilemma entwickelten Feministinnen Strategien. Die progressiven Mailänderinnen erkannten, dass Frauen sich permanent nach Anerkennung sehnten, diese aber lediglich bei den Eltern, in der Mutterschaft oder im Partner suchten, nie aber in sich selbst. Sie entwarfen eine eigene symbolische Ordnung, die den intimen Zusammenhalt und die öffentliche Unterstützung von nichtmännlichen Menschen praktizierte.[172] Diese weibliche Komplizinnenschaft innerhalb der Frauenbewegungen basierte auch auf den Erfahrungen im Zweiten Weltkrieg, wie ich im dritten Kapitel noch darlegen werde.

Eine weitere Strategie kam von der Pionierin der Zweiten Frauenbewegung in Frankreich, Monique Wittig. Sie sah möglichen Widerstand gegen die männliche Vormachtstellung nur in der Verweigerung der Heterosexualität.[173] »Lesbe« war, nach Wittig, eine politische Positionierung und eröffnete einen alternativen Raum zur Heteronormativität und den damit verbundenen Rollenerwartungen. Ähnlich dem Verständnis von *queer* heute.

Das Kapitel abschließend, beschreibe ich auch den mystifizierten Kinderwunsch als einem Frauenkörper nicht per se inhärent, genauso wenig wie ein unerfüllter Kinderwunsch nicht automatisch ein gescheitertes Leben bedeutet. Die bewusste Entscheidung gegen ein Kind ist ebenso anzuerkennen wie die dafür. Auch die Rede von der Risikoschwangerschaft bei »älteren« Frauen könnte ein Ende haben, wenn behinderte Körper nicht als weniger wert angesehen würden.

Es gibt Körper mit unterschiedlichen Formen und Möglichkeiten. Gewisse Körper haben nicht die biologische Voraussetzung zur Fortpflanzung, aber die physischen und mentalen. Andere lassen sich befruchtete Eizellen ohne Geschlechtsakt einsetzen, leihen Mütter oder adoptieren Kinder. »Mutter« ist keine Identität. »Mutter sein« ist eine physische Möglichkeit, die gewisse Körper, für eine gewisse Zeit herstellen können – oder nicht.

Wenn eine »echte« Frau erst über Mutterschaft existiert, dann schließt das alle Frauen aus, die das nicht können oder wollen. Das Wissen um die Vielfalt an existierenden Körpern und Möglichkeiten stellt – nicht nur – die Theorien der 1970er auf den Kopf, die sich hauptsächlich mit der Binarität von Geschlecht befassten. Denn auch heute kämpfen trans*Männer um einen erleichterten Zugang beim »Frauenarzt« und lesbische verheiratete Paare immer noch um die Anerkennung der Mutterschaft ohne Abstammungsgrundlage.

Das familistische Bild der glücklich verheirateten und sich aufopfernden Mutter blendet alle anderen Formen von Mutterschaft und damit die Schwierigkeiten von alleinerziehenden Müttern, traumatisierten Müttern, armen Müttern, Müttern ohne sicheren Aufenthalt, Müttern, die nicht aussehen wie Mütter, sowie Müttern, die gar keine Mutter sein wollen, aus.

Ein wichtiger Bestandteil bei der Arbeit im ersten Berliner Frauenhaus war der Austausch zwischen Müttern und Nichtmüttern. Bei ihren regelmäßigen Treffen hinterfragten sie Erziehungsmethoden, sprachen über Konflikte und wie ein gemeinschaftliches Leben funktionieren konnte.[174] Ein Gewinn dieser großen (wenn auch höchst komplizierten) Wohngemeinschaft war es, dass ähnliche und völlig unterschiedliche Erfahrungen ausgetauscht werden konnten.

3. Familienpolitik, Geschlecht und Sex seit 1949

In diesem Kapitel zeige ich soziale Meilensteine auf, die zur Eröffnung der ersten Frauenhäuser in der BRD geführt haben. Ich skizziere außerdem die Ideen und die Einflüsse der Frauenbewegungen auf die Familienpolitik und die Debatte um sogenannte Gleichberechtigung.

Ende des Zweiten Weltkrieges lag Berlin in Trümmern, Tausende waren obdachlos, hungerten und waren traumatisiert. Die männlichen und weiblichen Erfahrungen während des Krieges hätten sich kaum mehr voneinander unterscheiden können. Auf der einen Seite die Gewalt auf dem Schlachtfeld, die sexualisierte Gewalt an der »Heimatfront« auf der anderen. Diese Tatsache soll nicht über den Fakt hinwegtäuschen, dass Frauen Nazis, Mörderinnen und Täterinnen waren. Vergewaltigung ist in jedem Krieg an jedem Ort eine systematische Kriegswaffe. Sie nimmt unterschiedliche Formen an und hat unterschiedliche Ursachen, äußert sich eher genozidal und/oder eher sexistisch, dient aber immer dem gleichen Zweck: der Nation.

Laut der US-amerikanischen Historikerin Dagmar Herzog, wurde im Nachkriegsdeutschland statt über den Faschismus, über problematische Sexualität und kaputte Ehen diskutiert. Unzähligen Zeitungsartikeln aus der zweiten Hälfte der 1940er Jahre sind Titel wie: »Krisis der Ehe«, »die sexuelle Krise«, »die Tragödie des Schlafzimmers«, »die Ehe ist durch und durch krank« zu entnehmen.[175]

Zu keiner Zeit waren so viele Frauen in Deutschland berufstätig wie während des Krieges. Als um 1947 die ersten Soldaten aus der Kriegsgefangenschaft zurückkamen wurden private Beziehungen und die Familie zu zentralen Austragungsorten für die Folgen des Krieges und der NS-Zeit.[176] In etwa zur gleichen Zeit verstummte die öffentliche Rede über die Massenvergewaltigungen an weiblich gelesenen Personen durch die Wehrmacht und Alliierte. Sie sollten bis ins 21. Jahrhundert kaum eine Rolle spielen.[i]

Während der Jahre 1939 und 1948 stellten Frauen den Großteil der deutschen Bevölkerung. Für die Geschichte der Frauenhäuser ist interessant, dass die sexuellen Übergriffe, die Teil des Alltags waren, lakonisch und offen thematisiert wurden innerhalb dieser »Frauengesellschaft«.[177] Mit den Kriegsheimkehrern setzte eine Tabuisierung der Rede über Vergewaltigung und weibliche Freizügigkeit generell ein. Sowohl im Kontext der ersten Frauenhäuser als auch in der »Frauengesellschaft« nach dem Krieg, zeigte sich eine fragile Männlichkeit, die sich nach der Niederlage auf dem Schlachtfeld nun auch noch vor der Autonomie von Frauen und dem Verlust der männlichen Autorität fürchtete.

In der Nachkriegszeit bezogen Frauen eine Kriegerwitwenrente, die jedoch gestrichen wurde, sobald die Frauen eine neue

---

i Wissenschaftlich wurden die Massenvergewaltigungen während des Zweiten Weltkrieges zum ersten Mal im Jahr 1993 von Helke Sander in ihrem Buch und Film *BeFreier und Befreite* behandelt. Zwar wurde die sexualisierte Gewalt im Krieg endlich benannt, doch wiederholte Sander einfach die Nazi-Rhetorik, rassifizierte russische Soldaten, behandelte die Massenvergewaltigungen der Wehrmacht in der Sowjetunion zweitrangig und verharmloste die Verbrechen des NS. Im Anschluss an ihre Arbeit erschienen weitere Forschungsarbeiten zu den Vergewaltigungen durch die Rote Armee und den Vergewaltigungen durch Wehrmacht und SS. Für die deutsche Geschichtswissenschaft ist es vor allem der Arbeit der Historikerin Miriam Gebhardt zu verdanken, dass fast 20 Jahre später endlich auch die Vergewaltigungen durch Westalliierte Einzug in das kulturelle Gedächtnis der BRD fanden.

Beziehung eingingen. Um dies zu umgehen, organisierten sich Frauen in alternativen Wohnzusammenhängen bestehend aus mehreren Frauen und Kindern oder in sogenannten illegitimen »Onkelehen«. Diese ermöglichten ein heterosexuelles Zusammenleben unter dem Deckmantel der Verwandtschaft und garantierten zwei Einkommen. Diese heterogenen und gemeinschaftlichen Wohnformen entsprachen kaum dem propagierten Zusammenleben der Kleinfamilie. Ledige und verwitwete Mütter und ihre Kinder stellten ein kaum zu übersehendes Problem in diesem Nachkriegschaos dar und trotzdem wurde 1948/49 die rechtliche Diskriminierung unehelicher Kinder gesetzlich verankert und die Privilegierung durch die Ehe gestärkt.

Historikerin Miriam Gebhardt schreibt, dass es offiziell sogar als »ehrenvoller« galt, vergewaltigt worden zu sein, als freiwillig Sex mit einem Alliierten gehabt zu haben.[178] Die Beziehungen zu Besatzungssoldaten wurden nicht nur missfällig begutachtet, sondern rassistisch abgewertet unter dem Oberbegriff Fraternisierung. Besonders benachteiligt wurden Afro-Deutsche Kinder und ihre »lasterhaften« Mütter.[179] Diese intersektionale Benachteiligung setzte sich auch noch fort, nachdem das Gesetz 1970 eheliche und uneheliche Kinder gleichstellte.

Mit den sexistischen und rassistischen Vorurteilen hing auch die Lockerung des »Abtreibungsparagrafen« 218 in der westlichen und sowjetischen Besatzungszone zusammen. Die Historikerin Gebhardt untersuchte Hunderte von eidesstattlichen Erklärungen im Neuköllner Gesundheitsamt und kam anhand dieser Quellen zu dem Schluss, dass die Angst vor sozialer Ächtung durch ein uneheliches Kind und die damit verbundenen Kosten sowie die Sorge um die Ehe als Argument für eine Abtreibung am häufigsten genutzt wurden.[180] Diese vereinfachte Abtreibung sollte wohl weniger den Frauen den Umgang mit sexualisierter

Gewalt und ungewollter Schwangerschaft erleichtern, sondern war vielmehr dazu da, um die von der Front heimkehrenden Männer zu schützen und das christliche Gemeinwohl in Form der Familie zu stärken.

Gleichzeitig war Sexarbeit in der Nachkriegszeit ein üblicher und notwendiger Weg, um zu überleben. Auch heute noch fällt es der Mehrheitsgesellschaft in Deutschland schwer, Sexarbeit als Lohnarbeit anzuerkennen. Damals wie heute existiert die Annahme, weibliche Sexualität sei passiv, gefährdet und auf keinen Fall selbstbestimmt. Der gefährliche Mythos der »reinen« und »sauberen« Frau verfestigte sich abermals in der Nachkriegskrise und findet sich heute im Umgang mit Frauen, die sexualisierte Gewalt erlebten. Und auch in der Inszenierung von rassifizierten Tätern.

Die Ausbreitung von Geschlechtskrankheiten in dieser Zeit galt als Zeichen des sittlichen Verfalls, für den in erster Linie die Frauen, weniger die Soldaten, verantwortlich gemacht wurden. »Gefallene Frauen« und »streunende Mädchen« wurden bis in die 1950er Jahre medizinisch zwangsuntersucht und zwangsbehandelt und dabei oftmals dauerhaft traumatisiert.[181] Bis in die 1970er Jahre, wie ich später zeigen werde, war die Zwangseinweisung in psychiatrische Heilanstalten, in denen diese Frauen ihrer Integrität beraubt und erneuter Gewalt ausgesetzt waren, gängige Praxis.[i]

Damals wie heute dient die Stilisierung von Sexarbeit als gesellschaftliche Bedrohung der Kontrolle über den weiblichen Körper und seine Sexualität. Die Tabuisierung von Geschlechtskrankheiten wiederum dient der Stigmatisierung von allen der »Norm« abweichenden Körpern und Sexualitäten.

---

i Auch heute noch berichten Frauen bspw. in der Wohnungslosenhilfe von gewaltvollen Psychiatrieeinweisungen und -aufenthalten.

Anstelle eines gesundheitlichen Problems entsteht auf diese Weise ein moralisches.

In all diesen Diskussionen um geschlechtsspezifische Sexualität und damit einhergehenden Erwartungen, ging es um vieles, aber nie um: Gewalt. Häusliche und partnerschaftliche Gewalt war in dieser gewalterfahrenen Gesellschaft kein sagbares Thema. Das änderte sich erst mit der Entstehung der ersten Frauenhäuser.

Heldinnenmythos damals und heute

Die wiedererstarkte Kirche gab nach dem Zweiten Weltkrieg ihr Bestes, um Mädchen und Frauen für den Verfall der Nation verantwortlich zu machen. Weibliche Untreue und weibliche Promiskuität galten als Ursache und Symptom nationaler Schwäche, als Ehrverlust und Verrat.[182] Ziel wurde die Konstruktion einer fürsorglichen, kraftvollen und mütterlichen Weiblichkeit.

Dazu diente die Erfindung der »Trümmerfrau«. Sie hatte keine zweifelhafte Vergangenheit als Sexarbeiterin oder Vergewaltigte. Gleichzeitig machte die Figur der »Trümmerfrau« auf die fehlenden Männer aufmerksam. Sie war ein Appell, dass harte körperliche Arbeit nichts für Frauen sei. Nach diesem Narrativ begann die Geschichte des Wiederaufbaus Deutschlands mit dem Luftangriff der Alliierten und endete im bürgerlichen Wohlstandsdeutschland, aufgebaut von den tatkräftigen Trümmerfrauen. Die Historikerin Leonie Treber fand heraus, dass der tatsächliche Anteil von Frauen bei der Trümmerbeseitigung marginal war.[183] Sie kamen vor allem in der sowjetischen Besatzungszone, größtenteils in Berlin, Dresden und Frankfurt Oder zum Einsatz und wohl nicht immer freiwillig. Häufig wurden »leichte Mädchen« und Frauen, die durch die Infektion mit einer Geschlechtskrankheit bekannt wurden, zur Arbeit gezwungen.[184] Der Großteil der Trümmer wurde zu Beginn von Häftlingen (wie während der NS-Zeit) und später vor allem von professionellen Bauunternehmen beseitigt.

Rückblickend wurde die »Trümmerfrau« zu einer nahezu universalen deutschen weiblichen Kriegserfahrung stilisiert.

Im Neuköllner Volkspark Hasenheide steht seit 1954 ein Denkmal zu Ehren der Berliner »Trümmerfrau«. Menschen, die sexualisierte Gewalt überleben oder durch Vergewaltigung sterben, bekommen keine Denkmäler, denn »das ist keine Heldentat, das sind keine Kriegsverletzungen, das ist Weibskram«.[185]

Der universale Heldinnenmythos erfährt während der Corona-Pandemie ein Wiederaufleben. Hier zeigt sich besonders offensichtlich die gesellschaftliche Funktion des Mythos um Mutterschaft und die Konstruktion einer aufopfernden Frau.

Die rechtsradikale Zeitung *Junge Freiheit* schrieb von »modernen Trümmerfrauen«, die als Verkäuferinnen, Ärztinnen, Krankenschwestern oder Altenpflegerinnen das System aufrechterhielten, und von Müttern, »die sich aufopfernd und hingebungsvoll um ihre Familie kümmern«.[186] Auch die *Deutsche Welle* und die *Oberhessische Presse* zogen Parallelen zwischen Zweitem Weltkrieg und Corona-Pandemie und »Frauen an der Front«[187]. Die deutsche Frau als zwar mehrfachgeforderte, aber durchhaltende Powerfrau und Care-Workerin. Sie stemmt zuhause die Versorgung der Kinder, macht Homeschooling, pflegt alte Angehörige und arbeitet eventuell noch vom Homeoffice aus in Teilzeit. Die einseitige Glorifizierung der weiblichen Rolle bei gleichzeitiger Diskriminierung folgt einer Tradition, hat Geschichte, und kommt in Krisen verstärkt zum Einsatz.

Geschlechtsspezifische Gewalt nimmt in Krisenzeiten allgemein zu. Durch Angst vor Statusverlust, finanzielle Prekarität und politischer Ungewissheit gerät auch die scheinbar letzte Konstante, die Geschlechterordnung ins Wanken.[188] Gerade rechtspopulistische Parteien leben von Krisen. Scheint die staatliche, gesellschaftliche und/oder wirtschaftliche Ordnung in Gefahr, vermitteln diese Parteien die Möglichkeit, das Chaos zu beenden und die »natürliche« Ordnung der Dinge wiederherzustellen.

Journalistin und politische Beraterin Susanne Kaiser schreibt von einer Verschränkung zwischen Männlichkeit und »natürlicher« Ordnung. Statt der Nation, die es zu schützen gelte, wird die Familie als bedroht und schützenswert inszeniert.[189]

Gleichberechtigungspolitik

Das Weltwirtschaftsforum prognostizierte im März 2021 eine Verlängerung des weltweiten Gender Gaps um eine Generation. Statt 99,5 Jahre wird es 135,6 Jahre dauern, ehe Frauen und Männer gleichberechtigt sind.[190]

Als im Jahr 1949 die Bundesrepublik Deutschland gegründet wurde, wirkten am Grundgesetz 61 Männer und vier Frauen mit. Vor allem Frieda Nadig und Elisabeth Selbert von der SPD war es zu verdanken, dass nach monatelangen Verhandlungen »Männer und Frauen sind gleichberechtigt« als Grundsatz aufgenommen wurde (Art. 3, Abs. 2). Nun war die Gleichberechtigung zumindest schriftlich garantiert, doch sollten Frauen laut Grundgesetz besser Teil einer Familie sein, denn »Ehe und Familie stehen unter besonderem Schutz der staatlichen Ordnung« (Art. 6 GG, Abs. 1).

Dieser Absatz ernannte die Familie zum wichtigsten Baustein einer Gesellschaft und wies Frauen und Männern eindeutige Rollen zu, die bis heute wirken. In Relation zu allen anderen Lebensformen genießen sie dadurch viele Privilegien. Weiter wurde vereinbart, dass spätestens bis zum 31.3.1953 die übrige Gesetzgebung, also Familien- und Arbeitsrecht, gleichgestellt werden wird.[191]

Die Frist zur Gleichstellung der Geschlechter verstrich, der Bundestag wollte der Familienharmonie nicht »durch eine falsch verstandene Gleichberechtigung« schaden.[192] Die Diskussion um Gleichberechtigung drehte sich bis weit in die 1970er Jahre um die Frage, ob der Frau die Rolle der Hausfrau und Mutter oder

der Erwerbstätigen zukomme. Und im Grunde wird diese Debatte heute immer noch geführt, Frauen sind in Führungspositionen und Parlamenten unterrepräsentiert, arbeiten weitaus häufiger in Teilzeit oder geringfügig beschäftigt, da sie die Sorgearbeit für Kinder und pflegebedürftige Angehörige übernehmen.[193] Weltweit bleibt der Zugang zu (Aus-)Bildung sowie Informations- und Kommunikationsmedien, wie das Internet, vielen Frauen und Mädchen versagt. Damit werden ihnen wichtige Ressourcen für den Gewaltschutz genommen.

Mit der Wahl Konrad Adenauers verfestigten sich katholische Werte auf politischer Ebene. In seiner Regierungserklärung plante er die »Stärkung der Familie dadurch die Stärkung des Willens zum Kinde«.[194] Durch eine zielbewusste Familienpolitik wolle er so auf »natürliche« Weise gegen die Gefahren, die sich aus der jetzigen Lage für das Gemeinwohl ergaben, vorgehen.

Seit der Währungsreform Ende 1940 und dem wirtschaftlichen Aufschwung der 50er Jahre stieg die Anzahl erwerbstätiger Frauen weiter an. Zwar wurde in männliche und weibliche Berufe unterschieden, doch gab es schlichtweg mehr Arbeit als Männer. Noch einmal unterschieden wurde in Arbeit für weiße Frauen, Frauen of Colour und migrantisierte Frauen, wobei den beiden letzteren eher Arbeit im Dienstleistungssektor nahegelegt wurde.[195] Die christlich-konservative Mehrheit lehnte weibliche weiße Berufstätigkeit ab und reduzierte die Aufgabe der Frau auf die Mutterschaft. Für migrantisierte und Frauen of Colour galten andere Regeln, wie ich noch zeigen werde.

Geduldet wurde Erwerbstätigkeit bei Witwen, bei verheirateten und unverheirateten Frauen nur in finanzieller Not, nicht aber über die wirtschaftliche Notlage hinaus und auf keinen Fall als Mutter. Die Union wurde bis in die 1960er überproportional von Frauen gewählt. Nach Adenauers Glaube an das Familienglück richtete sich auch seine Wohnungspolitik aus, die insbesondere jungen Ehepaaren und kinderreichen Familien zu einer Wohnung verhelfen sollte.[196] Auf schwangeren Frauen und Paaren lastete somit der institutionelle Druck zu heiraten. »In Berlin heiratet das Paar wegen einer Wohnung, das gehört sich so«, erinnert sich die damals 26-jährige Krankenschwester Erika K., die ihren prügelnden Freund heiratete, um an eine Wohnung zu kommen.[197]

Noch im Jahr 1966 war es der jungen Filmemacherin und SDSlerin Helke Sander nicht möglich, eine Wohnung für sich und ihren Sohn zu finden, weshalb sie in eine Wohngemeinschaft in der Dernburgstraße zog. Sander und viele andere Frauen lebten in der Nachkriegszeit in keiner »Normalfamilie«, entweder weil es nicht ging, oder weil sie es ablehnten. Frauenwohngemeinschaften existierten schon damals und folgten der Idee »Hilfe zur Selbsthilfe«, wie später auch die Frauenhäuser. Der Wiederaufbau nach dem Krieg, die Architektur und Wohnungsbaupolitik führten dazu, dass sich alternative Wohnformen, Wohnraum für Alleinstehende, Alte und Wohngemeinschaften, nur schwer durchsetzen konnten. Und noch heute werden Wohnungen nach einer klassischen Rollenverteilung gebaut, mit einem großen Wohnzimmer, einem kleineren Arbeits- und/oder Schlafzimmer und einem noch kleineren Kinderzimmer.

Exemplarisch für eine Berliner Stadtplanung kann der Wiederaufbau des Hansaviertels am Tiergarten zu Beginn der 1950er Jahre gesehen werden. Das neue Hansaviertel sollte ein modernes Wohnviertel für Familien werden. Aus diesem Grund wurden in die Bauplanung Soziologen, Psychologen und Mediziner (alle männlich) miteinbezogen. Aus den dokumentierten Arbeitsgesprächen zwischen besagten Fachleuten, Architekt*innen der Bauausstellung *Interbau* und Vertreter*innen der Stadtplanungs- und Baupolitik, Landwirtschaft, Volkswirtschaft und Landschaftsplanung, geht hervor, dass die Diskussion um die Rolle der Frau dabei zentral war.

Im öffentlichen Planungsraum des Hansaviertels kam ihr kein Platz zu, imaginiert wurde sie lediglich in der Küche.[198]

Die Arbeitsgespräche kreisten immer wieder um das Thema Frauenerwerbstätigkeit, da der »Sinn« des Wohnkomplexes Hansaviertel war, »dass die Familie gesichert ist«.

Theanolte Bähnisch, Vorsitzende des Frauenrings und einzige Frau in der Diskussion, plädierte gegen die Frau in der Öffentlichkeit, zu der sie nur aufgrund des Krieges und wegen der fehlenden Männer Zutritt erhalten habe: »Ob die Frauen nun inzwischen die Betriebe der Männer geleitet haben, ob sie in den Ministerien gearbeitet haben oder in der Fabrik, in der Industrie ist ganz gleichgültig – in jedem Falle sind sie seelisch-geistig durch die Entwicklung verändert worden. Ich sehe – ich muss es Ihnen offen sagen – sogar eine traurige Zwangsläufigkeit in dieser Entwicklung, und ich sehe darin ganz große Gefahren für die Familie. (…) Sehen Sie, die Frau ist aus ihren Grenzen herausgetreten. Das ist für jeden Menschen gefährlich. Aber wenn die Frau aus ihren Grenzen tritt, ist es für sie noch viel gefährlicher.«[199]

Im Jahr 1953 erreichte die Institutionalisierung einer Redomestizierung der Frau unter die heterosexuelle Norm einen ersten Höhepunkt. Die Regierung Adenauer hob die Familienpolitik in den Rang eines Ministeriums, welches sich der Überalterung des deutschen Volkes widmen sollte, kurz: der Reproduktion. Erster Bundesminister für Familienfragen wurde Franz-Josef Wuermeling, fünffacher Vater und strenger Katholik. Das Private war seit Gründung des Ministeriums politisch. Für Nationalstaaten ist Familienpolitik in erster Linie Bevölkerungspolitik. Über ein wohlfahrtsstaatliches System, das Elemente wie das Ehe- und Scheidungsrecht oder die Volljährigkeit strukturiert, können so die Normen und Werte einer nützlichen Familienpolitik stabilisiert werden.

Die Eröffnung eines Frauenhauses, genau wie die Thematisierung häuslicher, die Familie gefährdender Gewalt, war in der konservativen Atmosphäre durch Kirche und CDU/CSU undenkbar.

Gleichberechtigung, Migration und Geschlecht

Finanzielle Abhängigkeit ist einer der schwerwiegendsten Gründe, warum Frauen gewalttätige Beziehungen nicht verlassen. Da Frauenhausplätze noch heute mehrheitlich über Tagessätze finanziert werden, müssen die Frauen selbst dafür aufkommen. Der erschwerte Zugang zum Arbeitsmarkt für Frauen und Mütter, genau wie niedrigere Bezahlung, wird seit der Nachkriegszeit aufrechterhalten. Wie eng die Wahrnehmung von Geschlechterbeziehungen mit der Teilhabe von Frauen am Arbeitsmarkt zusammenhängt, zeige ich in diesem Kapitel.

Am 1. Juli 1958 trat das sogenannte »Gleichberechtigungsgesetz« (Artikel 117 GG) in Kraft. Auf dem Papier beseitigte es das Alleinentscheidungsrecht des Mannes in allen das gemeinschaftliche Leben betreffenden Angelegenheiten. Die Frau hatte nun ein Mitspracherecht bei der Wahl des Wohnorts, bei der Haushaltsführung und Kindererziehung. Das Ideal der sogenannten »Hausfrauenehe« blieb jedoch bestehen und mit ihr eine weitgehende Kontinuität innerfamiliärer Autoritätsverhältnisse.[200]

Deutschen Frauen wurde nun auch die außerhäusliche Erwerbsarbeit gestattet, soweit dies mit ihren Pflichten in Ehe und Familie zu vereinbaren war. Außerdem konnte ihre Arbeitsstelle nicht mehr eigenmächtig vom Ehemann gekündigt werden. Üblich war bis dahin auch, dass der Arbeitgeber, im Falle der Heirat, die Frau kündigte respektive eine verheiratete Frau gar nicht erst einen Job bekam. Eine weitere Diskriminierung war die ungleiche Bezahlung. Das Recht auf gleiche Bezahlung wurde 1980 im

Gesetz verankert und ist bis heute nicht eingetreten. Laut des statistischen Bundesamtes betrug der Gender Pay Gap im Jahr 2019 in Westdeutschland knapp 20 Prozent (Verdienstunterschied 4,44 Euro brutto pro Stunde), in Ostdeutschland 7 Prozent.[201]

Wie eng Familien- und Arbeitspolitik verwoben waren und sind, zeigt sich am Umgang mit Arbeitsmigration (Migration Pay Gap). Der westdeutsche Arbeitsmarkt boomte seit Ende der 1950er Jahre. Vor allem im Niedriglohnbereich wie der Nahrungs-, Textil- und Metallindustrie sowie im Dienstleistungssektor wuchs damit auch der Bedarf an weiblichen Arbeitskräften.

In dieser Phase entschied sich die Bundesregierung eher für die Anwerbung von »Gastarbeiter*innen«, vor allem aus Griechenland und der Türkei, als für die Förderung weißer weiblicher Lohnarbeit. 1970 waren damit rund 55 Prozent aller in der Bundesrepublik lebenden Migrantinnen erwerbstätig, mit 29 Prozent nicht einmal ein Drittel aller westdeutschen Frauen.[202] Historikerin Karin Hausen versteht den Arbeitsmarkt nicht nur als strukturellen Ort, der Arbeitskraft organisiert, sondern als mental-kulturellen Raum, in dem über eine gesellschaftliche Ordnung verhandelt wird.[203]

Geschlecht und Herkunft entschieden somit über die Hierarchie von Arbeitsmarktpolitik und Ausländerrechten. Da migrantisierten Frauen ein Drittel weniger bezahlt wurde als den Männern, profitierten Betriebe und Unternehmen und der Erhalt und die Expansion des sogenannten Leichtlohnsektors wurden begünstigt.[204]

Die Bundesanstalt für Arbeit entwickelte verschiedene Strategien, um der hohen Nachfrage an Arbeitskräften nachzukommen und Betrieben eine zügige Abwicklung zu garantieren. So wurden Arbeiterinnen mehrheitlich in Gruppen aus katholischen Herkunftsgesellschaften angeworben. Ihnen wurde eine Unterbringung in »moralisch zuträglichen« Unterkünften garantiert sowie die Betreuung durch die Caritas oder den Katholischen Mädchenschutz.[205] An diesem Umgang mit Arbeiterinnen und der Sorge um ihr sittliches Verhalten ist eine Verschränkung aus Rollenerwartungen und -befürchtungen zu erkennen. Eine weitere Strategie war es, Eheleute oder familiäre Gemeinschaften für den gleichen Ort gemeinsam anzuwerben.

Die rassistische und klassistische Unterscheidung von deutschen und ausländischen Frauen zeigte sich an der spezifischen Anwerbung von Müttern, Verheirateten und Schwangeren durch die Bundesanstalt für Arbeit. Der Bedarf an ledigen und kinderlosen Frauen aus dem Ausland reichte nicht aus.

Migrationsforscherin Mirjana Morokvašic betont die ungebrochene Nachfrage nach Migrantinnen für prekäre und geringbezahlte Dienstleistungstätigkeiten. Dazu gehörten die häusliche Arbeit sowie Pflege und Betreuung. Morokvašic hebt Beschäftigte hervor, die diese Positionen, welche auf der traditionellen Hierarchie von Geschlecht und Klasse beruhten, als Ressource nutzten.[206] Diese informellen und familiären Beschäftigungsstrukturen brachten subversive Elemente in die Geschlechterordnung ein.

Bis heute erfahren Migrant*innen in Deutschland vielfach eine Behandlung als Menschen zweiter Klasse. Jede Diskriminierung und Unsicherheit trifft Frauen in Gewaltbeziehungen noch härter. Der Umgang mit Migrantinnen als Arbeitnehmerinnen setzt sich auf gewisse Weise in den Vorbehalten der Bundesregierung gegen Paragraf 59 der Istanbul-Konvention fort. Der oftmals abwertend verwendete Status Migrantin/Asylbeantragende/Geflüchtete ist wichtiger als der Schutz vor Gewalt und Femizid – wichtiger als der Schutz des Lebens.

Im sogenannten *Ausländergesetz* von 1965 wurde eine enorme staatliche Verfügungsgewalt über Migrant*innen festgeschrieben.

Das Gesetz entstand, nachdem bereits bilaterale Anwerbeabkommen mit Griechenland, Spanien, Türkei und Portugal bestanden. Nach diesen gesetzlichen Änderungen erhielten deutsche Arbeitskräfte Vorrang bei einer Stellenbesetzung und der Bezug von Sozialhilfe wurde für »Gastarbeitende« verboten.[207] Und das, obwohl Migrant*innen die gleichen Steuern und Sozialabgaben zahlten und damit für die Rentenversicherung der Deutschen aufkamen. Auf gewisse Weise verlängert sich diese Handhabung im Vorbehalt der BRD gegenüber dem Artikel 59 in der Istanbul-Konvention. Migrantisierte und geflüchtete Frauen mit unsicherem Aufenthaltstitel können demnach abgeschoben werden und bekommen kein Asyl, auch wenn ihr Ehemann gewalttätig ist.

Im September 1966 erschien der *Bericht der Bundesregierung über die Situation der Frauen in Beruf, Familie und Gesellschaft.* Journalistin Petra Kipphoff schrieb in der ZEIT, dass es nicht nur um die Frauenfrage und Frauenrechte ginge, »sondern darum, dass die Gesellschaft auf eine veränderte Situation, nämlich die sprunghaft angestiegene Berufstätigkeit der Frauen und die sich daraus ergebenden Folgen, sinnvoll reagiere«.[208]

Vier Jahre zuvor hatte die SPD einen Antrag bei der Bundesregierung gestellt, eine repräsentative Erhebung über die Situation von Frauen zu erstellen. SPD-Abgeordnete Käte Strobel kritisierte, »der Tatbestand, daß so viele Frauen berufstätig sind, ist in das öffentliche Bewußtsein entweder nur als *berufliche Notwendigkeit* oder auch als *Krise der Familie* eingegangen. Ich möchte sagen, kein Thema ist mit derart massiven Vorurteilen, Tabus und vermeintlichem Wissen von der Mission der Frau belastet wie jene Fragen, die die Stellung der Frau in unserer Gesellschaft betreffen.«[209]

Der Bericht errechnete »52 Milliarden Arbeitsstunden im Haushalt« und kam zu dem Schluss, verglichen »mit der Zahl der in den Wirtschaftsbereichen geleisteten Arbeitsstunden von insgesamt 60 bis 65 Milliarden pro Jahr ließe sich die Bedeutung erkennen, die der Hausarbeit in einer wirtschaftlichen Betrachtung beizumessen ist«.[210]

Obwohl seit dieser Studie Mitte der sechziger Jahre eindeutig belegt war, dass (Haus-)Frauen genauso viel arbeiteten wie Männer, folgte dieser Erkenntnis keine Veränderung im Geschlechterverhältnis. »Angesichts der Vielfalt geistiger und körperlicher Leistungen, die von der Hausfrau verlangt werden, erscheint es nicht verwunderlich, wenn demoskopische Untersuchungen ergeben haben, daß auch heute noch die Mehrzahl aller Frauen ihre Tätigkeit in Haushalt und Familie als Lebensaufgabe verstehen.«[211] Die strukturelle Ebene der Benachteiligung wurde vollständig ausgeblendet und als eine der gewollten Entscheidung vermarktet und dem »Wesen der Frau« zugeschrieben.[212] Migrantinnen fanden hier keinerlei Erwähnung. Zehn Jahre später sollten die internationalen Frauenbewegungen, wie ich später zeigen werde, unter dem Slogan »Lohn für Hausarbeit« die Entlohnung von Hausarbeit erneut zum öffentlichen Thema machen.

Zwischen Familienministerium und außerparlamentarischer Opposition

Ende der sechziger Jahre erschien unter Bruno Heck, Nachfolger des katholischen Familienministers Wuermeling, ein weiterer *Bericht der Bundesregierung*, diesmal »über die Lage der Familien in der Bundesrepublik«. In diesem ersten Familienbericht (mittlerweile gibt es neun) wurde das familistische Ideal der CDU-Fraktion propagiert. So wurde die Kleinfamilie als »eine soziale Gruppe besonderer Art« wahrgenommen, die durch eine biologisch-soziale Doppelnatur, und eine unvergleichliche soziale »Totalität« gekennzeichnet sei. »Alleinstehende Mütter«, »Halbfamilien« und »unvollständige Familien« wurden moralisch abgewertet und eine chancenlose Zukunft aufgrund der fehlenden väterlichen Berufserfahrung prognostiziert. Soziale Realitäten aufgrund von Migration fanden hier keine spezifische Erwähnung, außer dass es sie gab.[213]

Das folgende Zitat einer Frau aus dem ersten Berliner Frauenhaus soll zeigen, wie die politische und gesellschaftliche Ablehnung weiblicher Erwerbsarbeit ins Private und auf gewalttätige Beziehungen wirkte:

»Ich war sehr viel allein mit dem Kind; mein Mann hatte seine Kollegen und Stammtischbrüder. Es gab häufig Streit (Kind, Eifersucht), aber er schlug mich nicht mehr. Das Kind war inzwischen fast 3 Jahre alt und aus dem Gröbsten raus. Ich wollte wieder arbeiten. Etwas mehr Geld und auch mal andere Gesichter zu sehen kann ja nie schaden. Mein Mann reagierte darauf sehr ablehnend, beinahe wütend. Er würde doch wohl genug verdienen und mit Haushalt und Kind hätte ich doch genug zu tun, wenn ich das alles nur ordentlich genug machen würde. In den darauffolgenden Tagen und Wochen trank er wieder verstärkt und meckerte laufend an mir rum. Was ich auch tat, alles war falsch, so daß ich mir vornahm, mir einfach Arbeit zu suchen und ihn vor vollendete Tatsachen zu stellen. Ich hatte unwahrscheinlich viel Glück. Für den Jungen fand sich ein Kindergartenplatz, und ich hatte keine Schwierigkeiten als Friseuse eine Halbtagsstelle zu bekommen. Diese Heimlichkeiten waren mir nicht so angenehm, aber ich wollte meinem Mann nicht früher davon erzählen als unbedingt nötig. Am Wochenende vor meinem ersten Arbeitstag mußte ich es ihm dann ja sagen. Er stand auf, »Das werden wir ja sehen, ob du arbeiten gehst. Das kommt überhaupt nicht in Frage, hier ist dein Platz, und da hab ich auch noch ein Wörtchen mitzureden. Ohne meine Erlaubnis kannst du gar nicht arbeiten gehen«, zog sich an. Knallte die Tür und verschwand. Ich hatte mir überlegt, daß er, wenn ich erst einmal bei der Arbeit zugesagt hatte, mich nicht daran hindern würde. Als er dann gegen Morgen nach Hause kam, riß er mich aus dem Bett, schlug mich mit Fäusten, warf mich zu Boden, trat mit den Füßen nach mir. Am nächsten Morgen konnte ich nicht aufstehen, 3 Tage lang lag ich fest im Bett. Meine Arbeit konnte ich nicht aufnehmen. Wieder einmal versprach er, nicht zu schlagen, er wüßte gar nicht, was mit ihm losgewesen wäre, aber ich hätte ihn ja auch hintergangen, wie ich das hätte tun können usw.«[214]

CDU/CSU-Familienminister Bruno Heck bemerkte den aufkeimenden Widerstand der Öffentlichkeit gegen das Hausfrauenprojekt mit seinen tradierten Rollen, befördert durch die Sozialen Bewegungen um 1968, namentlich die sozialistische Frauenbewegung. Er sprach sich nun für ein »Dreiphasenmodell« für Frauen aus. 1. Phase: Berufstätigkeit, 2. Familienphase, 3. Phase: Rückkehr zur Erwerbstätigkeit.

Eigentlich ein entgegenkommendes Modell, doch richtete es sich nur an Frauen, nicht an Väter und verlangte von Frauen, ihre Bildung und berufliche Entwicklung komplett an der Familie auszurichten. Schnell wurde klar, dass dieses Modell keinen beruflichen Aufstieg ermöglicht, sondern Frauen in geringer verdienenden Strukturen und Positionen hält. Ablehnung gegen die »Einheitsfamilienpolitik« der CDU kam vor allem von weiblichen Abgeordneten der SPD, die den fehlenden Ausbau der Kinderbetreuung sowie fehlende Unterstützung von armen und diskriminierten Familien kritisierten.[215]

Im Jahr 1966 fand der erste Regierungswechsel statt und die SPD wurde mitverantwortlich für die Politik auf nationaler Ebene. Die sich gegenseitig blockierende große Koalition um CDU-Bundeskanzler Kurt-Georg Kiesinger, ehemaliges NSDAP-Mitglied, sollte zur Metapher für politischen Stillstand werden. Dem Bündnis der beiden großen Parteien gehörten 450 Abgeordnete an, die Opposition beschränkte sich auf die 49 FDP-Abgeordneten. Der Mangel einer wirksamen innerparlamentarischen Opposition war mitverantwortlich für die Formierung außerparlamentarischer Kräfte. Auf Landesebene wurden linke und rechte Strömungen erfolgreicher und so konnte die NPD, nur zwei Jahre nach ihrer Gründung, erst in Hessen und dann in Bayern in den Landtag einziehen. Der Einzug in Bayern am 20. November fiel auf den ersten Tag der Nürnberger Prozesse 21 Jahre zuvor.[216]

Angesichts der verhärteten politischen Strukturen und antiquierten politischen Inhalte, begannen junge Menschen, sich zunehmend zu politisieren. Das Jahr 1967 brachte die »Außerparlamentarische Opposition« (APO), die im Kern aus ehemaligen Mitgliedern des »Sozialistischen Deutschen Studentenbundes« (SDS) bestand, und mit ihr die Student*innen- und Schüler*innenbewegung hervor. Die Auseinandersetzungen beschränkten sich nicht auf die Hochschulrealität, sondern schlossen innen- und außenpolitische Probleme, wie den Bau von Atombomben und den Vietnamkrieg, mit ein. Als Vorbilder der deutschen mehrheitlich weißen Bewegungen dienten das afroamerikanische Civil Rights Movement, die Guerillabewegungen in Lateinamerika, die Freiheitskämpfe in den Kolonialstaaten und die chinesische Kulturrevolution.[217]

Sozialistische Frauenbewegung und sozialliberale Politik

Die Regisseurin Helke Sander engagierte sich während ihres Studiums an der Film- und Fernsehakademie Westberlin gegen die hetzerische und konservative Berichterstattung der Springer-Presse und gründete mit anderen Frauen im Januar 1968 den »Aktionsrat zur Befreiung der Frauen«. Die Errungenschaften der sozialistischen Frauenbewegung waren von enormer Bedeutung für das Westberliner Frauenhaus. Theoretisch forderte sie die Politik zu Reformen heraus und praktisch organisierte sie sich in alternativen Wohnformen mit selbst organisierter Kinderbetreuung. Solche Ideen waren in meinen Augen zentral für die öffentliche Akzeptanz eines Frauenhauses.

Der Aktionsrat stellte die feministische Gruppierung innerhalb der APO dar und setzte sich für die Vereinbarkeit von Mutterschaft und Beruf ein. Am 13. September 1968 auf der 23. Delegiertenkonferenz des SDS in Frankfurt am Main hielt Sander ihre legendäre Rede. Bereits im Vorfeld kam es zu Kontroversen, schließlich plante Sander nicht über Vietnam, Sozialismus oder Hochschulreformen zu sprechen, sondern »den Abfallhaufen des gesellschaftlichen Lebens ans Licht zu ziehen, was gleichbedeutend damit ist, den Klassenkampf auch in die Ehe zu tragen und in die Verhältnisse«.[218] Sie forderte, dass Kindererziehung nicht mehr nur als Aufgabe der Frauen und Familien, sondern als gesellschaftliche Frage zu sehen sei. Weiter bezeichnete sie die Delegiertenkonferenz als »ein Spiegelbild gesamtgesellschaftlicher Verhältnisse«, als eine Organisation, die bestimmte Bereiche des Lebens vom Gesellschaftlichen abtrenne und tabuisiere, indem sie ihnen das Etikett »Privatleben« gebe. »Die Trennung zwischen Privatleben und gesellschaftlichem Leben wirft die Frau immer zurück in den individuell auszutragenden Konflikt ihrer Isolation.«[219]

Da sich der männliche Anteil des SDS nicht für die Worte der Genossin interessierte oder dazwischenredete, warf die wütende und hochschwangere Germanistikstudentin Sigrid Damm-Rüger Tomaten auf sie. »Die Tomaten, die auf der Frankfurter Delegiertenkonferenz des SDS geflogen sind«, so Journalistin Ulrike Meinhof in *Konkret*, »hatten keinen Symbolcharakter. Die Männer, deren Anzüge (die Frauen wieder reinigen werden) bekleckert wurden, sollten gezwungen werden, über Sachen nachzudenken, über die sie noch nicht nachgedacht haben. (…) Der Konflikt, der in Frankfurt nach, ich weiß nicht wie vielen Jahrzehnten wieder öffentlich geworden ist – wenn er es so dezidiert überhaupt schon jemals war –, ist kein erfundener, keiner, zu dem man sich so oder so verhalten kann, kein angelesener; den kennt, wer Familie hat, auswendig, nur daß hier erstmalig klargestellt wurde, daß diese keine Privatsache ist.«[220]

Die sozialistische Frauenbewegung löste sich damit vom SDS und erfand sich inhaltlich und organisatorisch selbst. Der Versuch, die Frauenfrage nicht mehr ausschließlich als Klassenfrage zu beantworten, setzte sich in der Frauenbewegung der siebziger Jahre fort und führte zu Konflikten innerhalb der Bewegung. Es fanden weitere Spaltungen und Neugründungen statt. Gemeinsam war ihnen die Position, aus der heraus gesprochen wurde. Nicht mehr die objektive Klassentheorie, sondern die subjektive Erfahrung stand im Vordergrund und die Suche nach neuen Organisationsformen. Trotz der Konflikte waren die verschiedenen Gruppen Teil der Frauenbewegungen und führten dazu, dass ein Bewusstsein und die Notwendigkeit für die Entstehung eines Frauenhauses wuchsen.

Mit der Wahl von Willy Brandt im Jahr 1969 und der daraus hervorgehenden sozialliberalen Koalition wurde die staatliche Finanzierung eines Frauenhauses zum ersten Mal denkbar, denn zum Regierungsprogramm gehörte das Herstellen von Gleichberechtigung zwischen den zwei Geschlechtern.

Brandt baute den inhaltlichen Gegensatz zwischen SPD und CDU/CSU weiter aus und näherte sich der tonangebenden Studierendenbewegung an. Einige Mitglieder der APO entschieden sich in dieser Zeit für einen parlamentarischen Weg und traten in die SPD ein.

Die emanzipatorischen Bewegungen dieser Zeit, namentlich auch die Frauenbewegungen, forderten eine Ära der politischen Reformen heraus. Brandts Formel »mehr Demokratie wagen« griff das Begehren nach mehr Bürger*innenbeteiligung und nach gleichen Chancen im Bildungswesen auf. In seiner Regierungserklärung betonte er auch die Förderung von Frauen in der Politik, um so »ihre gleichberechtigte Rolle in Familie, Beruf, Politik und Gesellschaft« zu erfüllen.[221]

Unter Brandt ging das Ministerium für Jugend, Familie und Gesundheit an die Abgeordnete Käte Strobel. Als erste SPD-Familienministerin vertrat Strobel eine eher »rationale Familienpolitik«, zwischen »romantischer Ideologie einer deutschen Kleinfamilie und dem revolutionären Modell der Antifamilie«.[222]

Strobel stärkte die Möglichkeit eines alternativen Familienbildes. Die Annäherung an die ehemalige APO trug Früchte und die SPD sprach nun aus, was viele Linke schon lebten. In der Abgrenzung zum christlichen Erhalt der Familie, wie ihn die CDU/CSU vertrat, näherte sich die Politik der Möglichkeit eines Frauenhauses weiter an. Strobel sorgte für eine erleichterte Wiedereingliederung in den Beruf nach der Familienzeit und erreichte die finanzielle Gleichstellung nichtehelicher und ehelicher Kinder (Nichtehelichen-Gesetz), das im Juli 1970 in Kraft trat.

Historikerin Gisela Notz betont, dass die Benachteiligung von Alleinerziehenden jedoch anhielt.[223] Strobels Ansatz, die Familienpolitik im Zusammenhang mit Wirtschafts-, Wohnungsbau-, Sozial- und Bildungspolitik zu sehen, war wegweisend für die familienpolitischen Reformen der 1970er. Sie sah ihre wichtigste Aufgabe in der Familienplanung und setzte sich für Verhütungsmittel und die sexuelle Aufklärung von Jugendlichen ein.[224]

Am 13. Dezember 1972 wurde SPDlerin Annemarie Renger als erste Frau (eine von insgesamt zwei) in das Amt der Bundestagspräsidentin gehoben. Bundeskanzler Brandt blieb seinem Vorsatz, mehr Frauen in die Politik zu holen, treu. Mit den Worten, »Vielleicht kann gerade deshalb die Tatsache, dass einer Frau zum ersten Male in der deutschen Geschichte das Amt des Parlamentspräsidenten übertragen worden ist, dazu beitragen, Vorurteile abzubauen, die einer unbefangenen Beurteilung der Rolle der Frau in unserer Gesellschaft noch immer entgegenstehen«, trat Renger den Posten an.[225] Heute arbeiten immer noch nur 31 Prozent Frauen als Abgeordnete im Parlament, damit ist ein Großteil der Bevölkerung und ihre Belange politisch nicht vertreten.[i]

Unter Bundeskanzler Helmut Schmidt löste Katharina Focke Strobel im Amt der Familienministerin ab und setzte deren Frauenpolitische Arbeit fort. Fast zur gleichen Zeit war in Berlin Ilse Reichel als Familiensenatorin tätig. Beide Politikerinnen sollten

---

i Statistisches Bundesamt, *Frauen in Parlamenten* 2021. Deutschland mit 31 Prozent weltweit nur auf Platz 48. Auffallend gering ist, nach Stand Januar 2021, der Anteil in der CDU/CSU-Fraktion, von 246 Abgeordneten sind 51 Frauen. Ähnlich sieht es bei der Zusammensetzung der FDP aus und am wenigsten Frauen in Relation zu Mitarbeitenden weist die AfD auf.

später maßgeblich an der Entstehung des Westberliner Modellprojekts »Frauenhaus« beteiligt sein. Familienministerin Focke forderte während ihrer Amtszeit (1972–1976) das Recht auf persönliche und berufliche Verwirklichung von Frauen, also eine bessere Vereinbarkeit von Beruf und Familie in Zusammenhang mit einer konsequenten Gleichstellungspolitik. Sie war zuvor Parlamentarische Staatssekretärin im Bundeskanzleramt und später Teil des Europaparlaments. Die erfahrene Politikerin bemühte sich um eine Aufwertung der Familienpolitik innerhalb der Gesellschaftspolitik, um mehr Handlungsspielraum zu gewinnen. Als Antwort wurde dem Familienministerium der Kompetenzbereich »Frauenfragen« zugewiesen.[226] Doch erst seit 1988, der dritten Kohl-Ära, trägt das Ministerium »Frauen« im Namen, bis dahin verschwanden die Belange noch hinter denen der Familie.

Diese politischen Maßnahmen zur Gleichberechtigung, die die Brandt-Ära in Gang gesetzt hatte, fanden bei den Frauenbewegungen nicht nur Zuspruch. Die grundsätzliche Benachteiligung, als Frau geboren zu sein, könnte nicht durch gesetzliche Verankerungen behoben werden, so einige Feministinnen. »Die sogenannte Gleichberechtigungs-Gesetzgebung ist nicht so ›neutral‹ wie behauptet, sondern auf eine zweideutige Weise männlich, weil Frauen mit Männern gleichgesetzt werden.«[227] Die Orientierung bliebe prinzipiell immer der Mann, darum könne Gleichberechtigung nie das Ziel sein, so die Argumentation.

Die Idee einer politischen oder sozialen »Neutralität« kritisieren autonome Frauenhäuser seit ihrer Gründung.

Für das Konzept Frauenhaus stand *Parteilichkeit* immer an erster Stelle. Anders als in einem christlichen Weltbild, in dem es darum geht, die Familie um jeden Preis zu erhalten, stellen sich Frauenhausmitarbeiterinnen eindeutig auf die Seite der betroffenen Frauen und ihrer Kinder. Das bedeutet, sie zweifeln ihre

Erlebnisse nicht an und unterstützen ihre Interessen. Eine parteiliche Haltung handelt aus Solidarität zu den Benachteiligten und hat immer die strukturelle Unterdrückung im Blick.[228] Sie war und ist nur konsequent umsetzbar in einer sozialliberalen parteipolitischen Umwelt. Parteiliches Handeln ist Basis für die feministische Praxis der Hilfe zur Selbsthilfe.

Bei den Bundestagswahlen von 1972 und 1976 erhielten die Sozialdemokraten zum ersten Mal mehr weibliche Stimmen als je zuvor. Mit dieser Wahl war die Hoffnung auf bessere Ausbildungsmöglichkeiten und Berufschancen verbunden. Während ihrer Amtszeit ließ Familienministerin Focke den »Zweiten Familienbericht« erstellen, in dem der Begriff der »Kleinfamilie« als »abwertend« anerkannt wurde. Ein festgesetztes Leitbild von »Familie« wurde negiert und stattdessen unterschiedliche Konzepte, die sich »aus der jeweiligen familialen und gesellschaftlichen Wirklichkeit« ergaben, formuliert.[229]

Doch hier von einem Paradigmenwechsel zu sprechen, ginge zu weit, da die Familienpolitik vor allem eins war: widersprüchlich. Trotz begrifflicher Offenheit[i], wurden Alleinstehende benachteiligt. Die Wohngeldregelung zielte vollständig auf ein traditionelles Familienprinzip und konnte von nichtlegalisierten Partnerschaften, Verwandten und Wohngemeinschaften nicht beantragt werden.[230]

---

i Ähnliches ist bei der Begriffsänderung von §177 zu beobachten, seit 1973 wurde hier nicht mehr von »Notzucht«, sondern Vergewaltigung gesprochen. Von der Bedeutung her hat sich dabei nichts geändert, da Vergewaltigung eine Präfixableitung von Gewalt darstellt und gleichbedeutend ist mit »etwas in Gewalt bringen«, also den Raub der Frau vom Mann beschreibt. Semantisch beinhaltet das Wort Vergewaltigung also immer noch die Verletzung des männlichen Eigentums. Vgl. Koch, Andrea, Die Verletzung der Gemeinschaft. Zur Relation der Wort- und Ideengeschichte von ›Vergewaltigung‹, in: *Österreichische Zeitschrift für Geschichtswissenschaften* (2004/1), S. 37–56.

Sogenannte »unvollständige« Familien wurden in diesem Bericht als Familienform anerkannt, doch wurde davon ausgegangen, dass Jungen, die ohne Vater aufwuchsen, »von der Umwelt abhängiger« seien »als solche, die in vollständigen Familien aufwachsen«. Bereits bei fünfjährigen vaterlosen Jungen stelle man »weniger männliche Züge« und weniger Bereitschaft zu Leistung fest, stattdessen kriminelles Verhalten.[231] Mit solchen Formulierungen wurden geschlechtsspezifische Verhaltensweisen weiter festgeschrieben und als zu erhaltende Norm gesetzt.

Der Familienbericht erschien im Jahr 1975, ein Jahr vor der Eröffnung des ersten Westberliner Frauenhauses. Auf der einen Seite wurde ein differenzierteres Verständnis von Familie ausdrücklich angeboten, auf der anderen Seite aber der notwendige Zusammenhalt der Familie bekräftigt und Geschlechterrollen offiziell benannt.

In diese geschlechtsspezifischen Vorannahmen passten Frauenhäuser nicht so einfach rein. Die ersten Frauenhäuser riefen eine Bedeutungsverschiebung hervor, indem sie alternative Wohnangebote bereitstellten und sich klar gegen den Erhalt der Kernfamilie um jeden Preis positionierten. In Westberlin entstanden um 1973 die ersten Frauenzentren, Buchläden und Cafés, in denen Frauen begannen, Erfahrungen auszutauschen. Es ging um Politisches, vor allem aber um das Leben als Frau in einer patriarchalen Gesellschaft.

Historikerin Monika Mattes betont, dass das reformpolitische Klima der Brandt-Ära zwar das öffentliche Problembewusstsein für die soziale Benachteiligung von Frauen schärfte, doch migrantisierte Frauen, die im Zuge des Anwerbeverfahrens nach Deutschland kamen, nicht zur Gruppe *der* Frauen, sondern zu *den Ausländern* gezählt wurden.[232] Und ausländische Frauen fielen in beiden Fällen durch das jeweils dominierende Wahrnehmungsraster mit seinen stereotypen und diskriminierenden Annahmen über die »Frauen« oder »die Ausländer«.

Gewalt wurde im Familienbericht von 1975 im Kontext von Kindererziehung konkret erwähnt. Laut Bericht seien Kinder aus autoritären Familien und mit Eltern, die zu körperlichen Bestrafungen neigten, ängstlicher, aggressiver und weniger kooperativ in der Schule. Im Zusammenhang der Partnerschaft wird Gewalt eher diskret umschrieben.

So reagierte die »Selbstsicherheit und die Stabilität« des Selbstbildes der Mutter »sehr sensibel« auf »Spannungen im Partnerschaftskontakt«, vor allem dann, »wenn seitens der Gesellschaft irgendwelche negativen Stellungnahmen zu erwarten« seien.[233] Der staatliche Schutz von Ehe und Familie bedeutete zu dieser Zeit keineswegs den Schutz der Ehefrauen vor männlicher Gewalt. Von der Umwelt wurden ledige, getrennte und alleinerziehende Mütter moralisch sanktioniert, was für Frauen den Schritt, einen gewalttätigen Mann zu verlassen, erheblich erschweren konnte. Weiter heißt es, »um der Kinder willen ist dafür Sorge zu tragen, daß die frustrierenden Zwänge abgebaut werden, die die Frauen entweder – gegen ihre Wünsche – im Haushalt festhalten oder aber – gegen ihre Wünsche – in die Doppelbelastung von Haushalt und Beruf hineinstellen«.[234]

Frauen haben nur die Wahl zwischen einem kleineren Übel und dem größeren Übel. Ihr Leben ist vorhergesagt. Hier wird indirekt die Selbstbestimmung der Frau hinten angestellt, zugunsten der Kinder. Seit 1972 stieg die Scheidungsrate um jährlich sieben Prozent. Bis heute sind 90 Prozent der Alleinerziehenden Frauen und mit 41,5 Prozent haben sie das höchste Armutsrisiko aller Familien in Deutschland.[235]

Familienpolitik in der DDR und die roten Schwestern

In der frühen DDR gab es keine öffentliche Debatte über partnerschaftliche Gewalt. Diese setzte innerhalb der DDR Ende der 1980er ein, wurde aber erst nach dem Fall der Mauer wirklich laut. Wie bekannt ist, war hier weniger die finanzielle Abhängigkeit vom Mann ein fundamentales Problem für Frauen, sondern die formale Gleichberechtigung, hinter der die Macht- und Herrschaftsverhältnisse der traditionellen Geschlechtertrennung weiter fortbestanden.

Das erste Frauenhaus eröffnete im Jahr 1990 in der ehemaligen DDR. Um zu zeigen, wie zur gleichen Zeit die öffentlichen, aber auch feministischen Diskurse über Familie und Frauen verliefen, folgt hier ein knapper Rückblick auf die DDR seit ihrem Bestehen bis Mitte der 1970er Jahre.

Als im Jahr 1949 die DDR gegründet wurde, zeigte sich ihre Verfassung in frauenpolitischen Angelegenheiten fortschrittlicher als die der zeitgleich gegründeten BRD. Artikel 7 besagte: »Mann und Frau sind gleichberechtigt und haben die gleiche Rechtsstellung in allen Bereichen des gesellschaftlichen, staatlichen und persönlichen Lebens.«[236] Anders als in der BRD wurden hier sofort alle Gesetze und Bestimmungen, die der Gleichberechtigung im Wege standen, geändert.

In der DDR waren auch frühzeitig mehr Frauen in der Volkskammer vertreten. Der 1947 gegründete »Demokratische Frauenbund Deutschlands« (DFD), unter Vorsitz von Brigitte Triems, war die Massenorganisation für Frauen in der Sowjetischen Besatzungszone.

In den 1950er Jahren war sie durch knapp 24 Prozent Frauenanteil im Parlament vertreten, im Vergleich dazu saßen im Bundestag etwa 7 Prozent weibliche Abgeordnete. Der DFD war vor allem zuständig für den »Kampf für den Frieden«, was eine Unterordnung weiblicher Interessen unter die allgemeinen Ziele der DDR bedeutete und unterschwellig die »friedfertige« Natur der Frau unterstrich.

Am 27. September 1950 fand, unter einer bemerkenswert großen Beteiligung von Frauen, die 21. Sitzung der Provisorischen Volkskammer der DDR statt. Hier wurde das »Gesetz über den Mutter- und Kinderschutz und die Rechte der Frau« verabschiedet. Dies wurde durch den Ausbau von Kinderbetreuungseinrichtungen und eine Verbesserung des Kündigungsschutzes für Schwangere und Frauen mit Kindern ermöglicht. Außerdem wurden Beratungsstellen für die Versorgung und Gesundheit von Schwangeren und Müttern eingerichtet sowie »zur Verbesserung der materiellen Lage der kinderreichen Familien und zur Förderung des Kinderreichtums staatliche Unterstützungen gewährt«.[237]

Laut dem Familiengesetzbuch, das 1966 in Kraft trat, waren beide Ehepartner*innen für die häuslichen Pflichten verantwortlich. »Beide Ehegatten tragen ihren Anteil bei der Erziehung und Pflege der Kinder und der Führung des Haushalts. Die Beziehungen der Ehegatten zueinander sind so zu gestalten, daß die Frau ihre berufliche und gesellschaftliche Tätigkeit mit der Mutterschaft vereinbaren kann.«[238] Zwar wurde Vater und Mutter die Sorgearbeit zugeschrieben, doch zeigt die Formulierung, dass von der Mutter ausgegangen wurde. Im realsozialistischen Alltag blieb die Arbeit meistens doch an den Frauen hängen.

Die Verfassung der DDR gab vor, Kindertageseinrichtungen zu schaffen, die es gewährleisteten, dass Frauen sowohl ihren Aufgaben als Bürgerin und Arbeiterin als auch den Pflichten als Frau und Mutter nachkommen konnten.[239] Mitte der siebziger Jahre gab es in der DDR für 40 Prozent der Kleinkinder und für 80 Prozent der Drei- bis Sechsjährigen Krippen und Kindergärten und 70 Prozent der Schulkinder gingen nachmittags in den Hort.[240]

Was auf den ersten Blick toll aussieht, sah in der Realität anders aus, da meistens die Frauen die Kinder wegbrachten und abholten und ihren Berufsalltag mit der Kinderpflege in Einklang brachten, im Gegensatz zum Mann. Im Falle von Krankheit waren es ebenfalls meistens die Mütter, die das Kind aus der Kita oder Schule abholten.[241]

Nach Artikel 18 hatten »Mann und Frau, Erwachsener und Jugendlicher bei gleicher Arbeit das Recht auf gleichen Lohn«. Außerdem genieße die Frau »besonderen Schutz im Arbeitsverhältnis«. Ziel dieser Bestimmung war, vor allem dem ständigen Arbeitskraftmangel entgegenzuwirken. Im Jahr 1977 waren knapp 50 Prozent aller Berufstätigen in der DDR weiblich. Zwar wurde gleicher Lohn garantiert, doch war es Praxis, bei gleicher Qualifikation männliche Bewerber zu bevorzugen.[242]

Als in Westberlin das erste Frauenhaus eröffnete, begann in der DDR die öffentliche Diskussion zum Wert weiblicher Hausarbeit. Die sinkende Geburtenrate war auch Symptom überlasteter Frauen, die Vollzeitarbeit und Familie ohne Unterstützung erledigten. Die Regierung sah sich gezwungen zu handeln. Unter Erich Honecker wurde 1977 das sogenannte Babyjahr für Mütter eingeführt.

Ab dem zweiten Kind durfte sich die Mutter nun für ein Jahr beurlauben lassen.[243] Die familistische Arbeitsteilung innerhalb der ostdeutschen Kleinfamilie manifestierte sich hier erneut.

In der BRD wurde das Frauenbild der DDR stark kritisiert. Vor allem das westdeutsche Ministerium für gesamtdeutsche Fragen degradierte wiederholt den »Erwerbszwang« ostdeutscher Frauen und stellte diesem die »paradiesischen« Zustände der »freigestellten« bundesrepublikanischen Hausfrau und Mutter gegenüber.[244]

Dass bis in die 1970er Jahre die Förderung weiblicher Erwerbstätigkeit in Form von Weiterbildung und Integration in den Beruf so im Vordergrund der SED-Gleichberechtigungspolitik stand, förderte die ökonomische Sicherheit und führte definitiv zu mehr Emanzipation von Frauen, da so eine Trennung oder Scheidung vom gewalttätigen Partner einfacher wurde. Außerdem wurde alleinerziehenden Müttern eine Lohnfortzahlung für die Pflege von kranken Kindern von bis zu vier Wochen pro Jahr garantiert.

In dieser Phase wurde auch das »Gesetz über die Unterbrechung der Schwangerschaft« verabschiedet. Aus der Präambel: »Die Gleichberechtigung der Frau in Ausbildung und Beruf; Ehe und Familie erfordert, daß die Frau über die Schwangerschaft und deren Austragung selbst entscheiden kann. Die Verwirklichung dieses Rechts ist untrennbar mit der wachsenden Verantwortung des sozialistischen Staates und aller seiner Bürger für die ständige Verbesserung des Gesundheitsschutzes der Frau, für die Förderung der Familie und Liebe zum Kind verbunden.«[245] Den Schwangerschaftsabbruch, mit Fristenlösung und ohne Zwangsberatung, übernahm nun die Krankenkasse und die Pille konnte kostenfrei auf Rezept erstanden werden. Alleinerziehende wurden bei Wohnraum, Krippe, Kindergarten und Schulhort nun bevorzugt. 1975 riefen die Vereinten Nationen das Internationale Jahr der Frau aus, es folgte die UN-Dekade der Frau mit vier Weltfrauenkonferenzen, und zahlreiche autonome Gegenveranstaltungen in Form von Kongressen, Demonstrationen und Happenings aus dem feministischen Bewegungskontext. Doch das Thema Gewalt gegen Frauen und Kinder blieb in der DDR ein Tabuthema.

Feministinnen aus der BRD kritisierten, dass die »roten Schwestern«, wie die westdeutschen Feministinnen der Zeitschrift *Courage* Frauen in der DDR nannten, sich nicht ausreichend gegen das Patriarchat auflehnten. Trotz mehrheitlicher Vollbeschäftigung »sind sie abhängig geblieben, sozial und seelisch. Die meisten sind eingeschworen auf die Vorstellung, zu einem glücklichen Leben gehöre ein Mann, eine Schrankwand und ein bis zwei Kinder.«[246] Sicher war auch hier ein stereotypes Rollenbild verbreitet, doch schwingt in den Aussagen immer auch westdeutsche Propaganda gegen den Arbeiter*innenstaat mit. DDR-Politikerin für Frauenfragen, Inge Lange, ging von mehr als einer Generation aus, bis das Problem im Geschlechterverhältnis gelöst sein würde.[247]

Die informellen und staatlich unabhängigen Frauenbewegungen wurden auf dem Gebiet der ehemaligen DDR nach dem Mauerfall besonders aktiv. In den späteren 80er und frühen 90er Jahren entstanden u.a. die gesellschaftskritischen Zeitschriften *Zaunreiter, Lila Band.*[248]

Alternative Wohnmöglichkeiten, wie Wohngemeinschaften und informelle Gemeinschaftszusammenhänge, waren in der DDR nicht gerade verbreitet. Anerkannte Sexualpädagog*innen warnten sogar vor »Dauerwohngemeinschaften von Frauen«, da lesbische Liebe hier besonders häufig vorkomme.[249] Die Unsichtbarmachung oder Bekämpfung lesbischer Liebe, sowohl in der BRD als auch DDR, ist für mich ein weiteres Beispiel für geschlechtsspezifische Gewalt. Es ist der Versuch, die Frau in die Rolle der Mutter zu zwingen und damit nicht die Idee der Kernfamilie und den Nutzen der Reproduktion zu gefährden.

Als nach dem Fall der Mauer das erste Frauenhaus in der ehemaligen DDR eröffnet wurde, kam es zu einem regelrechten Ansturm von gewaltbetroffenen Frauen, was rückblickend zeigt, dass wirtschaftliche Unabhängigkeit allein nicht ausreicht, um Gewalt gegen Frauen zu beenden.

Auch das Familiengesetzbuch der DDR gab einen patriarchalen Lebensstil vor. Die Familie als »die kleinste Zelle der Gesellschaft beruht auf der für das Leben geschlossenen Ehe und auf den besonders engen Bindungen, die sich aus den Gefühlsbeziehungen zwischen Mann und Frau und den Beziehungen gegenseitiger Liebe, Achtung und gegenseitigen Vertrauens zwischen allen Familienmitgliedern ergeben.«[250] Der funktionierende Staat lag in den Händen der Familien, die wiederum wurden vom Staat angewiesen, wie sie zu leben hatten. Die Förderung der heterosexuellen Kleinfamilie wurde in der DDR nicht in Frage gestellt. Von 1970 bis 1989 stand die Vereinbarkeit von Beruf und Familie im Mittelpunkt. Feminismus und Patriarchat galten als Tabuthemen des Klassenfeinds. In der DDR stieg die Geburtenrate nach 1975 wieder an, was an sozialpolitischen Maßnahmen und besseren Karrierechancen für Frauen lag.

Frauenbewegungen und ihre Organisationsformen

Die sozial-liberale Stimmung und die Studierenden- und Frauenbewegungen in der BRD der frühen 1970er Jahre führten zur Entstehung neuer Räume. In Westberlin entstanden um 1973 die ersten Frauenzentren, Buchläden und Cafés, in denen Frauen begannen, Erfahrungen auszutauschen. Orte, die für das spätere Frauenhaus zentral waren, da sie zum ersten Mal einen sicheren Rahmen zum Austausch und zur Vernetzung bereitstellten und Frauen eigene Organisationsstrukturen erproben ließen. Die Stärke, die Mitglieder der Frauenbewegungen hier erfuhren, bekräftigte sie im Vorhaben, ein Frauenhaus zu gründen. Im Folgenden skizziere ich beispielhaft die Entstehung wichtiger Frauenräume, ihre Organisationsformen und Medien sowie einige wichtige Debatten, in deren Kontext schließlich die Eröffnung des ersten Westberliner Frauenhauses im Jahr 1976 stattfinden konnte.

Nachdem sich die Frauenbewegungen Ende der 1960er Jahre von den Strukturen des SDS verabschiedet hatten, verfolgten sie konsequent eigene Ziele, die notwendigerweise auch nur in eigenen Räumen und Strukturen realisiert werden konnten, welche die Frauen erst noch aufbauen mussten. Die Autorin und Filmemacherin Sarah Haffner, deren Arbeit bei der Eröffnung des Frauenhauses eine tragende Rolle zukommt, bezeichnete die Lesben- und Frauenbewegung als den wohl revolutionärsten Teil dieser nur etwas revolutionären »68er-Bewegung«.[251] Den Frauen- und Lesbenbewegungen ist es zu verdanken, dass die politische und diskriminierende Dimension der einst selbstverständlichen und als privat geltenden Strukturen sichtbar wurde. Und dass sich diese veränderten.

Die italienischen Feministinnen aus Mailand zählten in den 1970er Jahren zum radikalsten Teil der europäischen Frauenbewegungen. Carla Lonzi, eine dieser einflussreichen Denkerinnen, skandierte: »Der Marxismus hat die revolutionäre Zukunft der Arbeiterklasse anvertraut und hat die Frau als Unterdrückte und als Trägerin der Zukunft vergessen; er hat eine revolutionäre Theorie auf der Grundlage einer patriarchalischen Kultur entworfen.« Daher habe die Frau »keinen Anlaß mehr, nicht einen einzigen, sich den Zielen des Mannes anzuschließen. In diesem neuen Bewußtseinsstadium weist die Frau sowohl die Ebene der Gleichheit als auch die der Unterschiedenheit als ein von der männlichen Macht aufgezwungenes Dilemma zurück.«[252]

Der Übergang von den 1960er Jahren zu den 1970er Jahren und darüber hinaus wird von der politischen Autorin Bini Adamczak als ein Prozess von »dichotomer Unvereinbarkeit« hin zu einer »differentiellen Feminisierung« beschrieben.[253] Nach einer Phase der universellen Maskulinisierung, in der Männlichkeit als universales Ideal angestrebt wurde, kam es durch die Forderung nach Gleichberechtigung zu einer Doppelt- und Dreifachbelastung von Frauen, während die Ehe und Familie in der Kritik standen. Diese Phase »dichotomer Unvereinbarkeit«, einhergehend mit einer Norm der Gleichheit, wurde von einer Norm der Differenz abgelöst.[254]

Der radikale Feminismus der 1970er Jahre erhielt wichtige Impulse von den Bewegungen Schwarzer Frauen, Frauen des Globalen Südens und Arbeiterinnen, die seit Beginn der 1960er Jahre für eine soziale Revolution und gegen die Klassengesellschaft kämpften.[255] Nicht nur in Westberlin stellte die Lesbenbewegung von Anfang an einen unbeirrbaren Antrieb dar. Im deutschen bürgerlichen Feminismus der siebziger Jahre spielten trans*, inter* und nichtbinäre Personen noch keine große Rolle, was nicht mit Ablehnung, sondern Unwissenheit zu tun hatte. Zur gleichen Zeit zählten in USA Schwarze trans*Aktivistinnen zu den entschiedensten Kräften bei den gewaltvollen Stonewall-Protesten von 1969 in New York. Was alle diese sozialen Bewegungen gemeinsam hatten, war die Suche nach Platz für Differenz, Selbstbestimmung und Selbstverwirklichung, in einer Gesellschaft, die ihnen erst mal kategorisch ablehnend gegenüberstand.

Eigene Strukturen zu schaffen, war zentral für die Frauenbewegungen der 70er Jahre. Zum einen in Abgrenzung zu männlichen Strukturen, zum anderen für die Formierungen innerhalb der Bewegung. Im Winter 1972 hatten einige Lesben von der *Homosexuellen Aktion Westberlin* (HAW) eine Frauengruppe gegründet. Laut Filmemacherin Cristina Perincioli steckte die Lesbengruppe jedoch zwischen »Gemütlichkeit« und »theoretischem Anspruch« fest. Die Gruppe hatte wenig Reibungsfläche und schien politisch zu stagnieren. Um die gesamtgesellschaftliche »Frauensache« weiter voranzutreiben, plante sie mit Waltraud Siepert ,ein Zentrum nur für Frauen zu gründen. In der Zeitschrift des Sozialistischen Zentrums *Hundert Blumen*, in Anlehnung an die kommunistische Bewegung in China, riefen sie 1972 zur Gründung eines Frauenzentrums auf und luden zur Besprechung ins Sozialistische Zentrum in der Stefanstraße in Berlin-Moabit ein.[256]

Es erschienen etwa siebzig Frauen aus verschiedensten informellen Zusammenhängen. »Noch nie hatte ich so viele Frauen in einem Raum ohne Männer gesehen«, so eine Zeitzeugin.[257] Konsens bestand sofort in der Ablehnung eines vorgefertigten Konzepts oder einer Liniendiskussion, wie in männerdominierten Kontexten üblich.

Als Zentren dienten meist kärgliche Orte, deren Miete von den Mitgliedern (10–20 DM pro Monat) selbst getragen wurde. In Westberlin handelte es sich um einen ausgedienten Gemüseladen, der zum regionalen Mittelpunkt für Feministinnen und zu einem Beratungs-, Informations- und Bildungsort wurde. »Wir hatten den Laden in der Hornstraße, das war ein ehemaliger Kartoffelladen, der roch auch bis zum Ende immer nach Kartoffeln, den musste man mit dem Ofen heizen, das war ein fürchterliches Loch, aber immerhin: wir konnten uns den leisten. Damals führte ich das Konto und darauf zahlten dann alle irgendwelche Beiträge ein. Das war natürlich alles Miniatur. Es gab eine Reihe ausgedienter Sofas und Stühle und einen Schreibtisch. Den Raum [nutzten wir] für Diskussionen und meistens platzte er aus allen Nähten; es war viel zu wenig Platz für alle da.«[258]

Ähnlich dem ersten Frauenhaus damals, genau wie den Häusern heute, scheint es nie ausreichend Platz für Frauen und ihre Belange zu geben. Bereits in den 1970er Jahren stellte Sozialwissenschaftlerin Cheryl Benard fest, dass die Ausgrenzung der Frau in der Kindheit als Mädchen beginne, indem es spezifischen Verhaltensanforderungen zu folgen habe. Diese internalisierte Einschränkung, zeige sich, laut Benard, räumlich in Form von Körperhaltung und Präsenz und zeitlich in Form von Rededauer und Wortmeldungen.[259] Ergänzend für die Ehe der 1970er Jahre kommt hinzu, dass Frauen ihren Namen verloren und bspw. um Haushaltsgeld für den Alltag bitten mussten. Und gerade aus diesem Grund war die Entstehung von eigenen Frauenräumen zentrales Anliegen und Notwendigkeit, um die Belange von Frauen zu besprechen, um überhaupt die Sprache, Form und Präsenz zu finden, sich und die eigenen Erfahrungen zu artikulieren und dabei neue Formen von Arbeit, Diskussionskultur und Organisation zu finden.

Plastisch erinnert sich Roswitha Burgard, Mitbegründerin des Frauenhauses, an die Raumeinnahme durch Anarchistinnen, Lesben, Rote Hilfe und viele mehr, die sich hier wöchentlich zu Plenums und in unterschiedlichen Arbeitsgruppen trafen.[260] Grundsätzlich ging es darum, eine Arbeitsweise zu kultivieren, die ohne Hierarchien auskommt und sich mit Themen beschäftigt, die sich aus der unmittelbaren Reflexion der eigenen Lebenssituation ergaben. Die Frauen machten sich selbst zum Gegenstand der politischen Praxis, deren Aktivismus nicht auf bereits existenten Theorien beruht, sondern auf persönlicher Erfahrung.

Die autonomen Arbeitsgruppen entstanden teils nach Berufen (Krankenschwestern, Erzieherinnen, Hausfrauen, Lehrerinnen, Studentinnen), teils nach Interessen (Sexualität, Ehe- und Scheidungsprobleme, Knast, Selbsterfahrung). Immer wieder versuchten dogmatische und parteiliche Organisationen, die Frauenbewegungen für eigene Interessen zu vereinnahmen, da die Frauenbewegung auch en vogue war, doch blieb die Bewegung stabil autonom.

Kavemann erinnert sich, wie die Gesundheitsgruppe im kalten Kartoffelladen vier US-amerikanische Feministinnen der Frauengesundheitsbewegung empfing, um in die Praxis der Selbstuntersuchung eingeweiht zu werden. Eine Frau legte sich auf den Tisch, spreizte die Beine, führte das Spekulum ein und begutachtete sich mit Spiegel und Taschenlampe, denn: »der erste Blick gehört immer der Frau, die sich selbst untersucht«.[261] Die Zeitgenossinnen nahmen diese Praxis als körperliche und sexuelle »Rückeroberung« wahr. Die Dekolonialisierung des weiblichen Körpers fand so auf einer Ebene des Selbst und auf einer strukturellen Ebene statt. Die Frauenbewegungen entblößten sich selbst, sie zerrten ihre Körper in die Öffentlichkeit, bezichtigten sich selbst der Abtreibung, der lesbischen Liebe und sprachen über sexuellen Missbrauch – nur so konnten sie die unhaltbaren Verhältnisse sichtbar machen. Diesem Vorgehen ist das Wissen um geschlechtsspezifische Gewalt inhärent, da der weibliche Körper vom Patriarchat vereinnahmt und mit Idealen und Handlungsanweisungen belegt worden war.

Die unterschiedlichen Arbeitsgruppen dienten auch der konkreten Einflussnahme auf etablierte Strukturen. Beispielsweise die Mitglieder der Mediengruppe, in der unter anderem die Journalistinnen Sophie Behr, Cristina Perincioli und Helke Sander zusammenkamen, nutzten ihre Jobs und Kontakte bei größeren Zeitungen und öffentlich-rechtlichen Sendern, um spezifische Berichte über Projekte der Frauenbewegungen zu veröffentlichen.[262]

Auch die Öffentlichkeitsarbeit rund um das erste Frauenhaus funktionierte durch solche Vernetzungen. Wie ich später zeigen werde, hätte ohne Presse und Fernsehen das Frauenhaus in Berlin nicht eröffnet werden können.

Die Aktivistinnen der 1970er Jahre bauten vor allem in den Groß- und Universitätsstädten eine gut organisierte feministische Infrastruktur aus Theatern, Buchläden, Archiven, Cafés und Kneipen auf. Der Westberliner Inselstatus sowie der Wegfall der Wehrpflicht zogen eine Vielfalt an jungen Menschen an, die Lust auf Veränderung hatten. Alle diese Orte dienten als fixe Treffpunkte der Frauenbewegung, die von Feministinnen aus der ganzen Welt gegenseitig besucht wurden. In den späten siebziger Jahren existierten in Berlin mehr als ein Dutzend Frauenbuchläden, die ausschließlich von Frauen betrieben wurden und ausschließlich Frauenliteratur führten. Das Buch war für die internationalen Frauenbewegungen von enormer Bedeutung, es entwickelte sich eine spezifische Frauenliteratur, sowohl in der BRD als auch in der DDR, die über eigene Verlage und Vertriebswege verbreitet wurde. Beispielhaft zu nennen sind der Amazonenverlag, der erste Verlag in Europa, der lesbische Literatur publizierte, sowie der Frauenselbstverlag, der später zum Orlanda Frauenverlag wurde, gegründet von Dagmar Schultz, Roswitha Burgard und anderen Frauen. Schultz war ebenfalls Mitgründerin des feministischen Frauengesundheitszentrums (FFGZ).

Im Frauenzentrum wurde die feministische Monatszeitschrift *Courage* ins Leben gerufen. Die Kollektivredaktion war basisdemokratisch organisiert und eine journalistische Ausbildung wurde nicht vorausgesetzt – alle sollten schreiben können. Die Inhalte basierten auf unmittelbaren Erfahrungen, wobei der soziale Hintergrund und das politische Verständnis von Leserschaft und Zeitungsmacherinnen ein ähnlicher war.

»Wir wollen über aktuelle Ereignisse informieren, Missstände aufdecken und anprangern, einzelne Frauen und Gruppen von Frauen zu Wort kommen lassen, über ihre Erfahrungen und Initiativen berichten«, heißt es in der »Nullnummer« der *Courage* vom 17. Juni 1976 – dem Gründungsjahr des ersten Frauenhauses.[263]

»Es ist die Aufgabe der Frauenbewegung, die Lebens- und Arbeitsbedingungen von Frauen umfassend aufzudecken und öffentlich zu machen. Nur so wird das Ausmaß unserer Unterdrückung und Ausbeutung, werden Zusammenhänge klar und begreifbar.«[264] Dreißig Jahre später bezeichnete Historikerin Barbara Duden die Zeitschrift als Beitrag zum zeitgeschichtlichen Umbruch.[265]

Courage-Redakteurin Ursula Nienhaus gründete mit den Historikerinnen Barbara Duden und Gisela Bock Ende der siebziger Jahre das *Frauenforschungs-, -bildungs- und -informationszentrum (FFBIZ)*, in dem heute der Bestand des ersten Berliner Frauenhauses aufbewahrt wird.[266] Duden und Bock initiierten 1976 an der Freien und der Technischen Universität Berlin die Sommeruni nur für Frauen, nachdem dort im April 1974 das erste Frauenseminar stattgefunden hatte.

In jenem Sommer veröffentlichten Barbara Duden und Gisela Bock ihren Text *Arbeit aus Liebe – Liebe als Arbeit*, in dem es heißt: »Die Frauen sind nicht nur das Herz der Familie, sondern das Herz des Kapitals.«[267] Mit diesem Text markieren sie einen der zentralen Themenpunkte, der für die Entstehung des ersten Frauenhauses maßgeblich war und den ich hier genauer betrachten möchte: der Kampf um die Bedeutung von Hausarbeit für den Erhalt des Kapitalismus und damit die notwendige Arbeitsteilung der Geschlechter. Der zweite zentrale Punkt war die Frage nach Kinderbetreuung und die Entstehung neuer Wohnformen als Alternative zu Ehe und Kernfamilie. Diesen Punkt werde ich im Anschluss gesondert behandeln.

Die damalige Geschichtsstudentin Gisela Bock führte, nach ihrem Studienaufenthalt in Italien und inspiriert von der radikalen sozialistischen italienischen Frauenbewegung, im Westberliner Frauenzentrum die »Lohn für Arbeit«-Gruppe ein.

Die Macht der Frauen und der Umsturz der Gesellschaft der italienischen Feministin Mariarosa Della Costa analysiert, wie die »Rolle der Frau« und mit ihr die Kleinfamilie durch die kapitalistische Arbeitsteilung überhaupt erst erschaffen wurden. »Wir gehen davon aus, daß alle Frauen Hausfrauen sind; sogar diejenigen, die außerhalb des Hauses arbeiten, bleiben Hausfrauen«: Die Knechtschaft am Fließband ist keine Befreiung von der Knechtschaft am Spülbecken.[268] Kurzum, der Kapitalismus erschafft die Hausfrau und die Hausfrau ermöglicht den Kapitalismus. Der Text erschien 1973 in einer Übersetzung durch »Genossinnen aus dem Frauenzentrum Berlin« im Merve Verlag.

Die Berliner Gruppe rief zum Streik der Hausarbeit auf: »Einzig die Verweigerung der Hausarbeit, wie sie von der neueren Frauenbewegung als Kampfmethode und als Kampfinhalt praktiziert wird, kann – und muß – eine solche Forderung durchsetzen. Erst wenn die Produktion und Reproduktion der Arbeitskraft wie jede andere Arbeit entlohnt wird, wird sie als Arbeit gesellschaftlich sichtbar und wertvoll, werden diejenigen Technologien eingesetzt, die sie wirklich reduzieren, werden die Frauen materiell unabhängig und damit imstande, diese Arbeit und ihre Organisation in Frage zu stellen, die bisher als Ausdruck ihrer Natur galt. Erst wenn die Gleichung zwischen Arbeit und Liebe, zwischen Arbeit und Natur gebrochen wird, wenn Arbeit genannt wird, was Arbeit ist, können wir Frauen diese Arbeit angreifen und wieder entdecken oder selbst bestimmen, was Natur und Liebe ist: eine Sexualität, die keinem Produktivitätszwang unterworfen ist.«[269]

Die Frage nach realer Entlohnung von Haus- und Reproduktionsarbeit spaltete Teile der weißen deutschen Frauenbewegung. Liberale Feministinnen um die *Emma* gaben sich mit der Wertschätzung von Hausarbeit und der Anerkennung von Reproduktionsleistung zufrieden, den radikalen Feministinnen aus dem Zentrum und der *Courage* reichte das nicht.

Als Reaktion auf einen Artikel in der *Emma* verfasste die *Lohn für Hausarbeit Gruppe* einen Leser*innenbrief, in dem sie die Autorin der »Augenwischerei« bezichtigten: »Wie kämen Männer dazu«, wollten sie wissen, »die Hälfte der Arbeit zu übernehmen? Solange diese Arbeit nicht wie jede andere bezahlt ist, macht sie keiner freiwillig«, und weiter: »Macht ist da, wo Geld ist. Das wissen die am besten, die keines haben.«[270] Die Hausarbeit wurde damit als Fundament des Kapitalismus ausgewiesen und der Ausbeutung der »Hausfrau« als Mutter kam eine erhebliche Funktion bei der Kapitalakkumulation zu, denn ohne unbezahlte Care-Arbeit im Haushalt, auch keine männliche Vollzeitbeschäftigung. In *Hexenjagd* beschreibt Autorin und Aktivistin Silvia Federici, wie mit dem Kapitalismus auch die Gewalt Einzug in die Kleinfamilie hielt, da Männer durch ihre ökonomische Macht die Arbeitsverweigerung von Frauen bestrafen konnten.[271] Ähnlich Bini Adamczak, die in der heterosexuellen Ehe eine Organisationsform verkörpert sieht, die »nicht auf Selbstbestimmung, sondern Gewalt« beruhe.[272]

Alternative Wohnformen und Kinderbetreuung

Die Frauenbewegungen der siebziger Jahre strebten kollektive Lösungen von Kindererziehung, Zusammenleben und politischem Aktivismus an. Es entstanden alternative Lebens- und Wohnformen, um die tradierte Geschlechterbeziehung abzuschaffen. Es handelte sich hier um eine privilegierte Gruppe von Frauen, die sich bewusst gegen die staatlichen Bildungseinrichtungen stellten, einfach weil sie es konnten. Sie kamen aus dem Bildungsbürgertum, studierten oder hatten hohe Abschlüsse, die ihnen eine freie Jobwahl und flexible Arbeitszeiten ermöglichten. Migrantisierte Frauen und Frauen aus der Arbeiterklasse waren froh, wenn sie ihre Kinder ganztägig überhaupt unterbringen konnten. Die Entstehung von Kinderläden setzte einen Wandel der Einstellung gegenüber Fürsorge für Kinder voraus. Anstelle der Eltern oder nur der Mutter, sollten größere familiäre Zusammenhänge diese übernehmen. »Zerschlagt die bürgerliche Kleinfamilie«, war eine der Parolen der Kinderladenbewegung. Durch das Leben in Wohngemeinschaften konnten die Mitbewohner*innen gegenseitig auf die Kinder aufpassen.

Karin Adrian, Mutter in »wilder Ehe« um 1968, erinnerte sich, »für Frauen wie mich, die Kinder hatten, bestand in einer Wohngemeinschaft endlich die Möglichkeit, konsequent zu studieren. Als ich noch allein mit meinem Mann wohnte, hatte ich mich ein Semester sogar beurlauben lassen müssen, um das Baby versorgen zu können. Er war gar nicht auf die Idee gekommen, das auch zu machen. Man war einfach noch in der klassischen Frauenrolle gefangen, die man von zu Hause kannte. Meine Mutter war immer nur für die Familie da, und existierte als Persönlichkeit eigentlich gar nicht, weil sie alles gemacht hat, was mein Vater sagte.«[273]

Die erste Frauenkommune entstand 1970 am Cosimaplatz 2 in Berlin-Friedenau.[274] Auf allen Stockwerken des »Mehrfamilienhauses« wohnten linke Aktivist*innen, genau wie Mitglieder der RAF und der *Bewegung 2. Juni.* Cristina Perincioli, Bewohnerin der Kommune, erinnert sich in ihrem Buch *Berlin wird feministisch!*, dass in der Küche der Parterrewohnung die Idee der Kinderläden entstanden sei.[275] *Brot und Rosen*-Gründerin Helke Sander und RAF-Mitglied Marianne Herzog entwickelten diese, um sowohl Mutter als auch arbeiten und politisch aktiv sein zu können.

Helke Sander begann 1966 ihr Regiestudium an der Filmakademie Berlin, zur gleichen Zeit kam ihr Sohn in die Schule. Die Kindergärten zu dieser Zeit waren überfüllt und die Horte »schaurig«.[276] Im Sommer 1967 hängte sie im Zentrum des SDS einen Aufruf zum gegenseitigen Kinderhüten auf. Das Konzept der »Park-Tanten« kannte sie aus Skandinavien, wo man zu einer bestimmten Uhrzeit das Kind gegen ein wenig Geld bei Frauen im Park abgeben konnte.[277]

Gemeinsam verfassten sie Flugblätter und verteilten diese an der FU an Frauen. Zum ersten Treffen kamen an die 100 Personen, unter ihnen auch Männer. Die Beteiligten wollten ihre Kinder nicht in die Hände staatlicher Einrichtungen geben. Kinderläden dienten den Achtundsechzigern, den Kindern der Kriegsgeneration, als politisches Programm im Kampf gegen den Faschismus, da die »repressive« bürgerliche Familienerziehung für die Bildung eines »autoritären« Charakters verantwortlich gemacht wurde.[278]

An dieser Stelle möchte ich trotzdem erwähnen, dass antiautoritäre Erziehung zunehmend kritischer gesehen wurde, da ein gemeinschaftliches Zusammenleben nun mal gewisser demokratischer Regeln bedarf. Der Wunsch, dass in der Enge der isolierten vier Wände keine Gewalt mehr passiert und nicht nur einzelne Bezugspersonen wichtig sind, ging teilweise auch nach hinten los. In einigen Kommunen kam es zu sexualisierter Gewalt gegen Kinder und Frauen.

Die Kinderläden waren auch Symbol für einen Befreiungsschlag der Mütter gegen die Alleinzuständigkeit für den Nachwuchs. 1969 gab es die ersten Kindergruppen in leer stehenden Ladengeschäften, sogenannte ehemalige Tante-Emma-Läden. Zu Beginn wechselten sich die Eltern gegenseitig mit der Arbeit in den Läden ab, später wurden Erzieherinnen eingestellt. Den Eltern, doch vor allem den Müttern, verschafften die Kinderläden mehr Zeit und die Kinder wurden zu autonomen und solidarischen Menschen erzogen.[279]

Sigrid Fronius, erste weibliche Asta-Vorsitzende der Freien Universität (FU) und eine der Gründerinnen der Frauenzeitschrift *Courage*, lebte von 1969 bis 1973 in einer Frauen-WG. »Es war eine prima Alternative zur Familie […]. Unser Leben war voller Begeisterung und Sinn. Privates und politische Aktion waren eng miteinander verbunden. Für jene, die verheiratet waren und Kinder hatten, war es schwer, wenn sie es uns gleichtun wollten. Diese Intensität des Rund-um-die-Uhr-politisch-tätig-Seins war mit Familie, Partnerschaft und Kindern nicht vereinbar. Mir war damals nur am Rande bewusst, wie viele Frauen zu Hause bleiben mussten, die gerne mitgemacht hätten. Ihre Männer waren schon eher dabei.«[280]

Die Berliner Protestveranstaltungen gegen den Vietnamkrieg 1968 spielten eine bedeutende Rolle für den Ausbau der Kinderladenbewegung. Die neuen performativen Protestaktionen, in Form von Sit-ins, Happenings und das Ketten an Orte, forderten verstärkt die leibliche Präsenz der Demonstrant*innen ein und zwangen die partizipierenden Eltern zu kreativen Lösungen in der Kinderbetreuung. Der *Aktionsrat zur Befreiung der Frau,* der im Zuge der Kinderlädenbewegung entstanden war, organisierte Betreuungsdienste für Kinder, damit Eltern aktiv an den Demonstrationen teilnehmen konnten.

Carol Hagemann-White, heute Professorin für Soziologie und verantwortlich für die wissenschaftliche Begleitung des ersten Berliner Frauenhauses, berichtet rückblickend, dass die Arbeit im Frauenhaus sehr fordernd war und nur wegen der selbstverständlich ganztägigen Kindertagesstätten in Berlin und wechselseitiger privater Betreuung möglich gewesen sei.[281] Neue Wege der Kinderbetreuung ermöglichten weibliche Selbstbestimmung, ein zentrales Anliegen von Frauenhäusern.

Auch der wohngemeinschaftliche Gedanke war prägend für das erste Berliner Frauenhaus, wie ein Zitat aus dem Erfahrungsbericht von 1978 belegt. »Das Frauenhaus bietet Frauen zum ersten Mal alternative Lebens- und Erfahrungsmöglichkeiten. Hier führen sie zum ersten Mal ein Leben ohne direkte Kontrolle vom Mann. Das Frauenhaus hebt auf befristete Zeit die Relation Mann – Frau in ihrer Kontroll- und Unterdrückungsfunktion für die Frau auf. Entscheidungen, die bisher vom Mann getroffen wurden und bei denen sie eigentlich kaum gehört wurden, müssen nun von ihnen allein getroffen werden. Sie können beginnen, erst einmal ihre Bedürfnisse zu entwickeln und sich selbst zu finden, sich den Tag nach ihren Wünschen und nicht nach seinen Forderungen einzuteilen. Die Frauen können miteinander neue Verhaltensmöglichkeiten lernen und sich untereinander schützen, sich helfen und sind somit nicht automatisch wieder auf Hilfe, Verständnis und Schutz vom nächsten Mann angewiesen.«[282]

Die Kinderladenbewegung der siebziger Jahre bedeutete mehr als die Möglichkeit zu studieren, zu arbeiten oder zu protestieren. Es ging um eine Kritik an der bürgerlichen Erziehung und der patriarchalen Kernfamilie. Gleichzeitig kommt diese Einstellung und Motivation für Privatinitiativen aus einem privilegierten Kontext. Staatliche Betreuungsangebote zu verweigern, bedarf ausreichender finanzieller Möglichkeiten und setzt Bildung und flexible Arbeitszeit voraus.

Dennoch ist anzuerkennen: Die Entstehung der Kinderläden ist ähnlich den Frauenhäusern Teil des selbstbestimmten Kampfes gegen bestehende Verhältnisse. Denn in dieser von familistischen Erwartungen losgelösten Atmosphäre wurde eine »neue Identität als Frau« und mit ihr ein Frauenhaus überhaupt erst denkbar.

Die Frauenbewegungen und das Thema Gewalt

Die zentralen Themen der Frauenbewegungen unterlagen einem permanenten Wandel, ein Themengebiet floss förmlich in das nächste über. Auf die Lohnfrage folgte die Abtreibungsfrage, von hier aus entfalteten sich Fragen nach heterosexualisierter Gewalt und Vergewaltigung, bis es schließlich um das letzte Tabu, die häusliche Gewalt ging. Gegen sexualisierte Gewalt wurde auf den Straßen demonstriert, der öffentliche Raum wurde zum Austragungsort der sexistischen Gewalt gegen Frauen. Doch erst die überfüllten Frauenhäuser sollten die private Gewalt öffentlich sichtbar machen.

Aktivistin Cristina Perincioli war neugierig auf die Hausbesetzerinnenszene in London. Diese Hausbesetzungen stellten ähnlich der Kommunen und Wohngemeinschaften alternative Lösungen zur isolierten Kleinfamilie und abseits einer staatlich verwalteten Mietstruktur dar. Im Jahr 1973 reiste sie von Berlin nach Brixton.

Ganze Straßenzüge waren hier von Frauen besetzt. Vor Ort machte sie neue Bekanntschaften, und es stellte sich heraus, dass einige Frauen aus Gewaltbeziehungen geflohen waren. Da es keine staatlichen Lösungen für diese *battered women* gab, halfen sie sich eben selbst. Perincioli war beeindruckt von deren Mut und räumlicher Aneignung.

Später werde ich knapp zeigen, wie die englische Frauenhausbewegung entstand, denn sie soll nicht romantisiert oder auf eine gelungene Selbsthilfe verkürzt werden.

Gerade die Westberlinerinnen grenzten sich später auch von dieser Bewegung ab. Sie interviewte einige Frauen und kam so mit dem Thema häusliche und partnerschaftliche Gewalt in Berührung: »Die Engländerinnen erzählten mir ihre Geschichten auf Tonband, Geschichten aus einer Parallelwelt unfassbarer Grausamkeiten!«[283] Zurück in Deutschland, suchte Perincioli nach dieser Parallelwelt in Berlin. Im Plenum des Frauenzentrums berichtete sie von ihren Erlebnissen und fragte konkret nach Erfahrungen mit partnerschaftlicher Gewalt. Sie rechnete nicht damit, ausgerechnet *hier* auf Frauen mit ähnlichen Geschichten zu treffen. Sie kannte die Frauen, arbeitete mit ihnen zusammen, kannte ihre Partner und Ehemänner. »Nicht ›die anderen‹ hatten dieses Problem – nein, es war mitten unter uns«, die Täter waren unter ihnen und »ihre Geschichten um nichts weniger brutal und perfide«.[284]

Seit seiner Gründung 1973 kamen immer wieder misshandelte Frauen ins Zentrum Hornstraße. Sie suchten nach einem Ausweg und wussten nicht, wohin sie sich wenden sollten. Die Mitglieder des Frauenzentrums packten an, wo es nur ging, und leisteten vor allen Dingen Soforthilfe.

Sie organisierten spontan Schlafplätze oder begleiteten Frauen in die alte Wohnung, um Kleidung und Ausweis zu retten.

Um auf gewaltvolle Zusammentreffen vorbereitet zu sein und sich in unterschiedlichsten Situationen, sei es auf der Straße, an der Uni, in der Kneipe, selbstverteidigen zu können, taten sich Frauen aus dem Zentrum und der *Homosexuellen Aktion Westberlin* zusammen und gründeten einen Kampfsportverein in Schöneberg. Trainiert wurden sie von Martha Schediwy, einer der ersten deutschen Karatemeisterinnen. Gleichzeitig teilten die Frauen hier zurückliegende Gewalterfahrungen und fanden Unterstützerinnen für mögliche gewaltvolle Zusammentreffen mit Männern. Aus diesem Gedanken heraus entstand die Technik Wendo, die heute noch praktiziert wird und neben physischer auch verbale Verteidigung trainiert.

Geschlechtsspezifische Gewalt äußert sich nicht nur auf einer physischen, räumlichen oder politischen Ebene, sondern zeigt sich auch in den diskursiven Praktiken einer Gesellschaft. Mit der Entstehung neuartiger Frauenräume um 1973, in Form von Verlagen, Cafés und Zentren, wurden Frauen und vormals private Themen zunehmend präsenter im öffentlichen Leben.

Die zunehmende Sichtbarkeit queerer Frauen veranlasste die *Bild*-Zeitung zu einer wohlkalkulierten Hexenjagd. Unter dem Titel *Die Verbrechen der lesbischen Frauen* kriminalisierte die Hetzkampagne gleichgeschlechtliche Liebe. Aufhänger der Serie war ein Tötungsdelikt in Itzehoe.

Das Liebespaar Judy Andersen und Marion Ihns wurde im November 1972 verhaftet, da sie einen Mörder engagiert hatten, um den gewalttätigen Ehemann von Ihns umzubringen. Die meistgelesene Zeitung Deutschlands titelte zwischen Januar und Februar 1973, an siebzehn aufeinander folgenden Wochentagen, unter anderem »Wenn zwei Frauen entdecken, dass sie sich lieben, sind sie oft zu den ungeheuerlichsten Taten fähig«; »Wenn Frauen Frauen lieben, kommt es zu einer Katastrophe«; »Wenn Frauen nur Frauen lieben, kommt es nicht selten zu einem schweren Verbrechen« und »Wenn Frauen nur Frauen lieben, kommt es oft zu einem Verbrechen«.[285] In der Ausgabe vom 17. Januar 1973 hieß es über den Ehemann, »und auch seine heftigen Trinkereien werden plötzlich verständlich. Er musste sich einen Rausch antrinken, um sich mit Gewalt holen zu können, was ihm von Rechts wegen zustand.«[286] Implizit teilte die Zeitung hier mit, dass Männer über Frauenkörper verfügen dürfen, die sich gegen das heteronormative Rollenmodell entscheiden. Als im Sommer 1974 der Prozess eröffnet wurde, solidarisierten sich die Frauengruppen und demonstrierten vor dem Gerichtssaal. Die Plakate und Flugblätter trugen Aufschriften wie: »Die Mordanklage ist Vorwand. Am Pranger steht die lesbische Liebe.« Die Berichterstattung der Boulevardpresse machte deutlich, hier ging es nicht mehr um den Mord, sondern die Selbstbestimmung von Frauen. Am 17.9.1974 wurden dic jungen Frauen lebenslänglich verurteilt.

Im gleichen Zeitraum, im Herbst 1974, reiste die südafrikanische Feministin und Soziologin Diana Russell von Berkeley nach Europa, um sich mit den deutschen Frauenbewegungen zu vernetzen. Zu dieser Zeit rief die UNO-Generalversammlung das Jahr 1975 zum »Internationalen Jahr der Frau« aus und in Mexiko-Stadt wurde die erste Weltfrauenkonferenz abgehalten, beides wurde von den Frauenbewegungen als Farce wahrgenommen, da die strukturelle Benachteiligung und tatsächliche Gewalt gegen Frauen sonst keinerlei Beachtung durch die Dominanzgesellschaft erfuhr.[287] Als feministische Antwort fand im Sommer 1975 ein Frauencamp auf der dänischen Insel Femø statt, das von Mitgliedern der dänischen Frauenbefreiungsbewegung organisiert worden war und auf dem auch Russell zu Gast war. Hier wurde über feministische Themen diskutiert, Konflikte benannt und Pläne geschmiedet, wie die Frauenfrage weiter vorangetrieben werden könne. Das Treffen auf Femø findet bis heute statt, doch gerade in den siebziger Jahren war es für Feministinnen auch die Möglichkeit, mit wenig Geld und ohne Männer Urlaub machen zu können.

Für das anstehende Jahr der Frau war ein stellvertretendes Kuratorium in Bonn vorgesehen, das »durch Informations- und Erfahrungsaustausch am Jahr der Frau mitwirken soll«. Es lohnt sich, einen Blick auf die Mitglieder des Gremiums zu werfen, da sich hier eine ganz eigene und fragwürdige Zunft den Belangen von Frauen widmen sollte. Unter der Schirmherrschaft von SPD-Bundestagspräsidentin Annemarie Renger war SPD-Familienministerin Katharina Focke, die später ihre Zustimmung für die Eröffnung des Frauenhauses gab, Teil des Kuratoriums. Außerdem der damalige Arbeitgeberpräsident und ehemalige SS-Hauptmann Hanns Martin Schleyer, der später durch die RAF ermordet werden sollte, der konservative ZDF-Intendant Karl Holzamer, außerdem der katholische Bischof Heinrich Tenhumberg, dem aktuell »Leitungs- und Kontrollversagen« vorgeworfen wird, da er nie gegen den sexuellen Missbrauch von Kindern im Bistum Münster vorging,[i] sowie die Feministin und Filmemacherin Helke Sander. In ihrer Auftaktansprache stellte Sander fest, dass sie »als allereinzigste Vertreterin der hunderte neuer Frauengruppen« vor allem mit Bischof Tenhumberg, einem »dezidierten Gegner der Abtreibungsreform«, und Intendant Holzamer, dem »Hauptschuldigen für die Diskriminierung der Frau in den Medien«, absolut »keine gemeinsamen Interessen« verband.[288] Für diese Aussage erhielt sie Applaus von den Journalist*innen, für Familienministerin Focke war diese offensichtliche Kritik ein Ansporn mehr, den Frauenbewegungen entgegenzukommen. Westdeutsche Feministinnen demonstrierten 1974 in Bonn bei der Kuratoriumsverkündung gegen das heuchlerische Jubiläumsjahr, denn zu dieser Zeit existierte nicht eine einzige Zufluchtsstätte für misshandelte Frauen und ihre Kinder. Weiter kritisierten sie den ersten Mai als Tag der Arbeit, da er unbezahlte Hausfrauen nicht befreie, und drohten am Muttertag mit Zunder statt

i Seit 2019 wird eine unabhängige Untersuchung zu sexuellem Missbrauch im Bistum Münster ausgewertet, die Ergebnisse sollen im Jahr 2022 vorliegen, siehe https://www.katholisch.de/artikel/27811-forscher-bislang-300-betroffene-von-missbrauch-im-bistum-muenster, zuletzt aufgerufen am 30.4.2021.

Blumen. Außerdem markierten sie den 8. März als Streiktag in Küche, Kinderzimmer und Ehebett. Die damalige Westberliner Senatorin Ilse Reichel, die sich für das Frauenhaus auf Länderebene starkmachte, resümierte zynisch in einer Nachricht des Landespressedienstes von 1976: »Es ist eines der wenigen bleibenden Verdienste, die dem vergangenen ›Jahr der Frau‹ zukommt, da es darüber hinaus die Diskussion über die physische Gewalt in der Familie gefördert hat.«[289]

Gleichzeitig fand als feministisches Gegenprogramm in Frankfurt der »Internationale Frauenkongress« statt, an dem 600 Frauen aus 18 Ländern ein feministisches Aktionsprogramm organisierten. Männer waren auch auf der anschließenden Pressekonferenz nicht zugelassen. Bei einem von Russell organisierten Workshop entstand hier die Idee eines internationalen und autonomen *Tribunals gegen die Verbrechen an Frauen,* auf dem weibliche Schilderungen von Vergewaltigung und Quälereien über die Grenzen Europas hinaus gesammelt werden sollten. Das Tribunal sollte in Lissabon, Brüssel oder Amsterdam stattfinden. Im November 1975 bestätigte die belgische Ministerin für flämische Kultur, Rika De Backer, die Nutzung des Palais des Congrés in Brüssel, und Simone de Beauvoir übernahm die Schirmherrschaft der Veranstaltung.[290]

Im Winter 1974 war es dann so weit. Einige Berliner Feministinnen, die bereits in der Frauenarbeit tätig waren, schlossen sich zur Frauenhausinitiative *Frauen helfen Frauen. Frauen gegen Gewalt gegen Frauen* zusammen, aus der dann die Kerngruppe *Projekt Frauenhaus* hervorging. Zur gleichen Zeit entstand auch in Köln die erste Frauenhausinitiative von Aktivistin und Soziologin Maria Mies und ihren Studentinnen an der Fachhochschule. Das Haus eröffnete einen Monat nach Berlin am 1. Dezember 1976.

Die Berliner Initiative hatte sich über Selbsthilfe und Arbeitsgruppen im Frauenzentrum kennengelernt. In den Gesprächen zeigte sich, dass alle ihre Erfahrungen mit »Männergewalt« und patriarchalen Herrschaftsstrukturen gesammelt hatten. Die Beteiligten teilten das Interesse, eine Beratungsstelle für Frauen, »bei denen zu der materiellen und psychischen Abhängigkeit von einem Mann auch noch die körperliche Bedrohung und Misshandlung hinzukommt«, zu gründen. Während der Gespräche stellte sich schnell heraus, dass es für Frauen, die zu Hause gedemütigt und geprügelt werden, eigentlich nur eine Form von Hilfe geben kann: die Möglichkeit zur Flucht.

Mitte der siebziger Jahre waren Teile der westdeutschen Gesellschaft bereits sensibilisiert für häusliche Gewalt, und innerhalb der Frauenbewegungen zirkulierte vielfältiges Wissen um autonome Frauengruppen, Frauenhäuser in London und Amsterdam und Gewalt im Geschlechterverhältnis.

Am 19. Februar 1975 veranstaltete die Frauen-gegen-Gewalt-Gruppe in der Technischen Universität Berlin ein kleineres *Tribunal über Gewalt gegen Frauen in Gynäkologie, Psychiatrie, Ehe, Beruf, Film und Presse.* »Wir sind eine Gruppe von etwa 10 Frauen aus dem Frauenzentrum Berlin, die sich seit September '74 mit dem Thema ›Frauen gegen Gewalt gegen Frauen‹ beschäftigt und zunächst unsere eigenen Erfahrungen dazu ausgetauscht haben. Wir besuchen auch Vergewaltigungsprozesse, um zu erfahren, wie die Justiz mit den Opfern von Vergewaltigung umgeht. Wir haben vor, eine Beratungsstelle für vergewaltigte Frauen einzurichten. Die vergewaltigten Frauen wollen wir emotional unterstützen und ihnen praktische Hilfe bei Schwierigkeiten gegenüber Familien und Behörden geben.«[291]

Auf dem Brüssler *Tribunal gegen die Verbrechen an Frauen* vom 4. bis 8. März 1976 kamen über 2.000 Frauen mit Gewalterfahrung aus knapp 35 verschiedenen Ländern und politischen Systemen zu Wort.

300 der Teilnehmerinnen waren aus Deutschland angereist.[292] Schlussendlich erschien Simone de Beauvoir nicht zum Tribunal gegen Gewalt in Brüssel, ließ jedoch ihre Eröffnungsrede vorlesen und setzte ihre Gedanken, auch als Antwort auf das UN-»Jahr der Frau«, in einem Artikel im *Nouvel Observateur* vom 1. März des selben Jahres fort: »Liebe Schwestern, es tut mir sehr leid, daß die Umstände es mir nicht erlauben, heute unter euch zu sein, aber ich bin in meinem Herzen anwesend. Ich halte dieses Treffen für ein großes historisches Ereignis. Im Gegensatz zu Mexiko, wo die Frauen, gelenkt von ihren politischen Parteien und Nationen, nur darauf aus waren, Frauen in eine männliche Gesellschaft zu integrieren, seid ihr hier versammelt, um die Unterdrückung anzuprangern, der Frauen in dieser Gesellschaft unterworfen sind. (…) Es ist kein Zufall«, so Beauvoir, »dass dieses Tribunal nach dem Ende des absurden Jahres der Frau eröffnet wird, das von einer männlichen Gesellschaft organisiert wird, um Frauen zu verwirren. Die in Brüssel versammelten Feministinnen wollen ihr Schicksal selbst in die Hand nehmen. Sie werden weder von Parteien noch von Nationen noch von einer politischen oder wirtschaftlichen Gruppe ernannt. (…) Alle Frauen werden unterdrückt. Sie werden sich in Brüssel treffen, um dies anzuprangern. Die Freiheit der Frau wird angegriffen, wenn ihr ungewollte Schwangerschaften auferlegt werden: Ihr Körper wird schrecklich verstümmelt, wenn sie ungeachtet ihrer Meinung sterilisiert wird, wenn ihr eine bestimmte medizinische oder psychologische Behandlung zugefügt wird. (…) Auf wirtschaftlicher Ebene sind Frauen Opfer einer Diskriminierung, die ebenso inakzeptabel ist wie die Rassendiskriminierung, die von der Gesellschaft im Namen der Rechte

des Mannes verurteilt wird. Unbezahlte Arbeit in der Wohnung wird von ihr erpresst, die undankbarsten Pflichten werden ihr gewünscht und ihr Gehalt ist geringer als das ihres männlichen Kollegen. (...) In fast allen Ländern, einschließlich den USA und Frankreich, nimmt die Vergewaltigung zu. Körperliche Grausamkeit gilt als ganz normal, ebenso wie die psychischen oder offen brutalen Angriffe, denen sie ausgesetzt sind, wenn sie beispielsweise alleine auf der Straße gehen. Diese weit verbreitete Gewalt wird einstimmig nicht anerkannt und schweigend weitergegeben. Selbst gegen bestimmte Gewaltakte – Vergewaltigung, Körperverletzung – gibt es in den allermeisten Fällen keinen Rechtsweg. Es scheint, daß Frauen dazu bestimmt sind, zu leiden und darüber zu schweigen. Dieses Schicksal wird von den in Brüssel versammelten Frauen gewaltsam abgelehnt. Wenn ich die Impulse betrachte, die der Prozeß der Entkolonialisierung von Frauen durch dieses Tribunal gegeben hat, denke ich, daß das Tribunal als ein großes historisches Ereignis angesehen werden muß.«[293]

Frauen aus aller Welt berichteten mit Foto- und Bildmaterial über unfreiwillige Mutterschaft, Sterilisation, Vergewaltigung, Misshandlung, Einsperrung in psychiatrischen Anstalten und dem brutalen Umgang in Gefängnissen. Die Geschichten der Teilnehmerinnen legten das weltweite Ausmaß von physischer, psychischer und struktureller Gewalt gegen Frauen offen. Die südafrikanischen Aktivistinnen Diana Russell und Nicole Van de Ven dokumentierten die Zeuginnenaussagen unzähliger Frauen in *Crimes Against Women: The Proceedings of the International Tribunal*. Russell führte hier auch den Begriff »Femizid« in den Diskurs ein.[294] Der Austausch auf dem Tribunal ergab, dass bereits in Japan, Niederlande, Frankreich, Wales, England, Schottland, Irland, Australien, USA und Westdeutschland Gruppen gegen

Gewalt an Frauen (Battered women) aktiv waren. Die meisten Zeugnisse zu häuslicher Gewalt stammten aus Großbritannien. In England war die Frauenhausbewegung zu dieser Zeit bereits sehr aktiv, gerade in der Hausbesetzerinnenszene. Bis zu einem gewissen Punkt inspirierte sie auch die Westberliner Frauenhausbewegung.

Die Teilnehmerinnen des Brüsseler Tribunals hatten auch Einblick in die Arbeit anderer Gruppen und konnten voneinander lernen und sich vernetzen. Trotzdem gab es Konflikte, die sich gerade im Spiegel des damaligen Versuchs einer »Schwesternschaft« zeigten. Konflikte zeigten sich insbesondere bei der Vergabe von Redezeit und Sichtbarkeit.[295]

Auf dem Tribunal spielte die Westberliner Band *Flying Lesbians* ihren Song *Battered Wife*, der einmal mehr belegt, dass eine kulturelle Auseinandersetzung mit dem Thema der häuslichen Gewalt stattfand.

battered wife,
better change your mind
please forget, what your old man said
women's change's gonna come at last
now our movement's growing fast
battered wife
I saw rapists and I took flack
fucking men sitting on your back
battered wife, we're gonna pay them back
I heard screaming and women crying
how long, how long, how long -
battered wife,
better change your mind
please forget, what your old man said

women's change's gonna come at last
now our movement's growing fast
battered wife
battered wife,
you're gonna hear our sound
I've seen your shit man coming round
swear by god I'm gonna cut him down
I heard your screaming and women crying …
how long, how long[296]

Am 18. Dezember 1979 verabschiedete die Generalversammlung der Vereinten Nationen das Übereinkommen zur Beseitigung jeder Form von Diskriminierung der Frau (CEDAW – Convention on the Elimination of All Forms of Discrimination Against Women). Es gilt als völkerrechtlich wichtigstes Menschenrechtsinstrument für Mädchen und Frauen und verbietet die Diskriminierung aufgrund des Geschlechts und der Geschlechtsidentität in allen Lebensbereichen.

CEDAW trat am 3. September 1981 als internationaler Vertrag in Kraft, nachdem das zwanzigste Land es ratifiziert hatte. Bis zum zehnten Jahrestag des Konvents im Jahr 1989 haben sich fast hundert Nationen bereit erklärt, sich an die Bestimmungen zu binden und die faktische Gleichstellung der Geschlechter zu erwirken.

Die USA sind bis heute die einzige Demokratie, die das Abkommen 1980 zwar unterzeichnet, jedoch nie ratifiziert haben. Neben religiösen und patriarchalen Motiven, die sich vor allem gegen Reproduktionsrechte von Frauen positionieren, verspricht der US-amerikanische Nationalismus respektive Exzeptionalismus, in der Verweigerung Teil eines internationalen Abkommens zu werden. Wie verwoben Nationalismus, Rassismus und Sexismus sind, zeigt sich an solchen politischen Machtdemonstrationen.

40 Jahre später, im Jahr 2019, veröffentlichte die CEDAW-Allianz eine erste Stellungnahme zum Stand der Umsetzung der Frauenrechtskonvention in Deutschland.[297]

Sie stellte fest, dass »diskriminierende Stereotype hinsichtlich gesellschaftlicher Rollen und Aufgaben von Mädchen und Frauen« den Fortschritt in der Geschlechtergleichstellung« beeinträchtigten. Außerdem verfolgten »die Bundes- und Landesregierungen immer noch keine kohärente Gleichstellungs- und Antidiskriminierungspolitik«. Was insbesondere Mädchen und Frauen gefährde, »die durch das Zusammenwirken verschiedener Diskriminierungsformen wie Ethnizität, Glauben, sexuelle Orientierung und Identität, Körperlichkeit etc. mehrfachdiskriminiert werden«.[298]

So viele Abkommen, die der Gewalt gegen Frauen entgegenwirken sollen, und Berichte darüber, dass die Maßnahmen immer noch nicht ausreichen – und trotzdem ist die Gewalt noch da. 40 Jahre später wird auf europäischer Ebene die Istanbul-Konvention verabschiedet. Die Gewalt gegen Frauen hat in eigentlich jedem Teil der Erde an Quantität und Brutalität zugenommen. Lateinamerikanische Feministinnen sprechen von einer öffentlichen und brutalen Form der Gewalt, die so eigentlich nur aus Kriegszeiten bekannt ist.[299]

Femizid ist mittlerweile nicht mehr nur ein Begriff unter Feministinnen, sondern hat Einzug in die Politik, Justiz und Kriminologie gefunden. Die Ergebnisse sind erschütternd und die Frage bleibt, warum sich die Strukturen nicht ändern und diese Ergebniss genau wie die der Istanbul-Konvention nicht permanent zitiert werden.

4. Wie konnten Frauen vor der Eröffnung des Frauenhauses Hilfe finden

Um die Notwendigkeit von Frauenhäusern aufzuzeigen, beschreibe ich in diesem Kapitel Institutionen, bei denen Frauen Hilfe suchten oder wo im Laufe anderer Konflikte herauskam, dass sie häusliche Gewalt erlebten. Frauenhäuser funktionieren noch heute nicht nur als Zufluchtsort und Unterkunft, sondern bieten ein vielfältiges Beratungsspektrum sowohl für Bewohnerinnen als auch Hilfesuchende an. Diese Strukturen wurden erst durch die Frauenbewegungen aufgebaut und existierten vorher nicht.

Am folgenden Dialog zwischen der Autorin und Filmemacherin Sarah Haffner und einem Arzt aus einem Kreuzberger Krankenhaus um 1976 wird die Schieflage zwischen dem Wissen um häusliche Gewalt und der mangelnden Hilfestruktur deutlich. Haffner führte für ihren Dokumentarfilm *Schreien nützt nichts. Brutalität in der Ehe* Interviews mit betroffenen Frauen und anderen Involvierten, wie Ärzt*innen und Anwält*innen. Das Material, das sie im Film nicht unterbringen konnte, veröffentlichte sie später in ihrem Buch *Gewalt in der Ehe und was Frauen dagegen tun*. Ihr Vorgehen kam aus der feministischen Praxis der Frauenzentren, also Erfahrungen auszutauschen, um die Welt besser zu verstehen und mit ihr in Dialog zu sein. Haffners Arbeit und Materialsammlung war von enormer Bedeutung für die Entstehung des Westberliner Frauenhauses.

»Kommt es häufig vor, daß Frauen hier ins Krankenhaus kommen, weil sie von ihren Männern zusammengeschlagen werden?«

»Ja.«

»Können Sie sagen, wie häufig ungefähr?«

»Nee. Statistische Angaben kann ich nicht machen, weil ich das nicht untersucht habe.«

»Etwa ein- oder zweimal im Monat, oder öfter?«

»Nee, nee, das ist sehr viel öfter, also hier im Krankenhaus, das liegt aber auch am Einzugsgebiet.«

»Also Sie würden sagen, vielleicht einmal in der Woche oder so?«

»Nein, nein, es kommt, sagen wir mal, ein-, zweimal pro Tag vor.«[300]

Das Problem häuslicher Gewalt gegen Frauen war bereits vor der Eröffnung des Frauenhauses offensichtlich und buchstäblich sichtbar auf den Körpern der Frauen. Warum nahm dieser Arzt das so hin, warum erkennt er darin kein gesellschaftliches Problem und stattdessen klingt seine Aussage beiläufig und gleichgültig?

Die Aussage von Elisabeth R., einer 34-jährigen Mutter und Verkäuferin aus Westberlin, die im ersten Frauenhaus Schutz fand, macht das Problem von der Seite der Betroffenen deutlich: »Hilfe von Außenstehenden konnte ich nicht erwarten, weil ich auch annahm, dass ich allein mit diesen Problemen bin.«[301]

Mitte der siebziger Jahre konnte das Krankenhauspersonal nicht viel ausrichten, da schlichtweg die gesamte Hilfestruktur nicht existierte. Ein Oberpfleger aus Westberlin stellte 1976 fest, »selbst wenn sie sagt, dass sie geschlagen worden ist, können wir nichts unternehmen«, und ein Weddinger Arzt äußerte ablehnend: »Wir sind da überfordert, wir sind nicht willig und auch nicht in der Lage, irgendwelche Sozialfürsorge zu betreiben.«[302]

Laut der Erfahrungsberichte der siebziger Jahre verschwiegen viele Frauen selbst nach mehrfachem Krankenhausbesuch, zuhause geschlagen zu werden. Eine Krankenschwester reagierte während eines Interviews in den 1970er Jahren genervt, sie verstehe die Frauen nicht, »warum sie da nicht weggehen, aber es gibt ja Menschen, die sich nicht anders verständigen können. Die brauchen das wohl.«[303] Waren die Verletzungen nicht gravierend, konnte eine gewaltbetroffene Frau maximal eine Nacht im Krankenhaus verbringen.

Sarah Haffner fragte Mitte der 1970er Jahre weitere Berliner Ärzt*innen nach ihren Erfahrungen mit häuslicher Gewalt, laut ihrer Aussage waren nur wenige bereit, mit ihr zu sprechen. Die Verschlossenheit der Mediziner*innen bestätigten auch die von Haffner interviewten Frauen. Nur eine hatte bisher offen mit einem Arzt sprechen können, den meisten anderen wurden Beruhigungstabletten verschrieben.

»Ich habe sehr viel Valium verschrieben bekommen von meinem Hausarzt. Er hat mir immer mehr gegeben, ich hab Valium genommen à 10 Milligramm, sechs bis acht Tabletten am Tag«, so eine der interviewten Frauen.[304]

Ein Kreuzberger Arzt gab an, etwa 10 Prozent seiner Patientinnen kämen wegen häuslicher Gewalt, manche davon immer wieder. Mehr als ein Attest ausstellen könne er nicht, »aber die Frauen lassen sich ja doch nicht scheiden«.

Ein Wilmersdorfer Arzt bestätigte fünf bis sechs Fälle im Jahr. Auf Wunsch stelle er Atteste aus, versuche aber alles, um die Frau von ihren Scheidungswünschen abzubringen, »die meisten Frauen sind ja hysterisch«. Er bestätigte zwar, dass einige Frauen erkennbar massiv misshandelt worden seien, doch ginge er davon aus, dass diese dies selbst provoziert hätten und irgendwie seien sie ja auch schuld an ihrem Unglück. Prinzipiell versuche er, gerade bei verängstigten Frauen, Verständnis für den Mann zu wecken, »denn der ist ja auch nur ein Mensch«. Einige Ärzt*innen verweigerten Atteste sogar, um nicht in Scheidungsprozesse involviert zu werden.

Atteste wurden in den siebziger Jahren vor Gericht als Beweismittel genutzt, allerdings waren auch sie keine Garantie für eine Verurteilung des Täters. Für Frauen ohne Einkommen war es schwierig, einen Anwalt zu beauftragen, der ihre Scheidungsklage übernahm. Frau H. berichtet, wie sie einen Rechtsanwalt aufsuchte, um sich über ihre Möglichkeiten und Rechte als Ehefrau zu erkundigen, »aber er hat mir gesagt, unter diesen Umständen würde er gar nicht erst was machen, ehe er nicht mindestens 300 Mark Vorschuss auf dem Tisch liegen hätte, ehe er an so eine undankbare Geschichte ranginge«.[305]

Um Prozesse zu beschleunigen wurden Frauen in den siebziger Jahren vor die Wahl gestellt: »Was ist Ihnen wichtiger, die Scheidung oder die Wohnung? Die Scheidung – dann müssen wir Hälfte-Hälfte machen, das geht dann schneller.«[306] Bei solchen Entscheidungen wurde der Frau der Wohnraum genommen. In Scheidungsfällen neigten viele Richter*innen dazu, eher Männern zu glauben und die Beweislast den Frauen zuzuschreiben. Gerichte veranlassten häufiger Frauen zu medizinischen Untersuchungen. Nicht, um Gewaltanwendungen nachzuweisen, sondern um zu ihrem Nachteil zu argumentieren. Gerade die Einnahme von Psychopharmaka wurde gegen sie verwendet.

Frau B. teilte ihrer Richterin mit, dass ihr Mann das Geld vertrinke, die Wohnung kurz und klein schlüge, sie und die Kinder misshandelte und die Familie mitten in der Nacht auf die Straße setzte und nicht wieder ins Haus ließe. Die Richterin war, laut Haffner, wenig beeindruckt von diesem Bericht und riet der Frau, den Mann im Haushalt mehr zu entlasten – der Termin wurde damit vertagt. Auch wenn ein Ehemann geständig war und versprach sich zu bessern, wurde der Gerichtstermin vertagt oder komplett abgelehnt.

Körperverletzung war in den 1970er Jahren ein Antragsdelikt, was bedeutete nur die Frau selbst konnte Anzeige erstatten.[307] Die Misshandlung von Frauen wurde als »Ehestreitigkeit« und somit als Privatsache wahrgenommen, die es von der Polizei zu schlichten galt. Bei sichtbaren Verletzungen wurde die Frau direkt und in Anwesenheit des Mannes gefragt, ob sie Anzeige erstatten wolle.

Zu Anzeigen kam es eher selten, da die Frau in den meisten Fällen weiterhin mit dem Gewalttäter zusammenleben musste, oder weil es keine Zeug*innen gab oder niedriges »öffentliches Interesse« bestand. Die Polizei nahm den Mann nur mit, wenn dieser in Gegenwart der Polizei die Frau weiter angriff oder bedrohte. »Selbst wenn die Frau zwei blaue Augen hatte und blutete, können wir nichts machen, da muss sie schon mit dem Kopf unterm Arm dastehen«, so ein befragter Polizist Mitte der siebziger Jahre. Aus dieser Zeit gibt es sowohl für West- als auch Ostdeutschland keine verlässlichen Zahlen zu häuslicher Gewalt, da einfach wenig Anzeige erstattet wurde.

Ähnlich einer Scheidungsklage konnte damals und kann heute noch eine Strafanzeige die Verstärkung von Gewalt bis hin zum Femizid bedeuten. Bei einfacher Körperverletzung droht eine einfache Geldstrafe, dabei galt Alkoholeinfluss als strafmildernd. Gewalt im sozialen Nahraum wirkt sich traumatisierender aus als Gewalt durch unbekannte Täter, da hier zusätzlich Vertrauen missbraucht wird.

Trotzdem wird noch heute Vergewaltigung durch den Intimpartner häufig als strafmildernd vor Gericht bewertet.[i] Die Istanbul-Konvention widersetzt sich dieser Einstellung und fordert ausdrücklich die Strafverschärfung im Falle von Gewalt gegen ehemalige oder anhaltende Lebenspartnerinnen.[308]

---

i Clemm, Christina, *Akteneinsicht*, S. 35.

Außerdem konnte eine Anzeige mit fehlenden Beweisen bei einem Scheidungsprozess der Frau als »ehewidriges« Verhalten und Falschanschuldigung ausgelegt werden. Diese Beschreibungen klingen holzschnittartig, wenn die Rede von Mann/Frau ist, doch im Falle häuslicher Gewalt und innerhalb einer heteronormativen Matrix funktioniert geschlechtsspezifische Gewalt nach genau diesem Muster – damals wie heute.

Schuldumkehrungen respektive *victim blaming* sind auch heute keine Seltenheit vor Gerichten und sind Symptom einer sogenannten Rape Culture. Damit wird ein gesellschaftlicher Zustand beschrieben, in dem sexistische Vornahmen über »Männer« und »Frauen« vorherrschen und Belästigung sowie die ständige Angst vor einer möglichen Verletzung aufgrund des Geschlechts für einige Menschen alltäglich ist.

»Was haben sie denn getan, um ihn zu provozieren?«[309], so ein häufig lautender Satz seit den 1970ern. Die Zentrale Informationsstelle Autonomer Frauenhäuser deutet diese Aussage als Täter-Opfer-Umkehr, die selbst vor Gericht angewendet wird, wenn die Biografie und das Verhalten der Frauen herangezogen werden, um Übergriffe zu begründen und zu rechtfertigen.[310] Rape Culture äußert sich auch im Umgang mit Überlebenden von Gewalt, denen entweder nicht geglaubt oder zumindest eine Mitschuld attestiert wird.

In den siebziger Jahren gab es noch keine Trainings für Polizisten (Frauen durften erst seit den 1980ern bei der Polizei arbeiten). Ein Kripobeamter sah die Schläge eines betrunkenen Gewalttäters nicht so eng und erwiderte zu einer späteren Bewohnerin des ersten Frauenhauses: »Ja, ich geh auch trinken, und wenn meine Frau mosert, muss sie ein paar hinter die Ohren kriegen.«[311]

Heute finden Trainings, vielfach ausgeführt durch Mitarbeitende aus der sozialen Gewaltarbeit, für Polizist*innen statt, um sie für solche Situationen und den Umgang mit Betroffenen zu sensibilisieren. Die notwendige Sensibilisierung für Richter*innen und Mediziner*innen wurde bisher kaum praktiziert.[312]

Wie tief sich die Kategorie Geschlecht in die Körper und mit ihnen in die Gesellschaft eingegraben haben, zeigt das Zitat einer Bewohnerin des ersten Frauenhauses.

»Ich war drei Monate verheiratet, als mein Mann mich zum ersten Mal geschlagen hat. (…) Als ich das jemandem erzählte, die hat mir das nicht geglaubt, gesagt, daß ich lüge, und das stimmt nicht, und das würde er nie machen. Ich habe mich dann so geschämt und habe das nie mehr jemandem gesagt, weil ich geglaubt habe, daß die Schuld an mir liegt, und wenn das sonst niemandem passiert, dann muß es meine Schuld sein, denn sonst würde mir das nicht passieren.«[313]

Das Zitat zeigt, wie gesellschaftliche Diskriminierung, in Form von Ablehnung, einen Menschen sogar am selbst erfahrenen Schmerz zweifeln lassen.

Es zeigt auch, wie wichtig für Gewaltbetroffene die Anerkennung der Gewalt und das Verständnis für den erlittenen Schmerz durch Dritte ist. Das Traumatisierende an Gewalterfahrungen ist nicht zwangsläufig das Erlebnis selbst, sondern erst der (fehlende) Umgang damit.

Vielen Betroffenen geht es nicht unbedingt um eine Verurteilung oder Bestrafung, sondern um eine Anerkennung dessen, was ihnen angetan wurde. Es geht um mehr als eine Wiedergutmachung.

In der *Frankfurter Rundschau* vom September 1976 bestätigte der Westberliner Polizeipräsident Klaus Hübner, »die zuweilen unerträgliche Situation bei Streitigkeiten der Ehe- beziehungsweise Lebenspartner untereinander ist der Polizei bekannt. Durch die Einrichtung eines Frauenhauses könnte verhindert werden, daß ständige Streitigkeiten zum Nachteil des schwächeren Partners, zur Körperverletzung oder zu Schlimmerem führen.«[314]

Eine Bewohnerin aus dem ersten Frauenhaus berichtete, wie sie mehrfach versuchte, von zuhause wegzukommen, »einmal war ich bei Bekannten. Ich habe alles versucht, eine Wohnung zu bekommen, aber dann hatte ich keinen Kindergartenplatz, keine Arbeit und somit auch kein Geld.«[315]

Im Falle akuter Not waren einige Behörden unfähig zu helfen. Die Telefonseelsorge oder der Kinderschutzbund konnten lediglich »Handlanger«-Funktionen einnehmen und die Frau »in sehr ernsten Situationen« seelisch beraten und an staatliche Ämter verweisen.[316]

Spezifische Beratungshotlines, die bis heute aktiv sind, wurden erst durch die Frauenbewegung gegründet. Ilse Reichel, damaligen Senatorin für Jugend, Familie und Sport, bedauerte, dass die Beratungsdienste »die entscheidende konkrete Hilfe nicht anbieten können, namentlich: die sofortige Unterbringung«.[317] Diese Soforthilfe ist auch heute noch viel zu oft nicht möglich, da nicht ausreichend Plätze und Frauenhäuser in Deutschland existieren.

Misshandelte Frauen *ohne* Kinder konnten in den siebziger Jahren über das Sozialamt bis zu zwei Wochen in einer Pension unterkommen. Zwischen 1970 und 1975 erreichte die Sozialämter in Kreuzberg und Charlottenburg *keine* solcher Anfragen.[318]

Die Hürde war zu hoch, sich erst aus einer gewaltvollen Beziehung zu befreien, um dann zwei Wochen, ohne Hilfe und isoliert in einer Pension unterzukommen, nur um danach festzustellen, dass die einzige Möglichkeit war, zum Täter zurückzukehren.

Für Frauen *mit* Kindern gab es als akute Notfallhilfe nur die Möglichkeit, in einem Obdachlosenasyl unterzukommen. Solch ein Aufenthalt konnte viele soziale Schwierigkeiten und Diskriminierungserfahrungen, sowohl für die Frauen als auch die Kinder, bedeuten.

Ende März 1974 lebten in Berliner Obdachlosenheimen 3.819 Personen. Dazu gehörten 1.375 Alleinstehende (davon 205 Frauen und 1.170 Männer) und 96 Ehepaare ohne Kinder. Die Zahl der Familien mit Kindern betrug 292, die der Alleinstehenden mit Kindern 150. 147 Familien und 109 Alleinstehende hatten ein bis drei Kinder, 114 Familien und 34 Alleinstehende hatten vier bis sechs Kinder und bei 31 Familien und sieben Alleinstehenden betrug die Kinderzahl sieben und mehr.[319]

Die Zahlen wurden im Zuge von Sozialreformen zwischen 1969 und 1974 erhoben. Seit dieser Zeit wurden Obdachlose nicht mehr als »Landstreicher*innen« kriminalisiert und ihre Situation nicht mehr nur auf ein persönliches Unvermögen, sondern stärker auf die sozialen Verhältnisse zurückgeführt.

Der Berliner Senat legte 1974 einen »Obdachlosenplan« zur »Vermeidung und Reduzierung der Obdachlosigkeit« vor, welcher in die Finanzplanung der Jahre 1975 bis 1979 aufgenommen werden sollte.

Das Vorhaben formulierte explizit den Mangel an Einrichtungen für alleinstehende Frauen, von denen ca. 60 Prozent länger als ein Jahr und mehr als 17 Prozent länger als fünf Jahre in Obdachlosenheimen verblieben.[320]

Der Flucht vor dem Ehemann folgte oftmals ein sozialer Abstieg. Für Kinder bedeutete solch ein Aufenthalt Unsicherheit, Schwierigkeiten in der Schule und mit Freund*innen. Der Senat formulierte im »Obdachlosenplan« weiter, dass die bisherigen Angebote für Frauen nicht deren Bedürfnissen entsprächen und »in ihrer Wirkung zunehmend in Frage gestellt würden«.[321]

In Berlin landen auch heute immer wieder Frauen in Notunterkünften, weil die Frauenhäuser belegt sind. Erschwerend kommt hinzu, dass in Berlin in den meisten Notunterkünften keine Minderjährigen aufgenommen werden können.

Gerade mit Kindern gestaltete sich die Fluchtsituation noch schwieriger. Einer verheirateten Frau konnte die »spontane« Flucht ohnehin schon als »böswilliges Verlassen« ausgelegt werden, nahm sie ihre Kinder mit, wurde ihr »Kindsentführung« unterstellt.

Im Falle einer Scheidung konnte dies das Ausbleiben von Unterhaltszahlung sowie des Sorgerechts bedeuten. Umgehen konnte eine Ehefrau diese Vorwürfe, wenn sie vor ihrer Flucht einen Antrag auf Getrenntleben stellte.[322]

Solch ein Antrag dauerte zwischen vier bis sechs Wochen, in schwierigen Fällen, beispielsweise wenn der Mann immer wieder vorgab, nicht gewalttätig zu sein, sogar Monate.

Mit dem Antrag auf Getrenntleben wurde oft der Antrag für das Personensorgerecht und damit das alleinige Aufenthaltsbestimmungsrecht für die Kinder eingereicht.

Ohne diesen Antrag konnte die Frau die Kinder nicht mitnehmen und der Mann konnte sie wegen Kindesentführung anzeigen. Waren die Familienverhältnisse zu unübersichtlich, lehnte das Scheidungsgericht den Antrag ab und verwies den Fall an das Vormundschaftsgericht. Dieses entschied aber erst, wenn ein Bericht vom Jugendamt vorlag, was weitere drei bis vier Monate dauern konnte.

Wenn die Frau beweisen konnte, dass das leibliche Wohl des Kindes in Gefahr war, bekam sie ausnahmsweise eine einstweilige Anordnung für die Übertragung des Sorgerechts. »Ein solcher Fall ist z.B. dann gegeben, wenn der Vater das Kind zum Fenster heraushält. Sonst ist es immer schwierig zu beurteilen, ob die Voraussetzungen für eine solche Anordnung vorliegen. Man muß ja bedenken, daß mit einer solchen Maßnahme die Rechte des Vaters erheblich beschnitten werden«, so ein Berliner Richter.[323] Vorteilhaft für Mutter und Kind war, wenn sie in der Vergangenheit schon Kontakt zum Jugendamt hatten, denn dann wurde ihnen eher geglaubt. Ohne diesen Sorgerechtsbescheid stellte das Wohnungsamt keinen Wohnberechtigungsschein für die Kinder aus. Gelang einer Frau dieses Prozedere zu bewerkstelligen, musste sie umgehend eine Auskunftsperre beim Einwohnermeldeamt veranlassen, um sich und die Kinder nicht weiter zu gefährden. Ein Recht auf Unterhaltszahlungen bestand damals schon und das Kindergeld stand Frauen zu, sobald sie von ihrem Mann getrennt lebten.

Von Gewalt betroffene Frauen konnten über das Jugendamt eine Familienberatung in Anspruch nehmen. Laut Haffner wurden diese wenig in Anspruch genommen, da sie mit Hausbesuchen verbunden waren. Im Falle einer Beratung konnte dann oftmals gar nicht geholfen werden.[324] Kinder wurden häufig in Pflegeheimen untergebracht und die Mutter bekam keinerlei Unterstützung. Eine Frau berichtet, wie sie mit ihrem Sohn, dessen Trommelfell vom Vater zerschlagen worden war, zum Jugendamt ging und die Mitarbeitenden sich zwar ihren Kummer angehört und mit dem Kind gesprochen hätten, jedoch nur einen Heimplatz organisieren konnten. Solch ein Aufenthalt war meist mit einer längeren Trennung von Mutter und Kind verbunden, da die Frau, um die Kinder wiederzubekommen, eine ausreichend große Wohnung nachweisen musste. Für diese wiederum benötigte sie in den meisten Fällen einen Wohnberechtigungsschein, damit dieser die Kinder einbezog, das Sorgerecht, und generell musste sie mit einem Antrag eine Scheidung oder ein Getrenntleben nachweisen. Ein Sozialarbeiter aus dem Charlottenburg der 1970er Jahre bestätigte im Interview mit Haffner, dass die Frauen damit quasi alleingelassen wurden, schlimmer noch, oftmals wurde ihnen Geringschätzung entgegengebracht.

In einigen Fällen wandten Frauen sich an das Gesundheitsamt, mit dem sie über die Säuglings- und Kleinkinderfürsorge bereits in Kontakt standen. Auch die Eheberatung war in den Siebzigern eine Abteilung des Gesundheitsamtes. Laut einer Eheberaterin aus Wilmersdorf, suchten hier kaum Frauen Hilfe in akuten Fällen, »wahrscheinlich deshalb nicht, weil sie sowieso wissen, dass man nichts machen kann«. Die gleiche Beraterin berichtete, dass bei der Hälfte der von ihr beratenen Paare (fast alle Mittelschicht und Akademikerfamilien) sich im Laufe der Zeit herausstellte, dass Gewalt die Ursache für Probleme war. Sie versuchte prinzipiell, den Mann zur Beratung zu bewegen, was bei zwei Drittel der Fälle nicht klappte.

Wies eine Frau sichtbare Verletzungen auf, wurde sie an den Sozialpsychiatrischen Dienst verwiesen. Diese Abteilung des Gesundheitsamtes war in den Siebzigern für psychisch Kranke, Alkoholiker und Familien in besonderen Krisensituationen zuständig. In der Praxis wurde bei depressiven oder selbstmordgefährdeten Frauen kaum nach familiären Zusammenhängen gefragt, sondern in eine Nervenklinik eingewiesen.

Nicht wenige misshandelte Frauen »landen« irgendwann mal in der Nervenklinik, sei es durch Selbsteinweisung oder über den Sozialpsychiatrischen Dienst.

»Sie bleiben so lange, bis sie es hier nicht mehr aushalten, gehen dann zurück, kommen wieder, wenn es dort zu schlimm wird – ein richtiger Pendelverkehr«, so die Ärztin einer Berliner Heilanstalt Anfang der siebziger Jahre.

Laut des Erfahrungsberichts des ersten Frauenhauses, waren auch Zwangseinweisungen durch den Ehemann keine Seltenheit. Eine Berlinerin berichtete, wie der Hausarzt auf Veranlassung ihres prügelnden Ehemannes sie in eine Klinik einwies. Grund war, dass sie aufgrund der von ihm verschriebenen Beruhigungsmittel nicht mehr der Hausarbeit nachkommen konnte: »Noch in der Klinik habe ich bei der Einweisung dem Arzt meine Weigerung ausgesprochen, doch das ist einfach überhört worden.«[325]

Ein regulärer Aufenthalt dauerte bis zu sechs Wochen, die Frauen wurden kontrolliert und während dieser Zeit mit starken Psychopharmaka ruhig gestellt, »Gespräche mit Ärzten oder so war nicht«, erinnerte sich die ehemalige Patientin.[326]

Phyllis Chesler befragte zwischen 1940 und 1970 Frauen in den USA und England nach ihren Psychiatrieerfahrungen. »Wahnsinn und Gefangenschaft spiegeln Aspekte der weiblichen Existenz, sie sind sowohl die Strafe dafür, Frau zu sein, wie auch für den Wunsch oder das Wagnis, es nicht zu sein.«[327]

Chesler kam zu dem Schluss, dass die Mehrheit der befragten Frauen nie ernsthaft unter Geisteskrankheit, dafür aber unter Geschlechterrollen und den damit verbundenen Erwartungen gelitten habe.

Das Frauenhaus bot damit auch einen sicheren und selbstbestimmten Schutzort gegenüber der Psychiatrie.

Zwei Wochen vor Eröffnung des Frauenhauses wurde ein Rundbrief an die Berliner Polizeireviere, den Sozialpsychiatrischen Dienst, die AOK-Frauenberatungs- und Eheberatungsstellen sowie Bezirksämter, Telefonseelsorge und Taxizentralen verschickt, um ein aufeinander abgestimmtes Handeln sicherzustellen.

Die Empfänger wurden aufgefordert, die Adresse nur an »ratsuchende Frauen« weiterzugeben, da »wie die Erfahrungen der bestehenden Frauenhäuser im Ausland« zeigten, auch »im Frauenhaus mit Gewalttätigkeiten von Seiten der Männer« gerechnet werden müsse.[328]

Scheidung in den Siebzigern

»Eine Scheidung schien mir unmöglich, da – wie auch mein Mann mir zu bedenken gab – kein Geld vorhanden war, mir ein eigenes Zimmer, geschweige denn eine Wohnung zu nehmen noch einen Anwalt zu bezahlen. Er drohte, wenn ich mich tatsächlich scheiden ließe, würde er mich umbringen und die Kinder bekäme ich nur tot«, berichtete die 32-jährige Ärztin Rosemarie K. im Schutz des Frauenhauses.[329]

Bis heute gilt die beabsichtigte Trennung als gefährlichster Zeitraum für Frauen in Gewaltbeziehungen und geht sehr oft Femiziden voraus. Die Täter stehen den Frauen kein selbstbestimmtes Leben zu und fühlen sich in ihrem patriarchalen Besitzanspruch gedemütigt.[330]

Ein Scheidungsverfahren in den 1970er Jahren war schwierig, langwierig und kostenintensiv. Bei einer Scheidungsklage musste die Frau genauestens aufführen, wie, wo und wann ihr Ehemann sie misshandelt hatte.

Eine ausreichende Beweislage bieten zu können, war schwierig, da Zeug*innen bis zu einem Alter von 16 Jahren nicht angehört wurden und Atteste, wenn sie denn existierten, allein nicht ausreichten und, anders als heute (zum Glück!), die Frauen ihre Wunden nicht eben mit dem Smartphone dokumentieren konnten. Ein Staatsanwalt fügte hinzu, dass »wenn wirklich in der Scheidungsklage etwas dran ist, etwa der Mann hat gestohlen oder so, dann müssen wir natürlich tätig werden«.[331] Nach dieser

Rechtsprechung war geschlechtsspezifische Gewalt in der Ehe weniger schwerwiegend als Diebstahl.

Die wenigsten Frauen hatten überhaupt die Möglichkeit, mit ihren Kindern dauerhaft den Mann zu verlassen. Selbst wenn ein vorurteilsfreies und vertrauensvolles Freundes- oder Familiennetzwerk existierte, drohte hier die Gefahr, gefunden zu werden. Frauenhäuser heute bieten unterschiedliche Sicherheitsstufen, um Frauen auch in hohen Risikosituationen zu schützen.

Kurzfristig konnte einer Frau geholfen werden, indem das Gericht gegen den Mann eine einstweilige Anordnung, die gemeinsame Wohnung zu verlassen, aussprach. Dieser Antrag konnte während des Scheidungsprozesses gestellt werden. Die Rechtsprechung des Berliner Kammergerichts dazu: »Es kann nur in Ausnahmefällen einem Ehegatten verboten werden, die Ehewohnung zu betreten, denn der Verlust der Wohnmöglichkeit stellt einen so schwerwiegenden Eingriff in die Lebensverhältnisse des betroffenen Ehegatten dar, daß diese Regelung nur in Ausnahmefällen der Billigung entspricht.«

Dies war nach der Rechtsprechung nur der Fall, wenn »eine erhebliche Gefahr für Leib oder Leben« glaubhaft gemacht wurde. Mit Einführung des neuen Gewaltschutzgesetzes von 2002 ist dieser Stress zumindest vorbei, denn »wer schlägt, der geht«.

Selbst wenn die Frau nicht im Mietvertrag steht, praktisch wohnungslos ist, kann sie für ein halbes Jahr noch dort wohnen bleiben.

Unter dem Einfluss der Frauenbewegung trat am 1. Juli 1977 die Ehe- und Scheidungsreform in Kraft. Das »Schuldprinzip« wurde durch das Zerrüttungsprinzip ersetzt. Zwar konnte eine Ehefrau jetzt ihren Mann verlassen, ohne für »böswilliges« Verlassen oder »Kindesentführung« verklagt zu werden und hatte auch die Möglichkeit, selbst und sofort die Scheidung einzureichen, aber sie musste nachweisen, ein Jahr von ihrem Mann getrennt gelebt zu haben, ehe es zu einem Scheidungstermin kommt. Vorausgesetzt, sie fand einen Ort, wo sie unterkam. Diese Zeit ist eine rechtlose Situation, da die Ehe formal noch besteht. Falls er wusste, wo sie wohnte, konnte er sie angreifen und bis ins Jahr 1996 straffrei vergewaltigen. Im Falle »unzumutbarer Härte« kann das Jahr verkürzt werden, dafür brauchte sie aber Zeuginnen*schaft der Misshandlungen. Seit der Reform nahm die Scheidung, auch unabhängig vom Trennungsjahr, länger Zeit in Anspruch, da zuerst der Versorgungsausgleich und das Sorgerecht geregelt werden mussten. Auch hier gab es die Möglichkeit, wegen unzumutbarer Härte das Scheidungsverfahren abzukoppeln, doch gelang dies bei misshandelten Frauen selten. Wenn es dann endlich zur Verhandlung kam, lief alles wie vor der Reform, die Frau musste Beweise, Atteste und Zeug*innen für ihre Qualen präsentieren, die sie meist nicht hatte, da alles hinter verschlossenen Türen stattfindet. Die Angst vor Racheakten verringerte Zeuginnen*schaft oftmals.

Frauenhäuser in England

Ausgehend von der Arbeitsgruppe gegen Gewalt gegen Frauen, gründeten im Berliner Frauenzentrum Hornstraße einige Frauen 1974 den Verein »Frauenhaus – Frauen helfen Frauen«. Der Gruppe war klar, um praktische Hilfe zu leisten, mussten sie sich konsequenter formieren. Dies war erst im Zusammenhang mit der Entstehung von Frauenräumen allgemein, dem wachsenden politischen Selbstbewusstsein und der internationalen Vernetzung von Frauen entlang feministischer Kämpfe möglich.

Im Jahr der Gruppengründung erschien außerdem das Buch *Scream Quietly or the Neighbours will Hear* der Engländerin Erin Pizzey.[332] Pizzey gründete Anfang der Siebziger das erste Frauenhaus in Europa und bestimmte mit ihrer Arbeit maßgeblich den Werdegang des Westberliner Frauenhauses. Ihr Buch dokumentiert ihre Arbeit mit gewaltbetroffenen Frauen und ihren Kindern, versammelt deren Lebensgeschichten und beschreibt die Erfahrungen mit Behörden und Ämtern. Als 1976 die Übersetzung *Schrei leise, sonst hören dich die Nachbarn* erschien, existierten in Großbritannien bereits mehr als dreißig Frauenhausinitiativen, die sich unter dem Dachverband *National Women's Aid Federation (*NWAF*)* zusammengeschlossen hatten.[333]

Pizzeys Verdienst für die Frauenbewegungen ist enorm. Die Entstehung von Frauenhäusern kann als eine der bedeutendsten Errungenschaften der neuen Frauenbewegungen gesehen werden. Dank dieser Orte wurde Gewalt gegen Frauen sichtbar und ins gesamtgesellschaftliche Problembewusstsein aufgenommen, was nicht unbedingt heißt, dass es auch als solches anerkannt und behandelt wird. Pizzey gründete 1971 das Frauenhaus *Chiswick Women's Aid* in London, das erste Frauenhaus in Europa. Das Haus schloss sich wegen ideologischer Differenzen nie dem Dachverband an. Für Pizzey waren die Differenzen zwischen den einzelnen Beteiligten, die Kluft zwischen Theorie und Praxis, unüberwindbar. An einem Samstag im Jahr 1971 demonstrierte Pizzey mit einer Gruppe von Frauen für die Preissenkung von Grundnahrungsmitteln im Londoner Vorort Chiswick. Sie standen an Straßenecken und kamen über die Plakate mit Passantinnen ins Gespräch. Pizzey beschreibt in ihrem Buch, wie gerade junge Mütter in Kontakt gingen und sich über ihre soziale Isolation beschwerten, »sie fühlten sich in ihren Wohnungen von der Welt abgeschnitten«.[334] Daraufhin entstand die Idee zu einem Stadtteilzentrum und Treffpunkt für Hausfrauen aus dem sozialen Wohnungsbau. Die 32-jährige Pizzey schrieb Briefe an den Stadtrat, ging an die Lokalpresse und bekam schon bald von der Gemeinde Hounslow ein baufälliges und leer stehendes Haus in Belmont Terrace zur Verfügung gestellt.

Die Gruppe um das Westberliner Frauenhaus handhabte es ganz ähnlich, sie veröffentlichte Berichte zu Gewalt gegen Frauen in der Zeitung und im Fernsehen, demonstrierte vor Ämtern und schrieb konsequent Briefe an Politikschaffende und Gremien, um dem Vorhaben zu einer Lobby zu verhelfen.

Mit dem Überziehungskredit einer örtlichen Bank machten Pizzey und ihre Mitstreiterinnen das Haus innerhalb von acht Wochen bezugsbereit. Die Besucherinnen sollten hier die Möglichkeit haben, aus ihrer Anonymität auszubrechen und ins Gespräch zu kommen, um sich so gegenseitig zu unterstützen. Die Engländerinnen erprobten bereits hier das Konzept der *Open Door/offenen Tür*, nach dem jede Frau zu jeder Zeit

Eintritt in den Schutzraum erhalten sollte. Viele autonome Frauenhäuser verfahren nach diesem Prinzip. Auch die Westberlinerinnen ließen erst mal jede Frau um jede Uhrzeit unterkommen. Bei Pizzey in England konnte sich jede Frau einen eigenen Schlüssel nachmachen, nach dem Motto, »das Haus gehört allen Frauen«. Nach kurzer Zeit verließen einige Frauen und Kinder das Haus nicht mehr und wohnten schließlich dort. Männern war der Zutritt nur auf Einladung gestattet, was auf Feindseligkeit stieß. Pizzey argumentierte, dass ihre Clubs, Kneipen und Sportveranstaltungen nach dem exakt gleichen Ausschlussprinzip funktionierten. Für Frauen schienen eigene Orte keine Selbstverständlichkeit zu sein.

Jenny, die Tochter einer Frau, die regelmäßig im Zentrum half und dort Zeit verbrachte, berichtete eines Tages vom Suizidversuch ihrer Mutter. Wie sich herausstellte, war es nicht ihr erster Versuch, mit Schlaftabletten dem prügelnden Ehemann zu entkommen. Die Familie war sowohl bei Polizei, den Krankenhäusern und Sozialarbeiterinnen bekannt.

Pizzey befragte daraufhin, ähnlich wie Sarah Haffner es in Berlin tat, Akteur*innen aus der Hilfestruktur. Pizzey zitiert eine Sozialarbeiterin, die aussagte, es gehöre »nicht zu den Gepflogenheiten des Sozialamtes, die Heiligkeit der Ehe anzutasten«.[335]

Beratungsstellen, Ärzt*innen und Sozialarbeiter*innen, konnten zwar Rat anbieten, aber kein Obdach. Aus dieser Notlage heraus halfen sich die Frauen schließlich selbst und aus dem Stadtteilzentrum wurde das erste Zufluchtshaus für Frauen mit Gewalterfahrung.

Es sprach sich schnell herum, dass gewaltbetroffene Frauen hier Hilfe, einen eigenen Wohnsitz und Unabhängigkeit finden konnten. Schon bald kamen Frauen aus ganz England, um in Chiswick ein selbstbestimmtes Leben zu beginnen. Die Telefonnummer und Adresse wurden über Radio, Fernsehbeiträge und Zeitungsartikel verbreitet.

Nach Pizzey waren prügelnde Ehemänner Ingenieure, Schweißer, leitende Angestellte und Lastwagenfahrer, aber auch Zahnärzte und praktische Ärzte. Die meiste Angst, auf sich aufmerksam zu machen und Hilfe in Anspruch zu nehmen, hatten Frauen aus der Mittelschicht, unter anderem die Ehefrauen von Polizisten, Beamten und Richtern. Eigentlich eine Schicht, die reich an Ressourcen war, doch genau hier schienen Angst, Scham und Isolation noch stärker zu wirken.

Im Laufe der Zeit vermittelten Sozialarbeiter*innen, Behörden und Ämter Frauen direkt nach Chiswick. Bezahlt wurden weder Pizzey noch sonst wer für die psychisch - anspruchsvolle Arbeit. Pizzey und ihr Mann finanzierten das Projekt zu Beginn sogar vom eigenen Haushaltsgeld sowie durch Altkleider und Trödelmärkte.

Pizzey erkannte schnell, welch wichtige Rolle die mediale Berichterstattung spielte, und kollaborierte mit Zeitungen und Fernsehen und 1974 brachte sie einen Film über Chiswick heraus. Die öffentliche Meinung für die eigene Sache zu gewinnen, nicht nur finanziell, war enorm wichtig für das gesamte Vorhaben und den Erhalt des Hauses. Pizzey wurde immer wieder von Anwohner*innen oder Familienangehörigen angezeigt. Die »Politik der offenen Tür« führte dazu, dass anstelle der zugelassenen 36 Personen zeitweise bis zu 140 Menschen in Chiswick lebten. »Anfangs schliefen die Kinder zu viert auf einer Matratze. Die Mütter mussten auf dem Boden schlafen, und nur für die Schwangeren gab es Betten«, so Pizzey, »es ist schon ein ernüchternder Gedanke: Diese Frauen, die da mit ihren Kindern auf dem Boden schlafen, müssen unendlich viel ausgestanden haben, um sich mit so ›primitiven‹ Zuständen abzufinden.«[336]

Chiswick blieb bis zu seinem Ende das einzige Frauenhaus, dessen Adresse und Telefonnummer öffentlich bekannt war und unbegrenzt Frauen und Kinder aufnahm.

»Die bestehenden Frauenhäuser gleichen Flüchtlingslagern und in gewissem Sinne sind sie das ja auch«, so Sarah Haffner im Nachwort zu Pizzeys Buch.[337]

Auch das Bezirksamt verklagte Pizzey mehrfach, doch blieb die öffentliche Meinung auf ihrer Seite. Denn die anhaltenden Streitereien zwischen Stadtverwaltung und Pizzey führten dazu, dass das Thema Gewalt gegen Frauen aus der Presse nicht mehr wegzudenken war. Jeder neue Angriff auf das Haus führte zu mehr Schlagzeilen und zu mehr Problembewusstsein.

1975 wurde, auf Druck des englischen Dachverbandes NWAF, ein parlamentarischer Ausschuss einberufen, um das Problem der Gewalt in der Familie (*Select Committee on Violence in the Family*) zu untersuchen.

Eine Empfehlung des Ausschusses ergab, dass es mehr Schutzräume für Frauen und ihre Kinder geben müsste, die weiterhin von autonomen Frauengruppen getragen und dafür aus öffentlichen Mitteln unterstützt werden sollten.

Damit bekamen auch Pizzey und ihr Mann einen geringen Zuschuss der staatlichen Wohlfahrt von 2.000 Pfund. Eine weitere Konsequenz war, laut Haffner, eine Gesetzesänderung, die 1977 in Kraft trat und Frauen, ohne vorher die Scheidung einzureichen, eine einstweilige Anordnung auf Unterlassung der Misshandlung oder auf Verlassen der Wohnung beantragen ließ.

1978 gab es neben Pizzeys »Mutterhaus« auch rund 25 Zweit-Stufe-Häuser in London. Hier lebten Frauen in Wohngemeinschaften zusammen, die das Frauenhaus verlassen, doch trotzdem die sichere Anbindung nicht ganz verlieren wollten. Diese Stufenstruktur setzte sich auch in Westberlin und bis heute fort.

Diese Wohnungen bieten jedoch keinen Schutz bei akuter Not, sondern können erst nach einem Aufenthalt im Frauenhaus gemietet werden.

Pizzey plante außerdem eine eigene Schule für Jugendliche aus traumatischen Familienzusammenhängen. Sie erkannte, dass es für junge Menschen besonders schwierig war, das Erlebte zu integrieren und in ohnehin überfüllten Schulklassen überhaupt am Unterricht teilzunehmen.

Pizzey und ihr Lebensgefährte investierten außerdem Zeit in die Arbeit mit gewalttätigen Männern in Form von Männergruppen und sogar ein Männerhaus war in Planung.

Einige Momente und Meilensteine in den Entstehungsgeschichten der Häuser in London und Westberlin ähneln sich. Das Londoner Haus diente der Berliner Initiativgruppe definitiv als Orientierung, es war der erste solche Schutzort und damit blickten alle Interessierten nach London, um zu sehen, wie so ein Haus überhaupt aussehen sollte und wie es realisiert werden konnte. Die Berliner Gründerinnen betonten trotzdem, dass es zu keinem Zeitpunkt ein direktes Vorbild darstellte.[338]

5. Das Westberliner Frauenhaus

Während im Frauenzentrum das Thema Gewalt angekommen war und bereits an praktischen Hilfemöglichkeiten gearbeitet wurde, reiste die Künstlerin Sarah Haffner für ein Studiensemester nach London und wurde dort auf das Chiswicker Frauenhaus aufmerksam. Haffners Recherchen und Erfahrungen waren von enormer Wichtigkeit für die Planung des ersten Frauenhauses. Außerdem führte die Ausstrahlung ihres Dokumentarfilms zu solch einem Aufschrei der Öffentlichkeit, dass die Politik praktisch zum Handeln gezwungen wurde.

Die Filmemacherin hatte bereits in Westberlin eine eigene Erfahrung mit häuslicher Gewalt gemacht. In ihrem Haus wohnte eine Frau, die von ihrem Mann geschlagen wurde. Um zu helfen, tat sie, »wovon ein naiver Bürger oder eine naive Bürgerin damals dachte, dass es vielleicht helfen würde«, sie rief die Polizei.[339]

Als diese nicht half, informierte sie Ämter und den Kinderschutzbund, wieder nur um zu erleben, dass niemand etwas unternahm. Ein Anwalt teilte ihr dann mit, dass nur die Frau selbst Anzeige erstatten könne, da es sich um ein Antragsdelikt, kein Offizialdelikt handle. Haffners Nachbarin wurde die zehnte Bewohnerin, die im Berliner Frauenhaus Schutz fand.

Durch den Erfahrungsaustausch zwischen jenen Frauen, die aus London und Amsterdam zurückkamen, und denen, die im sozialen Bereich bereits mit betroffenen Frauen arbeiteten, konkretisierte sich Anfang 1975 die Vorstellung, wie ein Berliner Frauenhaus aussehen und wie es verwaltet werden sollte.

Barbara Kavemann erinnert sich, dass die private Initiative von Pizzey als extrem engagiert und solidarisch betrachtet wurde, aber auch als furchtbar unprofessionell.[340]

Pizzey stemmte alles allein, ohne dabei hierarchisch gewesen zu sein, doch war sie unfähig zu netzwerken. Die Westberliner Initiativgruppe wollte es also anders machen, sie wollten Geld, um auf keinen Fall unbezahlte Care-Arbeit zu leisten für ein Problem, das die gesamte Gesellschaft betraf und hervorbrachte. Jede brachte unterschiedliche Qualifikationen und Ressourcen mit und diese sollten anderen Frauen zur Verfügung gestellt werden. Die Entscheidung für die Bewerbung um eine staatliche Förderung löste Bedenken aus.

Eine Professionalisierung war notwendig, das Haus sollte nach außen und nach innen autonom bleiben und ausschließlich den Interessen der dort lebenden Frauen verpflichtet sein. Die Gruppe entschied sich also, erst mal »zweigleisig« zu fahren und weiterhin Geld über Spenden zu sammeln.

Im Gründerinnenteam waren auch die Psychologin Ursula Scheu, die 1977 mit ihrem Buch *Wir werden nicht als Mädchen geboren – wir werden dazu gemacht* die Genderdebatte sowohl akademisch als auch gesellschaftlich erheblich prägte, und die Journalistin Renate Bookhagen.[341]

Scheus Beobachtungen von Kindern im Frauenhaus und deren Spiel und Umgang miteinander prägten sowohl ihr Buch als auch später den ersten Erfahrungsbericht des Berliner Frauenhauses.

Beide waren auch Teil des Herausgeberinnenteams des neuen Frauenkalenders. Der Frauenkalender informierte über Frauenkämpferinnen, enthielt die Adressen von autonomen und etablierten Frauengruppen im In- und Ausland und kostete 6 DM.[342]

Der Erlös eines jeden Kalenders sollte an feministische Sozialprojekte gehen. Der Erlös des allerersten Kalenders (25.000 DM) floss damit in die Druckkosten für Flugblätter, Plakate und Broschüren zum Frauenhaus.

Die Gruppe hatte beschlossen, nun so richtig auf das Thema Gewalt gegen Frauen aufmerksam zu machen und gleichzeitig mehr Spenden zu generieren. Gedruckt wurde auch eine sechzehnseitige Broschüre »Geschlagen-Getreten-Gedemütigt«, die für 1,50 DM vertrieben wurde.

Die Öffentlichkeitsarbeit nahm seit dem Sommer 1975 einen zentralen Stellenwert ein. Die Gruppe sammelte Informationen, Berichte und Stellungnahmen zum Thema und wertete diese aus. Ein Großteil davon ist heute im FFBIZ zu finden. Sie mobilisierte ihre informellen Ressourcen und schuf ein Netz aus Publizistinnen, Filmemacherinnen und Expertinnen, um den öffentlichen Diskurs mitzugestalten und Druck auf die Politik auszulösen. Die Öffentlichkeitsarbeit folgte dabei feministischen Prinzipien, was bedeutete, alle Frauen vertraten das Projekt zu gleichen Teilen nach außen und waren gleichsam dafür verantwortlich. Hierfür war ein ständiger Austausch notwendig, um Informationshierarchien und feste Ansprechpartnerinnen zu vermeiden.

Auf allen Materialien wurde ein Spendenkonto und die Kontaktadresse des Frauenzentrums angegeben. Was dazu führte, dass zahlreiche Briefe und Anrufe von Sozialarbeitenden eingingen, die ihre Erfahrungen mit gewaltbetroffenen Frauen teilten.

Es meldeten sich auch Pfarrer*innen, die planten, in ihren Predigten auf das Thema Gewalt gegen Frauen aufmerksam zu machen und dadurch Spenden generieren wollten.

Doch nicht nur das, es meldeten sich auch Betroffene selbst. Gertrud P. schrieb einen Brief, da ihr »selbst auch zweimal das Trommelfell geplatzt« sei, als ihr »Liebster« sie »koste«, und sie wüsste, wie wichtig so ein Haus sei. »Ich möchte gerne das ›Frauenhaus‹ mit Rat und Tat unterstützen. Könnt ihr mir bitte die

Broschüre und das Plakat über diese Thematik zuschicken. Das Plakat darf ruhig gefaltet werden. Falls dann noch Geld übrig bleibt, vom Scheck, so betrachtet dies als Spende.«[343]

Weitere Frauen wie Gertrud P. halfen der Gruppe, indem sie Flugblätter in Kneipen verteilten und Infostände quer über die Stadt organisierten, um die Broschüre zu verkaufen. Auf eine Radiosendung im Juli 1975, in der Renate Bookhagen über Gewalt an Frauen sprach, reagierte ein mittlerweile getrenntlebender Ehemann mit einem Brief an die Redaktion. Er habe seine Frau zwar nie physisch misshandelt, doch habe er durch die Sendung begonnen, »allmählich die Unterdrückungsmechanismen zu begreifen, die der Mann auf die Frau ausübt«.[344]

Ein Spendenaufruf in der *Taz* hatte einen ganz unerwarteten Effekt: Es meldeten sich Frauen, die auf Hilfe hofften. Frauen, die zuhause brutal verprügelt wurden und keinen Ausweg mehr hatten, um sich und ihre Kinder zu schützen.

Zu diesem Zeitpunkt konnte die Initiative nicht mehr machen, als die Frauen an Ärztinnen, Juristinnen oder Familienberatungsstellen zu verweisen, sie direkt ins Krankenhaus zu bringen oder kurzfristig privat oder im Frauenzentrum aufzunehmen. Grundlegend blieb die Erkenntnis, dass Frauen und Kinder, die von häuslicher Gewalt betroffen waren, eine konkrete Alternative zur ihrer bedrohten Lebenssituation brauchten. Frauen sollten nicht mehr Gewalt und Unterdrückung ertragen, sondern Zuflucht und Beratung erhalten, die sie davor schützte, zum Täter zurückzumüssen.

Die Mitarbeiterin Konstanze Pistor resümierte, dass einen wirksamen Schutz und eine längerfristige Chance zur Veränderung der Lebensbedingungen »allein ein Frauenhaus, in dem die misshandelten Frauen zusammen mit anderen, engagierten und fachlich qualifizierten Frauen versuchen können, ihre bisherige

Lebensgeschichte zu verarbeiten und gemeinsam Perspektiven zu entwickeln«, biete.[345]

Die Spenden reichten für eine solche Realisierung absolut nicht aus und bestehende Wohlfahrtsverbände boten nur ideelle Unterstützung an. Die Initiativgruppe erstellte also ein erstes konkretes Konzept, basierend auf den heute noch geltenden drei Prinzipien der Frauenhausarbeit: »Offenheit, Schutz nach außen und Selbstorganisation«. Das Konzept ging an wichtige Personen und Institutionen wie beispielsweise das Müttergenesungswerk, um die bestehenden Hilfestrukturen über das geplante Vorhaben zu informieren.

Die Psychologin, Verlags- und Frauenhausgründerin Roswitha Burgard erinnert sich, dass immer eindeutiger wurde, dass unbezahlte Arbeit an einem Ort, der ja nur wegen der strukturell und geschlechtsspezifischen Gewalt existierte, ausgeschlossen war.[346] Der »Gang durch die Institutionen« war für die Gruppe somit unvermeidbar.

Der Gang durch die Institutionen

Der erste institutionelle Schritt war ein Schreiben an alle Westberliner Grundstücksämter mit der Bitte, ein geeignetes Haus zu vermitteln. In Amsterdam und London hatten Frauen kostensparend leer stehende Gebäude besetzt, was mit Blick auf eine staatliche Förderung jedoch keine gute Idee war. Dieser offizielle Weg wurde von Teilen der Frauenbewegungen kritisiert. Rückblickend stellte auch die bewegungseigene Zeitschrift *Courage* die Frage, ob eine Hausbesetzung nicht besser gewesen wäre, denn wie sich zeigen wird, waren die Mietausgaben exorbitant; doch anders als in England, wo eine Hausbesetzung privatrechtlich geklärt wurde und das Hausgebäude nach einer gewissen Zeit in den Besitz der Besetzenden überging, wurden Besetzende in Westberlin nach § 129 als Mitglieder einer kriminellen Vereinigung strafrechtlich verfolgt. Für traumatisierte Frauen in Krisensituationen waren dies unpassende Aussichten.

Auf die offene Anfrage nach Immobilien reagierten die meisten Grundstücksämter mit einer Absage. In Spandau war es die »schlechte Bausubstanz« und der damit verbundene finanzielle Aufwand, in Zehlendorf wurde die Anfrage nach einem passenden Objekt mit den Worten, »es wird uns nicht möglich sein, Ihnen in absehbarer Zeit ein entsprechendes Objekt nachweisen zu können«, abgelehnt. Stattdessen vermietete der Bezirk ein großes Gebäude an die Deutsche Bundespost. Die Bezirksämter von Kreuzberg und Neukölln verneinten die Anfrage ohne weitere Ausführungen. Schöneberg verfüge »leider über kein

Objekt, das Ihren Wünschen und Vorstellungen gerecht wird«, Wilmersdorf sah sich ebenfalls »nicht in der Lage, ein Haus in der von Ihnen gewünschten Größe zur Verfügung zu stellen«, und auch Charlottenburg sehe sich »bei allem Verständnis für die von Ihnen dargelegten Argumente« nicht in der Lage, dem Projekt zu helfen.[347]

Dafür trug die kontinuierliche Öffentlichkeitsarbeit Früchte und ein turbulentes und ereignisreiches Jahr brach für die Frauenhausbewegung an.

Die Presse wurde auf die Initiativgruppe und ihr Vorhaben aufmerksam. Am 1. Dezember 1975 zeigte die ARD in einer »Panorama«-Sendung, zwischen Waffenstandardisierung der NATO und Michael »Bommi« Baumann, einen Beitrag über Gewalt an Frauen.[348] Zur besten Sendezeit und auch noch im öffentlich-rechtlichen Fernsehen interviewte die Journalistin Karin Huffzky unterschiedlichste Protagonist*innen.

Erstmals sprachen gewaltbetroffene Frauen (zu dem Zeitpunkt geschieden) vor einer Kamera und machten ihr Problem öffentlich. Aus Scham vor Bekannten und Angst vor Exmännern blieben einige anonym. »Er schlug auf mich ein, und erst ins Gesicht, dann am ganzen Körper und dann warf er mich gegen den Schrank oder so. Ich musste dann ins Krankenhaus zur ambulanten Behandlung.«

Eine andere berichtete von gewaltvoll erzwungenem Geschlechtsverkehr und Brandmalen durch Zigaretten, eine weitere wurde mitten auf der Straße verprügelt, brach dort zusammen und wurde von ihrem Mann einfach liegen gelassen. Niemand der vorbeikam, hatte ihr geholfen.

Außerdem kam ein Polizeibeamter zu Wort. »Wenn ein Mann seine Frau prügelt oder schlägt, dann fassen wir das hier in der Zentrale als Familienstreitigkeit zusammen.« Diese Notfälle kämen verhältnismäßig häufig vor und potenzierten sich gegen

Wochenende zu einem Durchschnitt von zehn bis zwölf Einsätzen pro 24 Stunden.

Eine Bezirksfamilienberaterin, die von einer Häufigkeit und Brutalität berichtet, die sie selbst erschrecke: von Frauen, denen Zähne ausgeschlagen und kochendes Wasser ins Gesicht geschüttet werde, die mit verschiedensten Gegenständen »grün und blau« geprügelt und nicht selten vergewaltigt wurden. Solange diese Frauen eine Meldeadresse hätten, würden staatliche Institutionen nicht eingreifen. Frauen, die von zuhause flüchteten, kämen ins Obdachlosenheim, kehrten von dort allerdings zu früh zum Täter zurück, bevor ihnen überhaupt richtig geholfen werden könne, so ein weiterer Bezirksfamilienberater.

Am Schluss wird die achtköpfige »Bürgerinneninitiative« *Frauenhaus* gezeigt. Soziologin Johanna Kooz stellte das Konzept vor und thematisierte die gesellschaftliche Tabuisierung, hervorgerufen durch die Ehe in der Privatheit. Sie bezeichnete dies als »passive Misshandlung«, da einer Frau, die auf der Straße zusammengeschlagen wird, von Passant*innen nicht geholfen werde, weil sie »dachten, es wäre ihr Mann«. Auch Pizzey wurde interviewt, sie hob hervor, wenn Kinder in einem Milieu der Gewalt aufwachsen, tragen sie diese Erfahrungen in die nächste Generation weiter. Auch die Befragung des englischen Unterhauses zur Gewalt gegen Familien wurde an dieser Stelle vorgestellt. Die Ergebnisse hatten dazu geführt, dass für jede Stadt ab 50.000 Einwohner*innen ein staatlich finanziertes Frauenhaus zur Verfügung gestellt werden sollte. Die Befragung ergab auch, dass »ein großer Prozentsatz aller bekanntgewordenen Morde innerhalb der Familie stattfindet: Das Heim ist für viele ein sehr gewalttätiger Platz«.[349]

Zwei Tage nach Ausstrahlung erreichte die *Panorama*-Redaktion ein Brief von Michael D. aus Münster. Er befand es als »wertvoll und wichtig, einen sozialen Mißstand wie die Mißhandlung von

Frauen in einem Panorama-Bericht aufzugreifen«, doch fehle die Benennung der Ursachen männlicher Gewalt. Nach seinen Überlegungen finde Gewalt in der Familie »besonders in der Arbeiterklasse« aufgrund der »teilweise erniedrigenden Arbeitsprozesse am Fließband« statt.[350]

Auch Elisabeth R., gefangen in einer gewaltvollen Ehe, beschrieb ihre Erfahrungen nach einem Fernsehbeitrag über ein Frauenhaus so: »Nach etlicher Zeit stellten sich Depressionen ein, und Selbstmord schien mir der letzte Ausweg. Zufällig sah ich eines Tages eine Sendung übers Frauenhaus und plötzlich sah ich eine Chance für mich. (…) Am nächsten Morgen [mein Mann hatte wieder einen Grund gefunden, mich zu schlagen] ging mein Mann zur Arbeit, für ihn war wieder alles in Ordnung, ich aber packte schnell ein paar Sachen zusammen und fuhr ins Frauenhaus. Plötzlich merkte ich, daß man meine Probleme ernstnahm.«[351]

Am 19. Januar 1976 veröffentlichte der *Spiegel*, anknüpfend an die *Panorama*-Sendung, einen die Missstände diskutierenden Artikel rund um das geplante Frauenhaus in Westberlin.[352] Die *Panorama*-Redakteurin Huffzky wurde nun selbst befragt und berichtete, »sie sei während der Dreharbeiten, vor allem von Männern, immer wieder gefragt worden: ›Was, Sie machen einen Film über geschlagene Frauen – gibt es so etwas überhaupt?‹ Oder: Das haben Frauen doch ganz gern …« Zitiert wurde auch der Berliner Senat, der wissen ließ, man habe jetzt kein Geld und werde auch »künftig kein Geld« für solch ein Projekt haben.

Der Artikel polarisierte, und durch diese explizite öffentliche Absage an das Projekt Frauenhaus durch den Senat gerieten Politiker*innen unter Druck. Die Gruppe nutzte die Gunst der Stunde und legte endgültig sämtliche personellen und organisatorischen Voraussetzungen für die Einrichtung und die Führung des Hauses fest. Sie errechneten für das erste Jahr, inklusive der Erstausstattung des Hauses, Ausgaben in Höhe von 411.520 DM, für die darauffolgende Zeit 365.520 DM pro Jahr. Am 23. Januar 1976 schrieb die Gruppe einen Brief an Katharina Focke, Ministerin für Familie, Jugend und Gesundheit, nach Bonn:

»Die Initiativgruppe Frauenhaus ist Ihnen möglicherweise durch zahlreiche Veröffentlichungen in Presse, Rundfunk und Fernsehen in letzter Zeit bereits bekannt. Die Initiativgruppe Frauenhaus besteht seit etwa einem Jahr und wird getragen von Psychologinnen, Soziologinnen, Politologinnen, Ärztinnen, Juristinnen und Sozialarbeiterinnen, die sich bereits seit längerer Zeit auch in ihrer beruflichen und praktischen Tätigkeit mit den besonderen Problemen von Frauen in unserer Gesellschaft auseinandersetzen.« Außerdem solle das Frauenhaus »im Sinne des Feminismus entstehen und dieses Wissen soll zentraler Bestandteil der Praxis werden«. Dass diese idealistische Einstellung in der Praxis kaum zu bewältigen war, zeigt der Besuch einer *Courage*-Reporterin im Amsterdamer Frauenhaus 1976. Die Frage, ob hier auch über Feminismus diskutiert werde, wurde verneint, »zum einen haben diese Frauen meist in ihrem ganzen Leben nicht gelesen, nie hatten sie Zeit für sich, immer haben sie für die Familie gesorgt«, und »aufgrund ihrer spezifischen Familiensituation« seien sie »seelisch derart belastet, daß an Mußestunden, Eigenmotivation, Interesse an Büchern oder auch nur der Tageszeitung« nicht zu denken sei.[353]

Weiter hieß es im Brief an Focke: Denn »vor allem in den Großstädten, wo die familiären und beruflichen Belastungen von Frauen ständig wachsen, wo sie fortwährend gezwungen sind, mehrere Berufe (außerhäusliche Arbeit, Hausarbeit, Kindererziehung) miteinander zu vereinbaren, wächst die Not und die physische und psychische Erschöpfung.

Fehlende praktische Möglichkeiten, Unsicherheit und Angst hindern viele Frauen daran, sich weiterzuentwickeln und ihre berufliche und private Lage damit wirksam zu verbessern.« Denn »häufig drücken sich andauernde patriarchalische Verhältnisse in der Mißhandlung von Frauen aus. Daher unser Projekt: Gründung eines Frauenhauses, in dem mißhandelte und bedrohte Frauen mit ihren Kindern Schutz finden können; eine derartige alternative Wohnmöglichkeit gibt es für sie nämlich noch nicht.

Alles was ihnen bis heute bleibt, ist als letzter Ausweg das Obdachlosenasyl – und damit der sichere soziale Abstieg. Wir wollen diesen nun im Frauenhaus die Möglichkeit geben, sich in Ruhe für einen neuen, selbständigen Lebensweg zu entscheiden, ihre Scheidung durchzustehen, Anschluß an die alte Ausbildung oder den Beruf zu finden, für sich und ihre Kinder eine neue Wohnung zu suchen, gemeinsam mit anderen ähnlich betroffenen Frauen ihre Schreckens- und Leidensgeschichte aufzuarbeiten und eine neue Perspektive zu finden.

In diesen schweren Monaten des Neubeginns, der Konflikte, der Auseinandersetzung mit Ämtern und Behörden sollen die Frauen unterstützt und beraten werden von einem Team von Frauen, die fachliche Hilfestellung geben können.

Der Beratungsdienst ist selbstverständlich offen auch für Frauen, die (noch) nicht im Frauenhaus leben. Die Frauen und Kinder, die an elende und bedrohliche private Verhältnisse gebunden sind, sollte eine Zufluchtsstätte geboten werden, die zugleich Wohnmöglichkeit, Ort der Beratung, der Unterstützung und der Kommunikation ist: das Frauenhaus.

Diese Möglichkeit für Frauen, ihre Leben selbst aktiv neu zu organisieren und zu gestalten, wird von Frauen in anderen Ländern – wie England, Holland, USA – bereits seit einiger Zeit mit

Erfolg wahrgenommen – Erfahrungen, über die Sie bestimmt informiert sind. Wir sind der Auffassung, daß unser Projekt ›Haus für mißhandelte Frauen‹ von seinem grundsätzlichen Ansatz aus – Hilfe zur Selbsthilfe für die betroffenen Frauen – über Berlin hinaus Modellcharakter haben kann.«[354]

Am 2. März erreichte ein ähnlicher Brief Ilse Reichel, Senatorin für Familie, Jugend und Sport, Erich Pätzold, Senator für Gesundheit und Umweltschutz sowie Horst Kober, Senator für Arbeit und Soziales. Die Schreiben nach Bonn und Berlin unterscheiden sich durch den Zusatz:

»Bedenken wir die Tatsache, daß über Mißhandlungen von Frauen in der Ehe und der Familie keine Statistik geführt wird und wir daher auf die Schätzungen von Polizeibeamten und Sozialarbeitern angewiesen sind, und wenn wir berücksichtigen, dass sich die Mißhandlungen hinter verschlossenen Wohnungstüren abspielen und viele Frauen ihre Mißhandlungen aus den verschiedensten Ängsten heraus verschweigen, dann scheint uns die Zahl von vier Millionen mißhandelten Frauen, die die ›*Bild-*Zeitung‹ am 10.12.76 brachte, leider glaubhaft.

Das heißt aber: Jede dritte Ehefrau wird von ihrem Mann misshandelt.« Zwar war die menschenverachtende Springer-Presse von Anbeginn Kritikerin des Frauenhausprojekts, doch nutzen die Aktivistinnen die meistgelesene Zeitung Deutschlands (Auflage von 4,76 Millionen Exemplaren im Jahr 1976), um auf die Dringlichkeit und Popularität des Themas aufmerksam zu machen.

»Wir treten nun an Sie mit der Bitte heran, das Projekt ›Frauenhaus‹ in der Öffentlichkeit zu unterstützen. Wir bitten Sie ferner, im Senat und in Ihrem Ressort sich dem Problem der Mißhandlung von Frauen zu stellen und auf eine Unterstützung des Frauenhauses hinzuwirken. Darüber hinaus möchten wir Sie bitten, uns nach Möglichkeit die Erfahrungen und Kenntnisse zugänglich zu machen, die Sie im Rahmen Ihrer sozialen und politischen Tätigkeit und Ihres Amtes mit dem Problem der Mißhandlung und Gewalt in Familien gewinnen.«

Die Gruppe regte konkret Untersuchungen an, ähnlich der in England. Das Projekt brauchte offizielle Beachtung und Anerkennung bedeutender Akteur*innen und Institutionen.

Am 27. Februar 1976 brachte die Wochenzeitung *Zeit* den Artikel »Die Frauen als Opfer der Männer« heraus.[355] Hier wurde das kulturgeschichtliche Buch *Against Our Will* der amerikanischen Wissenschaftlerin Susan Brownmiller vorgestellt. Brownmiller ging den Ursachen für Vergewaltigung im Krieg nach. Warum war dieses Buch aber so wichtig für die Frauenbewegung? Sie war die Erste, die Vergewaltigung nicht mehr als natürlichen Umstand in Zusammenhang mit dem unzähmbaren männlichen Sexualtrieb und der angeborenen weiblichen Passivität abtat, sondern als Gewaltakt verstand, um Frauen systematisch einzuschüchtern und unterzuordnen.[356]

Mittlerweile sind Brownmillers Thesen weitergedacht, verworfen und ergänzt worden, doch führte ihre Arbeit zu einem Paradigmenwechsel im Umgang mit sexualisierter Gewalt.

Die Initiativgruppe knüpfte nun Kontakte zu etablierten Frauenverbänden, um auf politischer Ebene für Unterstützung zu werben.

Durch diese Lobbyarbeit entstand im März ein wegweisender Kontakt zum *Arbeitskreis Emanzipation/Emanzipation der Frau* der Westberliner FDP. Auf Initiative des Arbeitskreises brachte die FDP-Fraktion eine Kleine Anfrage unter dem Titel *Misshandlungen von Frauen* an den Senat in Westberlin ein.[357] Die Anfrage nahm Bezug auf das erste Schreiben der Gruppe und wies auf fehlende statistische Erhebungen hin.

Und tatsächlich, der Westberliner Senat reagierte und ließ die Beratungsstellen freier Träger befragen. Die Abteilung »Familie, Jugend und Sport« der Bezirksämter lieferte die Zahlen der öffentlichen Stellen, und stellte pro Bezirk eine Streuung von 10 bis 100 misshandelten Frauen innerhalb eines Jahres fest. Die Umfrage ergab, dass im Jahr 1975 im Bezirk Charlottenburg 39 Frauen von insgesamt 360 von Misshandlungen durch den Ehemann oder Partner berichteten. In Reinickendorf wandten sich von insgesamt 800 Eheberatungen 100 Ehefrauen an das Jugendamt, um wegen akuter Bedrohung durch den Partner für eine Unterbringung für sich und die Kinder zu sorgen. Das Neuköllner Gesundheitsamt wies für einen Zeitraum von 15 Monaten etwa 114 Fälle von Gewalt gegen Frauen nach.

Bei den Familienberatungsstellen der freien Träger wurde, gemessen an allen Fällen, in denen Frauen wegen Ehe- und Partnerschaftsproblemen Beratungsstellen in Anspruch nahmen, bei rund 8 Prozent der Fälle von misshandelten Frauen ausgegangen; bei der Telefonseelsorge wurden im Jahr 1975 236 entsprechende Fälle von insgesamt 4.189 Kontakten mit Ehe- oder partnerschaftlichen Problemen, also 5,6 Prozent bekannt.[358]

Der Senat betonte, dass »allen Antworten der befragten Einrichtungen« zu entnehmen sei, »daß die Dunkelziffer als erheblich angesehen wird. Der Stellungnahme der Beratungsstellen der öffentlichen und freien Träger ist zu entnehmen, daß in vielen Fällen von sich regelmäßig wiederholender – über mehrere Jahre – und oft lebensbedrohlicher Mißhandlung« ausgegangen werden muss. Auch die strukturelle Gewalt wurde ganz konkret benannt, nämlich, »daß das öffentliche Bewußtsein Gewaltanwendung innerhalb der Familie offenbar duldet und als Privatsache der betroffenen Person ansieht. Dies betrifft Gewaltanwendung der Männer ihren Frauen gegenüber und in geringerem Maße Gewaltanwendung der Eltern gegenüber ihren Kindern. In vielen Fällen tritt beides gemeinsam auf.«

Der Senat kam zu einem heftigen Urteil: »Frauen nehmen offenbar selbst schwerste Mißhandlungen selten zum Anlaß, um Hilfe und Unterstützung von Beratungseinrichtungen der öffentlichen und freien Träger zu erhalten.«[359] Warum sie keine Hilfe in Anspruch nahmen, beantwortete der Senat gleich mit. »Die Beratungsdienste halten ihre Angebote zur Lösung der anstehenden Probleme für unzureichend und bedauern, daß sie gerade bei akuten Fällen die entscheidende konkrete Hilfe nicht anbieten können, nämlich: die sofortige Unterbringung der Frau und der Kinder.«

Für die Frauenhausinitiative war das Ergebnis schockierend, aber wenig überraschend. Einmal mehr wurde offensichtlich, dass schon lange vor der Existenz von Frauenhäusern die alltägliche geschlechtsspezifische Gewalt gegen Frauen bekannt war. Die Taten wurden offiziell dokumentiert. Und das nicht nur über Beratungs- und Fürsorgestellen, sondern auch in Scheidungsurteilen, bei Hilferufen bei der Polizei und auf Unfallstationen. Doch Psycholog*innen, Psychiater*innen, Polizisten, Anwält*innen, Richter*innen und Sozialarbeiter*innen hüllten sich in Schweigen.

Woher kam diese lange Duldung, das Schweigen? Was war los mit dem »öffentlichen Bewusstsein«? Die Frauenhausbewegung der 1970er erklärte sich dieses Phänomen zum einen mit der Scham der Opfer, die sich niemandem anvertrauen konnten und wollten, und zum anderen damit, dass Gewalt gegen Frauen einfach als selbstverständlich hingenommen wurde. Hinzu komme eine Komplizenschaft unter gewalttätigen Männern, die ja auch Polizisten, Ärzte, Psychologen, Richter usw. waren, und die Komplizinnenschaft von Frauen zum Patriarchat.

Zur gleichen Zeit wurde von der Soziologin und Aktivistin Maria Mies und ihren Studentinnen in Köln ein Frauenhaus geplant, das einen Monat nach Westberlin eröffnete. Der Kölner Verein *Frauen helfen Frauen* veranlasste, ebenfalls mit Blick auf finanzielle

Zuwendungen, eine Befragung der staatlichen sozialen Dienste in Köln. Auch in Köln hieß es erst mal: »Gewalt gegen Frauen, das gibt es hier nicht.« Die Umfrage ergab jedoch, dass allein bei den staatlichen Stellen jeden Monat ca. 100 Frauen vorsprachen, wovon 30 als akute Notfälle bezeichnet wurden. Das städtische Sozialdezernat bestätigte, dass es bisher keine passenden Möglichkeiten und Einrichtungen gebe, um diese Zielgruppe angemessen zu unterstützen. Das Kölner Polizeipräsidium berichtete von 50 Einsätzen pro Woche wegen »ehelicher Streitigkeiten«.[360]

Beispiele aus anderen deutschen Städten im Zeitraum 1975/1976 zeigten ein ähnliches Ausmaß. Die Hamburger Polizei nannte ca. 10–12 Fälle pro Woche wegen »Familienstreitigkeiten«. An Wochenenden und Feiertagen stiegen die Zahlen erheblich (wie heute auch noch).

Für das Jahr 1975 registrierte die Hamburger Polizei etwa 4.000 Hilferufe wegen ehelicher Gewalttätigkeiten. Auf einen sprunghaften Anstieg ehelicher Gewalt an Feiertagen wies die Wiesbadener Polizei hin, dort riefen in der Silvesternacht 1976/1977 150 unter Gewalt leidende Ehefrauen an. »Möbelrücken nennen es die Beamten, wenn sie – zwei- bis dreimal pro Tag – zu einer ehelichen Zimmerschlacht gerufen werden.«[361] Dieser Ausdruck zeigt die Alltäglichkeit, mit der häuslicher Gewalt begegnet wurde, und gleichzeitig die Banalisierung von Gewalt gegen Frauen generell.

Nachdem die Zahlen bekannt und belegt waren, entschied sich Senatorin Reichel, die Broschüre des *Verbandes für alleinerziehende Mütter und Väter* (VAMV) zu finanzieren. Auf diesem Weg entstanden »Wie schaffe ich es allein?« und später »So schaffe ich es allein«. Die Broschüren gingen auf die tatsächlichen Zahlen von »Teilfamilien« ein, also nicht das herkömmlich propagierte Bild der intakten Hetero-Kleinfamilie, und gaben Ratschläge, wo Unterstützung gefunden werden konnte.[362]

Die FDP nahm sich weiterhin verstärkt des Themas an, und so reiste Wolfgang Lüder, Vorsitzender der FDP, Anfang der 1970er Jahre mit Parteikollegen nach England, um sich ein Bild von existierenden Frauenhäusern zu machen. Der SPD-regierte Senat ging diesen Schritt erst später.

Am 29. März meldete sich Gerhard Naulin, in Vertretung des Senators für Gesundheit und Umweltschutz, schriftlich bei der Initiativgruppe zurück und versprach seine Unterstützung für das Projekt Frauenhaus: »Das von Ihnen dargestellte Problem ist mir bekannt. Durch eine Kleine Anfrage des Abgeordneten Herrn Roloff wurde den politischen und parlamentarischen Gremien nachdrücklich die von Ihnen aufgezeigten Fragen verdeutlicht.«[363]

Die dichte mediale Berichterstattung und das Einschreiten einiger Politiker*innen bestärkten die Arbeit der Frauenhausbewegung und bestätigten, dass bestehende Einrichtungen nicht in der Lage waren, Betroffenen häuslicher Gewalt zu helfen.

Mit Verzögerung meldete sich am 5. April SPD-Senatorin Reichel (auch die Rote Ilse genannt), im Namen des Senators für Arbeit und Soziales, direkt bei Konstanze Pistor und entschuldigte sich für das späte Antwortschreiben. Doch habe sie erst die Ergebnisse einer von ihr in Auftrag gegebenen Umfrage bei den Beratungsdiensten abwarten wollen. Reichel sagte nun, wie gewünscht, ihre Unterstützung in der Öffentlichkeit zu, doch sehe sie bei der angespannten Lage der öffentlichen Haushalte derzeit keine Möglichkeit einer finanziellen Förderung.[364]

Der Senat lehnte eine Finanzierung also trotz der eindeutigen Zahlen ab. Die Gruppe war fassungslos und konnte sich die Absage kaum erklären. Ursula Nienhaus, Historikerin und Mitbegründerin des Frauenforschungs-, -bildungs- und -informationszentrums (FFBIZ) in Berlin, erfuhr in einem Gespräch mit Ilse Haase-Schur, einer Referentin unter Familiensenatorin Reichel, dass die Vertreterinnen der Frauenhausgruppe als »äußerst ideologisch, ohne jedes Verständnis für das Funktionieren einer öffentlichen Verwaltung und deren Finanzierungsrichtlinien« angesehen wurden.[365]

Im April desselben Jahres erschien im Wochenmagazin *Stern* eine erste repräsentative Umfrage zu Vergewaltigung in der Ehe. Sexualisierte Gewalt fand nun nicht mehr nur im Krieg oder durch »Fremde« statt, sondern auch im »Tatort: Ehebett«. Das Ergebnis: In jeder fünften Ehe wird die Frau zum Sex gezwungen und ebenfalls jede fünfte Frau ist der Ansicht, eine Ehefrau müsse ihrem Mann sexuell zur Verfügung stehen, wann immer er es will.[366] Zur Erinnerung: Vergewaltigung in der Ehe steht in der BRD erst seit 1997 unter Strafe. 138 Abgeordnete stimmten damals gegen den Straftatsbestand.[367]

Das folgende Zitat einer mehrfach vergewaltigten Ehefrau, zeigt die Möglichkeiten von Medien, die in Prozessen der Sichtbarmachung so wichtig sind: »Und wenn ich jetzt diesen Bericht im ›Stern‹ lese über Vergewaltigung in der Ehe – das hätte ich genauso schreiben können, wenn ich so was damals gelesen hätte, das hätte mich, glaub ich, schon gestärkt. Ich durfte auch kein Radio haben: das bringt dich nur auf unnütze Gedanken. Nachrichten kann er mir sagen, mehr brauch ich nicht. (…) Fernseher hatten wir auch nicht. Bücher habe ich heimlich gelesen.«[368] Aus Bonn gab es immer noch keine Reaktion auf eine mögliche Finanzierung des Frauenhauses. Doch dann kam es zu einem weiteren Wendepunkt und die Geschichte begann, an Fahrt aufzunehmen.

Sarah Haffner war mittlerweile von ihrem Studienaufenthalt in London zurückgekehrt und hatte, basierend auf ihren Recherchen, einen WDR-produzierten Film gedreht. Rückblickend schilderte Haffner fassungslos ihre eigene langanhaltende Blindheit in Bezug auf Gewalt gegen Frauen. Immer wieder kreisten ihre Gedanken um ähnliche Fragen: »Wie kommt es, daß ich so lange nichts davon wusste? Sicher, es wurde, und es wird noch, geschwiegen. Die Frauen scheinen aus Scham, aus Angst vor Mißachtung, die Fassade der funktionierenden Ehe aufrechtzuerhalten. Die anderen, die es wußten, haben es vielleicht als bedauerliche soziale Unsitte hingenommen und deshalb geschwiegen. Hätte ich es nicht trotzdem wissen müssen, gab es nicht Anzeichen genug? Wie zum Beispiel Zeitungsberichte über Morde oder schwere Mißhandlungen an Frau ›nach Ehestreit‹. Wieso erschienen sie mir, ähnlich wie die Berichte über Vergewaltigung, als Auswüchse von einzelnen Psychopathen? Sowie auch die Parallele zu den Kindesmißhandlungen, deren Ausmaß noch immer gemeinhin verdrängt wird. Kinder sind abhängig und körperlich schwach; Frauen in der Regel auch. Hätte mir da nichts aufgehen können?« Sie beantwortet sich die Fragen selbst: »Wohl deshalb, weil es mir nicht klarwerden sollte. Wir Frauen werden auf etwas hin erzogen, das es kaum gibt: die glückliche Familie. Nicht umsonst hören Filme und Bücher dort auf, wo die oft schlimme Wirklichkeit beginnt; wie die beiden sich kriegen. Wir sehen im Happy End nicht den Anfang des dicken Endes danach. Die Ideologie der heilen Fassade verstellt den Blick für die unheile Welt um uns herum, die Träume vom Glück machen uns blind für das Unglück, das Bild des beschützenden Mannes überdeckt das Bild des Ausbeuters und Angreifers. Und vielleicht wollte ich auch nicht sehen. Die Wirklichkeit hat mich ganz schön umgehauen.«[369]

Ihr Dokumentarfilm *Schreien nützt nichts – Brutalität in der Ehe* wurde am 26. April 1976, zwar zu einer schlechten Sendezeit (22.15 Uhr), im öffentlich-rechtlichen Fernsehen ausgestrahlt und führte: zu einem Aufschrei.

In dem Film kamen Frauen zu Wort, die Opfer von Gewalt durch ihre Ehemänner wurden und diese und ihre Erfahrungen mit

Polizei und Behörden schilderten. Unmittelbar nach Ausstrahlung solidarisierten sich Frauen aus unterschiedlichsten Zusammenhängen und Parteien mit der autonomen Frauenhausbewegung und sammelten Unterschriften und schrieben nach Bonn. Haffners Film gab auch Anstoß zu weiterer Forschung, so entstand die Idee zu *Und bist du nicht willig. Ausmaß und Ursachen von Frauenmißhandlung in der Familie* der Sozialwissenschaftlerinnen Dagmar Ohl und Ursula Rösener im Anschluss an den Film.[370] Dass zwischen feministischer Theorie und Praxis keine Spaltung herrschen muss, sondern beides und alles dazwischen seine Notwendigkeit hat, zeigt diese Zusammenarbeit und die Arbeit rund um die Entstehung des Frauenhauses.

Am 3. Mai, nur sieben Tage nach Ausstrahlung, flatterte eine Einladung aus Bonn, »um offene Fragen zu klären«, ins Frauenzentrum. Absenderin: Bundesfamilienministerin Katharina Focke. Ohne Umschweifen kam sie zum Thema und erklärte, für eine finanzielle Förderung müsste das Projekt auf jeden Fall zusammen mit einem erfahrenen Träger sozialer Einrichtungen durchgeführt werden und erklärte den Finazierungsplan als ausbesserungsbedürftig.[371]

Das Bundesmodellprojekt Frauenhaus war zum Greifen nahe. Die Initiativgruppe sah sich in einem Dilemma zwischen offensichtlichem Misstrauen gegenüber Projekten, die der autonomen Frauenbewegung zugehörig waren, und dem Triumph, häusliche Gewalt ins öffentliche Problembewusstsein zu bringen. Die Gruppe ignorierte den Vorschlag einer Zusammenarbeit mit etablierten Trägern erst einmal und konterte nur einen Tag später mit einem persönlichen Brief direkt an Focke. »Dieser Film von Sarah Haffner zeigte die erschreckende Realität der misshandelten Frauen in der Bundesrepublik und die mangelnden Möglichkeiten des staatlichen Eingriffs. Gleichzeitig wies er auf bereits bestehende

Alternativen (staatlich geförderte ›Frauenhäuser‹ in England) hin. Auch Sie nahmen in dem Film Stellung zu dieser Thematik.«[372]

Im Brief heißt es weiter, »auf der einen Seite haben Sie die Tragweite des Problems bestätigt, auf der anderen Seite allerdings sehen Sie offensichtlich nicht die Notwendigkeit, die im Film aufgezeigten Alternativmodelle des Auslands für die Bundesrepublik zu übernehmen. Sie meinten, daß die bereits vorhandenen Institutionen unseres Landes durchaus ausreichten. Es läge nur an den betroffenen Frauen selbst, diese Hilfsangebote zu nutzen. Die gezeigten Interviews mit Fachkräften dieser Behörden widerlegten eindeutig und glaubhaft Ihre These. Die Unterzeichnenden bitten Sie, sich stärker als bisher für die Einrichtung von Häusern für mißhandelte Frauen einzusetzen und dem Beispiel des europäischen Auslands zu folgen.«[373]

Den Brief ließ die Gruppe von etablierten Akteur*innen der Medienlandschaft »zur Kenntnis nehmen«. Unter anderem unterzeichneten Lisa Kraemer, Redakteurin beim WDR, die 1973 mit dem *Sexreport einer Hamburger Hausfrau* für Aufsehen gesorgt hatte, und Regisseurin Sarah Haffner selbst; außerdem weitere 202 Frauen aus Westberlin.

Focke reagierte auf dieses Schreiben nicht mehr. Stattdessen ließ sie der wartenden Initiativgruppe im Juni den Abdruck eines Interviews zukommen, das der Parlamentarisch-Politische Pressedienst am 6. Mai veröffentlicht hatte. Darin äußerte sie den Verdacht, dass die Dunkelziffer ehelicher »Brutalitätsdelikte wahrscheinlich sehr viel höher als die Zahl der bekanntgewordenen Fälle« sei. Weiter handle es sich bei Misshandlungen von Frauen durch ihre Ehemänner um ein »uraltes Problem, das erst jetzt an die Öffentlichkeit gedrungen sei, weil ein paar Frauen den Mut gefunden hätten, in der Öffentlichkeit über ihre Erfahrungen zu berichten«.[374]

Mit keinem Wort erwähnte sie die jahrelange Arbeit der Frauenbewegungen, geschweige denn die intensive Mobilisierung und Sensibilisierung durch die Initiativgruppe. Dennoch kündigte sie die Finanzierung eines Modellprojekts an. Für einen bestimmten Zeitraum wolle sie eine bestimmte Fördersumme bezahlen, um das Vorhaben zu erproben. Als Voraussetzung forderte sie die Zusammenarbeit mit erfahrenen Trägern, beispielsweise kirchlicher Institutionen oder der Arbeiterwohlfahrt.

Des Weiteren sollten bestehende Hilfsangebote, wie das Sozialamt, miteinbezogen werden. Langfristig wolle sie auch die »Aufklärung gegen Brutalitäten in unserer Gesellschaft« vorantreiben, um so die sozialen Ursachen von Gewalt an Frauen zu bekämpfen und ihnen durch bessere Ausbildung und berufliche Möglichkeiten zu mehr Selbstständigkeit zu verhelfen. Diese Verbesserungen seien Teil der Frauenpolitik der Bundesregierung. Dann das bittere Ende: »Bei der Beratung der einzelnen Fälle müßten unbedingt auch die Männer mit einbezogen werden, denn Ziel einer solchen Einrichtung muß es natürlich sein, die Familie zu erhalten.« Diese familistische Positionierung wirkt wie eine Absage gegen die autonomen Frauenbewegungen und die parteiliche Haltung in der Frauenhausarbeit. Denn das Ziel soll hier eben nicht der Erhalt der Familie sein, sondern die Selbstbestimmung von Frauen.

Ministerin Focke hatte sich also entschieden und blieb bei ihrer Einstellung, dass ein staatlich-finanziertes Projekt nicht autonom durch die Frauenbewegung geführt werden könnte. Für die Initiativgruppe war die Sachlage klar: Ein Anschluss an einen größeren privaten oder öffentlichen Wohlfahrtsverband war ausgeschlossen! Dies würde sowohl die Trägerschaft der Frauen selbst als auch die Autonomie des Hauses gefährden. Und vor allem war die Mitarbeit von Männern, anders als dies in London der Fall war, für die Westberliner Gruppe ausgeschlossen. Beide Parteien beharrten auf ihren eigenen Grundsätzen und standen sich nun mit ihren Forderungen gegenüber.

Gründerin Roswitha Burgard erinnert sich, wie von allen Seiten die Forderung nach männlicher Mitarbeit laut wurde. »Männer standen für Autorität und für Qualität, uns Frauen hat man damals noch nicht so viel zugetraut«, so Burgard im Interview, »es waren riesige Gelder zu verwalten und die Feministinnen waren denen unheimlich, sie konnten uns nicht einschätzen, wir waren irgendwie chaotisch oder revolutionär.«[375] Die Gruppe führte viele Gespräche mit unterschiedlichen Vertreter*innen des Westberliner Senats sowie des Bundesfamilienministeriums, um endlich einen Kompromiss auszuhandeln.

Während dieser Verhandlungen schickte Senatorin Reichel ihre Referentin Haase-Schur vom 18. bis 20. Juni 1976 nach London, um an einem Workshop zum Thema »Gewalt in Familien« teilzunehmen.[376]

Die Rahmenveranstaltung wurde von Frauenhausgründerin Pizzey und Bewohnerinnen organisiert. Vertreten waren unterschiedlichste englische Organisationen, die in die Arbeit mit gewaltbetroffenen Familien involviert waren. Darunter Forschungsinstitute, Therapiezentren, Beratungsstellen sowie New Scotland Yard. Ziel der Tagung war es, auslösende Faktoren für Gewalt in Familien zu erarbeiten und darauf aufbauend mögliche Hilfsansätze zu diskutieren. Haase-Schur war die einzige Teilnehmerin aus dem Ausland. In ihrem Abschlussbericht beschrieb sie Pizzey als »ebenso äußerst bewegende wie äußerst umfangreiche, unkonventionelle, aber beeindruckende Person«.[377]

Am 9. Juli wurde ihr Bericht unter dem Titel *Gewalt in Familien. Erfahrungen mit Krisenzentren für misshandelte Frauen in England* vom Landespressedienst veröffentlicht. Die Publikation diente dazu, »die Öffentlichkeit über die neuesten Erfahrungen, die von entsprechenden Einrichtungen in England gemacht worden sind«, zu informieren. Senatorin Reichel verfasste eine Vorbemerkung, in der sie hervorhob, dass erst durch die Eröffnung von Frauenhäusern »das ganze erschreckende Ausmaß an Hilfsbedürftigkeit sichtbar« gemacht werden wird, denn »Gewalt tritt in unserer Gesellschaft in vielerlei Gestalt auf. Wie auch immer sie uns begegnet, sie nimmt denen, die sie erleiden, ein Stück ihres Menschseins, beleidigt, erniedrigt und verletzt es. (…)

Unzureichende Arbeitsbedingungen und Infrastruktureinrichtungen wirken bis in den privaten Bereich der Familie und tragen mit zum Entstehen oder zumindest zur Verstärkung von Gewalt bei.«

Anders als Familienministerin Focke in Bonn, sah die Berliner Senatorin »die Vereinsamung der Kleinfamilie, die sich nach außen abkapselt«, als eine zusätzliche Verschärfung des Problems an. In ihrer Vorbemerkung bereitete sie »Öffentlichkeit und politische Instanzen« darauf vor, dass dem Modellprojekt Frauenhaus mit Sicherheit weitere Hilfsangebote und Krisenzentren folgen werden. Denn jedes Mal, »wenn ein Ehemann jeden Schritt der Verselbständigung seiner Frau mit Drohung noch schlimmerer Mißhandlungen und auch entsprechenden Taten begleitet«, entstehe »ein Klima fortschreitender Angst, tiefster Erniedrigung mit entsprechenden Konsequenzen für das Selbstbewußtsein, Apathie, Depression und auch Haß«.[378]

Die Berliner Verwaltung, namentlich Ilse Reichel, sahen das Ziel nicht im Zusammenhalt der Familie, sondern teilten die feministische Haltung der Frauenhausbewegung. Auffallend ist jedoch, dass das Modellprojekt zwar als Frauenhaus bezeichnet wurde, im Grunde aber von Krisenzentren gesprochen wurde. Dieser Aspekt wurde später in der Geschichte noch einmal aufgegriffen.

Die Eröffnung

Am 10. Juli 1976 berichtete der *Tagesspiegel* und am 25. Juli das *Spandauer Volksblatt* über Haase-Schurs Besuch auf der Londoner Tagung. Die Senatorin hatte nun offiziell Stellung bezogen und sich klar für die Eröffnung eines Frauenhauses in Berlin ausgesprochen.

Nach monatelangen Verhandlungen zwischen den Initiator*innen und Vertreter*innen des Berliner Senats sowie des Bundesfamilienministeriums und einem mehrmals umgeschriebenen Projektantrag, wurde nun der langersehnte Kompromiss ausgehandelt: Für erst mal drei Jahre sollte eine Summe von 450.000 DM, dabei übernahm der Bund 80 Prozent und Westberlin 20 Prozent, bereitgestellt werden. Voraussetzung für das Geld blieb allerdings die Gründung des bereits erwähnten Trägervereins inklusive neuer Satzung, dem der frauenbewegte Verein »Frauen helfen Frauen« weichen sollte.

Gefordert wurde damit eine Instanz, die die Verantwortung für die finanziellen Mittel aus dem Bundes- und Landeshaushalt Westberlins gegenüber Parlament und Öffentlichkeit vertrat. Eine weitere Auflage war die wissenschaftliche Begleitung durch externe und »professionelle« Wissenschaftlerinnen. In der ursprünglichen Satzung war die Mitarbeit im Haus verpflichtend für die Wahl in Entscheidungsgremien. »Damit wollte die Initiativgruppe verhindern, daß wieder eine Kluft entsteht, zwischen ›jenen da oben‹, die sich mehr und mehr von der Arbeit mit den betroffenen Frauen entfernen und ›denen da unten‹, die mit den

Frauen arbeiten und ihre Erfahrungen nicht mehr in die Entscheidungsgremien einbringen können«, so die Stellungnahme in der feministischen Zeitschrift *Courage*.[379] Der neue Trägerverein setzte sich, laut der neuen Satzung, aus sechs Frauen des »öffentlichen Lebens«, die auf dem Gebiet der Sozialfürsorge erfahren sind, drei Mitarbeiterinnen und drei Bewohnerinnen, die entweder noch im Haus wohnten oder im laufenden oder vorangegangenen Jahr dort gewohnt hatten, zusammen.

Die Initiativgruppe »durfte« sich die Frauen selbst aussuchen, doch blieb ein bitterer Beigeschmack, zumal die sechs Frauen aus dem öffentlichen Leben, im Gegensatz zu allen anderen Parteien, doppelt besetzt waren. Die »Garanten des Projekts in der Öffentlichkeit« wurden: Dr. Barbara von Renthe-Fink (Mitglied Demokratischer Frauenbund, Leiterin der AOK, SPD, Vizepräsidentin Deutsches Rotes Kreuz), Elisabeth Leithäuser (Heimleiterin und Therapeutin beim DRK), Dr. Renate Rhein (Ärztin und Mitarbeiterin der Pro Familia), Dr. Dorothea Höbich (Ärztin und Leiterin der Modellberatungsstelle für Eheberatung, Familienplanung und Schwangerschaft beim Bezirksamt Kreuzberg, Anti §218-Aktivistin), Dr. Waltraud Seeler (Pfarrerin und Leiterin der evangelischen Frauenhilfe und Familienbildungsstätten) und Angela Grützmann (seit 1969 Referentin für Familienpolitik in der SPD). Nach ihrer Amtszeit als Senatorin trat Reichel 1981 selbst in diesen Trägerverein ein.

Karin Kaltenberg vom Gründungsteam erinnerte sich im Interview mit Perincioli an die unterschiedlichen Frauen aus unterschiedlichen Institutionen. »Am Anfang waren sie eigentlich dazu beauftragt, uns zu kontrollieren, unseren wilden Feministinnenhaufen.«[380] Doch nach und nach habe sich die aufgezwungene Beziehung verändert. Gerade die 70-jährige Renthe-Fink war für die Gruppe eine große Unterstützung und schulte die Anfang zwanzigjährigen Frauen im Bereich Öffentlichkeitsarbeit. Die Trägervereinsfrauen setzten sich in ihrem jeweiligen Kontext für das Frauenhaus ein.

Laut der Zeitschrift *Courage* ging es weniger um eine Repräsentanz nach außen, sondern um Kontrolle nach innen.[381] Die Reichel-Verwaltung fürchtete, eine Trägerschaft lediglich »durch die Frauenbewegung« könne sich in der »allgemeinen Öffentlichkeit« nicht durchsetzen und nicht die beabsichtigte Wirkung erzielen.[382]

Am 9. August 1976 fand die offizielle Gründungsversammlung »Verein zur Förderung des Schutzes misshandelter Frauen e.V.« statt. Der Verein arbeite »aus sozialer Verantwortung ohne konfessionelle und parteipolitische Bindung, um sachkundige und zeitgemäße Hilfe zur Beseitigung eines Notstandes in der Gesellschaft zu leisten«. Etwa alle vier Wochen sollte sich der Verein zu einer Mitgliederversammlung treffen.

Der Vorstand bestand aus je einem Mitglied der Gruppe der Mitarbeiterinnen, der Bewohnerinnen und der Frauen des öffentlichen Lebens. Ursprünglich hieß das Projekt »Frauenhaus«, klammheimlich habe man es aus Senatsecke zum »Krisenzentrum für mißhandelte Frauen« umgewandelt und wurde so auch in der Presse genannt.[383] Damit stand, zumindest begrifflich, eher ein Krisenmanagement als der Schutz und die Emanzipation von gewaltbetroffenen Frauen im Vordergrund. Konstanze Pistor sah darin ein Mittel, um »Neutralität zu imaginieren, ohne die Probleme beim Namen zu nennen.«[384] Barbara von Renthe-Fink, Vizepräsidentin vom DRK und Vorstandsmitglied, bemängelte die »einseitige ideologische Intoleranz« der Initiativgruppe und hob hervor, dass diese von den Vertreterinnen des öffentlichen Lebens in keiner Weise mitgetragen werde.[385]

Nicht nur die politischen Diskrepanzen wuchsen. Zwischen den Gründerinnen, die täglich im Haus arbeiteten, und den eher repräsentativen Personen der Öffentlichkeit, die ja ihrer eigenen Berufstätigkeit nachgingen, entstanden konkrete praktische Probleme.

Die Frauen im Haus waren oftmals gezwungen, spontan und zügig Termine und Entscheidungen zu treffen und damit nicht bis zur nächsten Mitgliederversammlung zu warten. Diese unbeabsichtigten Kommunikationsschwierigkeiten und Intransparenz wurden für einige mit der Zeit zu einem Vertrauensproblem. Es gab keinerlei Vergleichsmöglichkeiten oder Vorbilder, wie solch eine Zusammenarbeit hätte gestaltet werden können. Zwar fand alle vier bis sechs Wochen besagte Mitgliederversammlung statt, doch saßen sich hier »gewissermaßen zwei Gruppen verständnislos gegenüber«.[386]

Nur kurze Zeit nach der Gründungsversammlung wurde eine 15-Zimmer Gründerzeitvilla in der Richard-Strauss-Straße 22 in Grunewald gefunden. Die Villa, die heute noch steht, war ein ehemaliges Deutsches-Rotes-Kreuz-Heim. Für die Initiativgruppe war die Villa nicht optimal, doch passte sie noch am ehesten zu den in der Konzeption des Frauenhauses entworfenen Anforderungen. »Der große Garten, die ruhige Lage, die Gemeinschaftseinrichtungen und die zum Teil überlassenen Einrichtungsgegenstände ermöglichten uns, das Haus ohne große bauliche Veränderungen bald für betroffene Frauen und Kinder zu öffnen.«[387]

Aus den linken Reihen kam der Vorwurf, dem Deutschen Roten Kreuz sei »ein dicker Reibach« zugeschanzt worden. Es war ja auch bemerkenswert, dass eine der Trägervereins-Frauen Vorsitzende beim DRK-Berlin war.[388] Nach Verhandlungen senkte das DRK die Monatskaltmiete von 7.000 auf 6.000 DM, was gemessen an der Summe der Gesamtzuwendung immer noch sehr hoch war.

Den gesellschaftlich Entscheidenden aus Politik und Kirche und damit auch Wirtschaft und Wohlfahrt lag wohl viel an der organisatorischen Nähe zum DRK, welches die christliche Religion nicht nur im Namen trägt, sondern auch personell aus der Kirche Zugewandten bestand. Das Deutsche Rote Kreuz vermittelte das Bild der friedvollen und reinen Frau (Krankenschwester), laut der Historikerin Christina von Braun die »vergesellschaftete Mutter«.[389]

Nachdem der Landespressedienst am 24. August 1976 die Finanzierung eines Bundesmodellprojekts verkündet hatte, häuften sich die Presseanfragen an das Frauenhaus, weshalb eine »zentrale Auskunftsstelle« für Presseanfragen festgelegt wurde. »Wir gingen allerdings auch davon aus, im Jahr vor der Eröffnung genügend Interviews und Informationsveranstaltungen gemacht zu haben, und hatten gehofft, dass die Presse für unsere Situation Verständnis haben würde.« Anstelle der angekündigten Pressekonferenz gaben sie eine 3-seitige Pressemeldung heraus »und trotzdem bombardierte uns Rundfunk, Zeitungen und Fernsehen mit Anfragen; am liebsten hätten sie ein bis mehrere Tage im Haus verbracht und beliebig Fotos von misshandelten Frauen aufgenommen«.[390] Solch ein großes Interesse an Frauenhäusern wird heute nur durch die Pandemie ausgelöst.

In der ersten Vorstandssitzung am 9. September 1976 wurde dann beschlossen, gar keine Interviews oder Ähnliches mehr bis zur Eröffnung zu geben, um nicht für den Wahlkampf und andere Interessen ausgenutzt zu werden.

Aus dem Protokoll geht außerdem hervor, dass der Trägerverein noch nicht eingetragen war und die Finanzierung für die Erstausstattung des Hauses noch unklar.[391] Real stand dem Projekt bisher noch kein Geld zur Verfügung.

Die Sorge der Aktivistinnen vor einer politischen Instrumentalisierung war begründet, denn im Oktober 1976 sollte der neue Bundestag gewählt werden. Mitte September fand in Frankfurt am Main eine Diskussion statt, an der Pizzey mit Frauen aus dem Londoner Frauenhaus, Journalist*innen, ein Amtsrichter und Bundesfamilienministerin Focke teilnahmen.

Kurz darauf am 21. September 1976 veranstaltete Senatorin Reichel im Audimax der TU Westberlin eine öffentliche Filmvorführung mit anschließender Diskussion, an der Pizzey und Haffner sowie Abgeordnete der SPD, CDU und FDP teilnahmen. Die Sorge der Aktivistinnen wurde bestätigt, einige Politiker*innen nutzten das polarisierende Projekt für eigene Ziele und taten plötzlich so, als hätte es nie Zweifel an diesem Projekt gegeben.

Doch auch die frühen Befürworter*innen des Projekts nutzten diese Veranstaltung. Die Initiative der Humanistischen Union übergab Reichel in der TU einen offenen Brief, unterzeichnet von 436 Bürger*innen, mit der Aufforderung, eine Million DM zur jährlichen Unterstützung des Frauenhauses aufzubringen, denn die Gruppe verheimlichte nicht, dass bisher kein Pfennig geflossen war. Die jährlichen Folgekosten ohne solch ein Haus seien weitaus höher als diese Summe.

Durch die vierstündige Diskussion zog sich wie ein roter Faden das Argument, das »Krisenzentrum« könne nicht ohne Männer verwaltet werden. Hauptargument war eine pädagogische Notwendigkeit, Kinder im Haus mit positiv besetzten männlichen Bezugspersonen in Kontakt zu bringen. Für die Initiativgruppe ging es um eine feministische Grundsatzdebatte: »Wer für männliche Erzieher ist, ist gegen die autonome Frauenbewegung.« Auch die eher linksliberale *Frankfurter Rundschau* befürchtete vorsichtig, dass ein Frauenhaus in Westberlin Frauen überhaupt erst auf die Idee bringen könnte, den angestammten Platz zu verlassen, und dass völlig unklar sei, wie solch eine Entwicklung ausgehe.[392] Die *Berliner Morgenpost* griff wenige Tage nach der Diskussion die von der CDU-Fraktion formulierten Bedenken, die

Bewohnerinnen des Frauenhauses könnten unter einen »ideologischen politischen Druck geraten«, auf. Im gleichen Artikel gaben sie die eigentlich anonyme Adresse des Hauses bekannt.[393]

Am 7. Oktober zeigten sich die Christdemokraten im parteieigenen Presseorgan *Berliner Rundschau* alarmiert und das Frauenhaus als »eine im Grunde genommen gute Sache« , der »Haken« sei dabei »politischer Natur«: »Die Initiatorinnen des Frauenhauses sind Mitglieder der sogenannten Frauenbewegung, die mit dieser Einrichtung ein bestimmtes Ziel verfolgen: die Indoktrinierung der zu betreuenden Frauen im Sinne ihrer linken Zielsetzungen. Hinter den schönen Schlagwörtern wie ›Erweiterung der Handlungsfähigkeit der Frauen‹ und ›Schaffung neuer Privilegien‹ verbergen sich handfeste Bemühungen um eine Veränderung unserer Gesellschaft.« Um die Diffamierungskampagne perfekt zu machen, wurde der Radikalenerlass ins Spiel gebracht, mit der Frage, ob er bei der Einstellung berücksichtigt werden würde. Als die Senatorin dies verneinte, da dieser nur im öffentlichen Dienst greife, echauffierte sich die Zeitung mit völlig verdrehten Tatsachen: »Hier sollen Personen tätig werden, die wegen ihrer politischen Einstellung im öffentlichen Dienst keinerlei Chance hätten.«

Es ist fast zum Lachen, dass durch die CDU ein Projekt, das dem Gewaltschutz von Frauen diente, ausgerechnet mit (zweifelhaften) Antiterrorgesetzen in Verbindung gebracht wurde. Abschließend heißt es in dem Artikel, das Ziel solle doch ohnehin sein, in absehbarer Zeit die Rückkehr der Frauen »in ihren bisherigen Familienkreis« zu fördern.[394] Für die Union hatte der Familismus Priorität vor Gewaltprävention.

Am 7.10.1976 stimmten auf der Sitzung des Hauptausschusses des Berliner Abgeordnetenhauses die Vertreter*innen aller Parteien einstimmig für den Zuschuss von 90.000 DM an das Frauenhaus.

Fast widerspruchslos wurde dafür in der gleichen Sitzung eine Ankündigung von Familiensenatorin Reichel hingenommen, dass die Senatszuschüsse für Eltern-Kinder-Gruppen bis 1980 gestrichen werden sollten. Eltern-Kinder-Gruppen bzw. Kinderläden wurden Ende der sechziger Jahre wegen des Platzmangels und personeller Unterbesetzung in den staatlichen Kindergärten gegründet und darüber hinaus ein emanzipatorisches Konzept, das mehr Selbstbestimmung für Kinder und Eltern ermöglichen sollte. Eine Streichung dieser Zuschüsse hieß, dass Kosten für Miete, Gehalt, Heizung usw. nun von den Eltern selbst getragen werden mussten. Außerdem, dass Erzieher*innenstellen und Nachmittagsbetreuung wegfielen. Für viele Frauen bedeutete dies, auf ihre Kinder aufpassen zu müssen, anstatt arbeiten gehen zu können. Diese Entwicklung stand diametral gegen die emanzipatorischen Wünsche großer Teile der Gesellschaft und gegen das Prinzip der Selbstbestimmung, welches auch die Frauenhausgruppe verfolgte. Tatsächlich wurden in dieser Zeit viele Stellen und Arbeitsplätze vom Senat gestrichen. Wie die Zeitschrift *Courage* herausarbeitete, handelte es sich mehrheitlich um Stellen, die von Frauen besetzt waren. So wurden 191 Erzieherinnenstellen (hauptsächlich in den Arbeiterbezirken), 600 Stellen für Reinigungskräfte und 1.000 im Schreibdienst gestrichen.[395]

Für die Feministinnen der Zeitschrift *Courage* wurden Frauen auf Kosten von Frauen unterstützt. Nach der Hauptausschusssitzung kam das Geld auf dem Vereinskonto an und der endgültige Eröffnungstermin konnte festgesetzt werden: Das erste Frauenhaus sollte am 1. November 1976 seine Türen öffnen.

Einen Monat vorher, am 1. Oktober, konnte die Gruppe endlich mit den Arbeiten in der Grunewalder Villa beginnen. Es gab noch viel zu tun: In der Küche gab es einen Rohrbruch, die Heizung funktionierte noch nicht, Handwerker*innen mussten angeleitet werden und Einrichtungsgegenstände beschafft werden. Ein Telefon gab es zu Beginn auch noch nicht und so besetzten Mitarbeiterinnen die umliegenden Telefonzellen.

Von nun an mussten rund um die Uhr mindestens zwei Mitarbeiterinnen vor Ort sein. Alles musste jetzt gleichzeitig passieren, das Haus einrichten, Telefonanrufe beantworten, Frauen und Kinder empfangen und auf Behörden und Ämter begleiten sowie das Netzwerk aus Anwält*innen und Ehrenamtlichen organisieren.

Anknüpfend an Pizzeys Konzept der »offenen Tür«, wurde keine Frau abgewiesen, lediglich drogenabhängige Frauen mussten an zuständige Institutionen weitergeleitet werden. Sowohl für Mitarbeiterinnen als auch Bewohnerinnen war die Situation komplett neu und extrem herausfordernd.

Bereits 10 Tage später stand die erste Frau, die Ehefrau eines hochrangigen Richters, »völlig verängstigt, zitternd, nur mit Pulli und Hose bekleidet, alle übrigen Sachen hatte sie im Laufe ihrer Irrfahrt verloren«, vor der Tür.[396]

Von nun an kamen zu jeder Tages- und Nachtzeit Frauen mit ihren Kindern im Haus an und noch vor der offiziellen Eröffnung lebten 10 Frauen und 12 Kinder in der Villa.[397]

Die Räume waren auf zwei Etagen, Dachgeschoss und Keller verteilt und umfassten insgesamt ca. 660qm2, der Garten 2.700qm2. Insgesamt standen 13 Räume zur Verfügung, von denen der kleinste ein Etagenbett, die größeren 8–10 Betten unterbringen konnten. Teilweise wohnten in einem 20qm2-Zimmer ca. 15 Personen.

»Das war kein Haus, das für die Beherbergung von so vielen Menschen gedacht war. […] die Frauen und Kinder stapelten sich in den Zimmern. Frauen schliefen zum Teil auf Matratzen im Flur. Und das für Menschen in einer Krisensituation.«[398] Bei 40 Frauen schliefen die Kinder im Bett der Mutter, und es wurde zusätzlich auf die Tagesräume ausgewichen. Stauraum gab es kaum, meist war nur Platz für einen eigenen Koffer. Für Möbel oder Hausrat aus der vorherigen Wohnung gab es keinen Platz, die Sachen mussten zurückgelassen werden. Für die Bewohnenden standen fünf Badezimmer und acht Toiletten zur Verfügung. Im Keller war die Großküche mit vier Kochgelegenheiten und den Kühlschränken, außerdem eine Waschküche. Der 70qm große Tagesraum wurde von allen gemeinschaftlich genutzt, gleichzeitig fanden hier Kinderbetreuung, Neuaufnahme, Beratungsgespräche, Hausversammlungen und Freizeitbeschäftigungen statt. Für die Mitarbeiterinnen war dies eine Herausforderung, da sie kaum Rückzugsmöglichkeiten hatten.

Während des ersten Jahres nach der Eröffnung suchten 615 Frauen und 730 Kinder Schutz und Beratung. Für jede Frau wurde versucht, ein Aufnahmebogen anzulegen und bei längerem Aufenthalt Gesprächsprotokolle zu erstellen.

Da sich das Haus noch in der Entwicklung befand, sind die folgenden Daten ungenau, da ein einheitliches Vorgehen noch nicht bestand. Zudem tauchen Frauen nicht auf, die nur übers Wochenende blieben, für die sich keine Übersetzerin fand oder die sofort ins Krankenhaus eingeliefert werden mussten.

Die Frauen kamen aus den Bezirken Kreuzberg (17%), Charlottenburg (13%), Neukölln (12%) und Schöneberg (10%), gefolgt von Wedding, Spandau und Reinickendorf (9,4%, 7% und 6%), Steglitz, Zehlendorf, Tiergarten, Tempelhof und Wilmersdorf lagen zwischen 3% und 5%, und 4,5% kamen aus dem Bundesgebiet. Alle Zahlen müssen natürlich in Relation zur damaligen Bevölkerungsdichte gesetzt werden. 65 Prozent der Frauen lebten mit ihren Ehemännern, 10 Prozent mit festen Freunden oder Verlobten oder Verwandten und ungefähr 12 Prozent stammten aus dem Ausland.

Diese Zahlen beziehen sich nur auf heterosexuelle Beziehungen. Die Mehrheit der Frauen wurde von ihren Ehemännern misshandelt, einige von ihren Freunden oder Exmännern und eine Minderheit von ihren Vätern oder (Stief-)Söhnen. Als Anlässe für Gewalt wurden Trunkenheit, Eifersucht, Jähzorn, Schulden, Arbeitslosigkeit und Schwangerschaft genannt. Von circa 776 Hinweisen auf Art und Schwere der Misshandlung im ersten Jahr gaben 118 Frauen an, Misshandlungen von besonderer Rohheit mit unmittelbarer Lebensgefahr erlebt zu haben. In etwa 40 Fällen kam es zu brutalen Vergewaltigungen und ungefähr fünfzigmal zu Gewaltanwendung oder Gewaltandrohung gegen die Kinder, um die Frauen zu erpressen. 22 Frauen hatten einen Selbstmordversuch, 12 Frauen zwei und 13 Frauen drei hinter sich.

Im Mai 1977 fand das erste Nationale Frauenhaustreffen in Köln statt, bei dem rund 100 Frauen und 22 Initiativgruppen vertreten waren. Auf dem 8. Treffen in Braunschweig wird im Jahr 1980 die Zentrale Informationsstelle Autonomer Frauenhäuser (ZIF) gegründet. Der Dachverband dient seitdem als Vernetzungs-, Informations- und Koordinationsstelle.

Anfang der 1990er Jahre unterstützte dieser Neugründungen von Frauenhäusern in den neuen Bundesländern und organisierte regelmäßige Treffen zwischen Initiativen aus Ost und West. In den 1990er Jahren entstanden auf Bundesebene Interventionsprojekte gegen häusliche Gewalt und Kindesmisshandlung. Um 1991 teilten einige Frauenhäuser mit, dass der Eindruck bestünde, Frauen fiele es mittlerweile leichter, über die eigenen Gewalterfahrungen zu sprechen. Das Thema häusliche Gewalt wäre außerdem gesellschaftlich anerkannter und weniger tabuisiert.

Die Mitarbeiterinnen diskutierten gegen ihre konzeptuellen Grundsätze über einen Aufnahmestopp. Sie entschieden sich weiterhin für die Bereitstellung des so notwendigen Schutzraumes, auch um weiterhin auf den extrem hohen Bedarf weiterer Frauenhäuser aufmerksam zu machen.

1978 luden die Initiatorinnen zu einer Pressekonferenz, um die Notwendigkeit eines zweiten autonomen Frauenhauses zu verkünden. Die FDP und SPD unterstützten die Frauen erneut, allerdings nur mit Worten, die notwendigen Geldmittel wurden erst mal nicht bewilligt.[399]

Von der Zeitschrift *Courage* als »Dilemma« beschrieben, kam dann ein Schreiben, dass Senatorin Reichel und die Arbeitsgemeinschaft sozialdemokratischer Frauen ein zweites Frauenhaus eröffnen wollten, allerdings unter Eigenregie und nicht autonom. Die SPD hatte es plötzlich sehr eilig, den nötigen Trägerverein in das Vereinsregister einzutragen. Grund war Reichels Wille, den Verein diesmal an einen Träger der freien Wohlfahrt anzuschließen. Die konzeptionellen Vorstellungen stellten sich als »schwammig« und weit entfernt von den Vorstellungen der Frauenbewegung dar, da über die Mitarbeit von Männern nachgedacht wurde.

Mit der Eröffnung des zweiten autonomen Frauenhauses (das bis heute existiert), das die Frauenhausbewegung erneut nur durch monatelange Öffentlichkeitsarbeit erreichte, sank die Ankunftszahl im ersten Haus kurzzeitig fast um die Hälfte. Seit September 1979 wurde dadurch ein »Normalzustand« erreicht.[400] Im Jahr 1979 existierten 32 Frauenhausgruppen und -initiativen im Bundesgebiet und mit Beginn des Jahres 1980 wurde das erste Berliner Frauenhaus in den Haushalt des Berliner Senats überführt.

Zwischen dem 1. Oktober 1976 und dem 31. Dezember 1979 suchten circa 2.500 Frauen und ebenso viele Kinder Hilfe im Frauenhaus.[401] Ende 1980 wohnten im Durchschnitt 40–45 Frauen mit 35–40 Kindern im ersten Frauenhaus. Wegen unüberbrückbarer Zerwürfnisse zwischen den älteren und jüngeren Mitarbeiterinnen schloss das erste Frauenhaus 1999 still und leise seine Türen.

Der Senat wollte den Mietvertrag des stark renovierungsbedürftigen Hauses nicht mehr verlängern.[402]

Am 20. Juni 1980 bat der Deutsche Bundestag die Bundesregierung zu prüfen, ob und welche bundesgesetzlichen Grundlagen für die Finanzierung von Frauenhäusern geschaffen werden können, und gegebenenfalls einen entsprechenden Gesetzentwurf vorzulegen.

Im Jahr 1983 erklärte der Bundestag Frauenhäuser für notwendig: »Frauenhäuser haben mit ihren Aktivitäten wesentlich dazu beigetragen, daß die Öffentlichkeit auf das bis dahin weitgehend tabuisierte Thema der Gewalttätigkeit gegenüber Frauen in der Ehe und Partnerschaft aufmerksam geworden ist und die Forderung nach ausreichenden Hilfen unterstützt. Frauenhäuser sind als Zufluchtsstätten für mißhandelte Frauen und ihre Kinder notwendig. Sie leisten beispielhafte Arbeit vor allem durch Selbsthilfe und ehrenamtliches Engagement.«[403] Die Fraktion der Grünen brachte kurz darauf einen Gesetzesentwurf zur Errichtung einer Stiftung zur Finanzierung von Frauenhäusern in den Deutschen Bundestag ein.[404] Der Gesetzesentwurf wurde abgelehnt.[405]

Keine Männer im Frauenhaus

Anders als bei *Chiswick Women's Aid* galt im Westberliner Frauenhaus Schutz nach außen, was Männern den Zutritt aufs Gelände unter keinen Umständen zugestand. Nicht nur um die Frauen vor weiterer Gewalt zu bewahren, sondern auch um Kindesentführungen zu vermeiden. Zumindest die erste Generation von im Haus lebenden Frauen begrüßte diese Entscheidung grundsätzlich und wehrte sich gegen patriarchale Vorwürfe der »Männerfeindlichkeit«: »Wir sind generell nicht männerfeindlich eingestellt, wollen aber in unserem momentanen Zuhause, aufgrund unserer Erlebnisse, ohne Männer leben.«[406]

Die Entscheidung gegen männliches Personal blieb zentral für das Konzept des Hauses, die Kritik daran hörte nie auf. Nahezu allergisch reagierte immer noch die christlich-konservative Seite auf diese Entscheidung und schürte die Angst einer »Ideologisierung der Frauen«. Aus den eigenen Reihen kam das Argument, »Männer sollen im Frauenhaus arbeiten, damit Frauen und Kinder ein positives Männerbild bekommen«. Diese Aussage wurde von den Mitarbeiterinnen als »Scheinargument« enttarnt. Das Problem sei kein negatives Männerbild, sondern ganz im Gegenteil, ein zu positives, das die männliche Brutalität und Dominanz zu verstehen und zu verzeihen versuche, sonst wären langjährige Gewaltbeziehungen so ja nicht möglich.[407] Aus anderen Frauenprojekten war bekannt, dass mitarbeitende Männer den Projekten sozialen Status verleihen sollten und gerade aus diesem Grund sei es notwendig, dass Frauen, denen a priori kein gleichwertiger gesellschaftlicher Status zugestanden werde, sich diesen ohne Männer erkämpften. Für misshandelte Frauen, denen täglich die Minderwertigkeit und Ohnmacht des weiblichen Geschlechts eingetrichtert wurde, sei es wichtig, auch einmal »starke« anstatt nur »schwache« und geschlagene Frauen zu erleben. Außerdem sollten gerade Fähigkeiten, die bisher als männlich erlebt wurden, wie Reparaturen am Haus, Fußballspielen, Holzhütten bauen, auch als weibliche Fähigkeiten erfahren werden.

So haben Frauenhausmitarbeiterinnen auch heute immer noch eine gewisse Vorbildfunktion, indem sie durch ihre Handlungen und Haltungen den betroffenen Frauen bei der Entwicklung von Selbstbewusstsein und Selbstvertrauen zur Seite stehen. In ihrem ersten Erfahrungsbericht resümieren die Mitarbeiterinnen auch, wie langwierig und störanfällig eine solche Unterstützung sein kann. So hätte sich leider auch gezeigt, dass in stressigen Situationen, zum Beispiel, wenn »das Haus aus den Nähten platzt«, auch die betroffenen Frauen weniger belastbar seien und damit oftmals »ungeduldig die nächstbeste Möglichkeit ergriffen« und nicht selten zum Gewalttäter zurückkehrten.[408]

Ganz praktisch für die Arbeit im Team wurde männliche Mitarbeit eher als Belastung wahrgenommen, da sie an wichtigen Aktivitäten, Gremien, Konferenzen nicht hätten teilnehmen können. Komplizierter gestaltete sich der Umgang mit Söhnen von Bewohnerinnen. Offiziell »erlaubt« war der Aufenthalt von jungen Männern bis 16 Jahre.

Der Brief eines Mannes »mit einem ganz besonderen Anliegen« erreichte die »Leiterin des Frauenhauses« (die es selbstverständlich nicht gab, da es keine Leitung gab) und spiegelt das damalige verbreitete Frauen- und Familienbild wider und lässt damit die Überlegungen gegen männliche Mitarbeit für sich sprechen. In dem Brief heißt es:

»Durch die Presse habe ich verschiedene Berichte über das Frauenhaus in Berlin gelesen. Ich bin 50J. jung, sportlich, gesund, geschieden, lebe mit meinen drei Jungen (9J, 11J, 12J) hier in einer wunderschönen Gegend zwischen Ulm/Donau und München, in einem 4 1/2 Zimmer Reihenhaus mit einem schönen Garten. Ich bin Betriebsleiter und habe ein Gehalt von 2.800 DM, seit einem Jahr verrichte ich alle häuslichen Arbeiten, wie Kochen, Waschen, Bügeln, Backen und Schularbeiten beaufsichtigen, neben meiner beruflichen Tätigkeit alleine. Bei uns ist alles prima in Schuß, die Jugendbehörde hat bei uns keine Beanstandungen. Doch uns fehlt eine liebe Mutti und zärtliche Ehefrau im Hause, denn dann wäre die Familie wieder vollständig. (…) Nachdem ich von all den Quälereien und körperlichen Mißhandlungen gelesen habe, welche viele Frauen erdulden mußten und deshalb aus ihrer Ehe geflohen sind, möchte ich Sie höflich fragen, ob es bei Ihnen nicht eine liebe Frau gibt, welche viel erdulden mußte und gerne wieder so richtig froh und glücklich sein möchte? Bei uns hätte diese Frau es schön, sie braucht nicht arbeiten gehen, sondern soll bei uns sein, denn ich verdiene gut. Die Frau soll so um 38J-42J sein, lieb aussehen und könnte auch gerne noch ein Kleinkind-Mädchen haben, denn bei uns ist viel Platz im Hause. Die Größe dürfte so bis 1,69 cm sein, ansonsten sollte sie vielleicht ein gefühlsbetonter Mensch (…). Die Reise zu uns würde ich selbstverständlich für die neue Mutti und Ehefrau, bezahlen.«[409]

Die ohnehin schon limitierte Bewegungsfreiheit für Frauen im Frauenhaus kann durch die Präsenz von Männern weiter eingeschränkt werden. 45 Jahre später wird das Thema Geschlecht in Bezug auf Bewohner*innen diverser bedacht. Die autonomen Frauenhäuser heute arbeiten an moderneren Konzepten, um FLINT (Frauen, Lesben, inter*, nichtbinäre, trans*) den Zugang und Aufenthalt so diskriminierungsfrei wie möglich zu gestalten.

Selbstbestimmung

»Frauen helfen Frauen« beschreibt seit ihrer Entstehung den feministischen Grundsatz autonomer Frauenhäuser. Diese Haltung geht davon aus, dass jede Frau Expertin und verantwortlich für ihr eigenes Handeln ist. Selbstbestimmung bedeutet nicht nur, der erlebten Dominanz durch einen gewalttätigen Partner zu entkommen, sondern auch in der Institution Frauenhaus keinerlei Bevormundung zu erleben.

Selbstbestimmung bedeutete auch Selbstorganisation. »Das Haus wird von uns selbst verwaltet, wir stellen die Regeln auf und wir entscheiden. Die erste freie Entscheidung ist, die Qual und die Angst zu beenden, dann folgten ›Kleinigkeiten‹, welche Kleidung getragen wird, welche Musik gehört, welche Zeitung gelesen und wann ins Bett gegangen wird. Und schließlich das Ende der Isolation, gemeinsam ins Kino, Theater oder auf eine Party gehen und vor allem über die Erlebnisse sprechen und durch den Austausch neue Erfahrungen zu sammeln.«[410] Später kamen weitere Entscheidungen dazu. So bestimmten die wohnhaften Frauen, grundsätzlich keinen Besuch zu empfangen, weder von Müttern, Freundinnen noch Sozialarbeiterinnen. »Wir fühlten uns wie in einer großen Familie, sicher und geborgen. Das Wichtigste: es gibt Sicherheit vor dem tobenden Ehemann, aber keine Bevormundung, ganz egal durch wen.«[411] Diese Entscheidung wurde aus der Frauenbewegung stark kritisiert, da in der Infobroschüre von 1975 das Konzept als offenes Haus mit Café und Beratungsstelle beschrieben wurde. So kritisierte die bewegungsinterne Zeitschrift *Courage*, dass nicht einmal Frauen aus der Bewegung, die beispielsweise Frauen ins Haus begleitet hatten, zu Besuch kommen durften. Die Kritik scheint berechtigt, denn Teil der Hilfe zur Selbsthilfe kann es auch sein, andere Feministinnen einzuladen und Erfahrungen auszutauschen. Doch beinhaltet Hilfe zur Selbsthilfe, damals wie heute, oft alltägliche Dinge, wie Kontoeröffnung, Ämtergänge, die eigenen Rechte kennenlernen und dafür einsetzen, und weniger, feministische Grundsatzdiskussionen zu führen.

Im Haus musste ein Alkoholverbot durchgesetzt werden, was nicht immer einfach, dafür aber wichtig war. Es galt die Regel, wenn eine Frau im Haus trank, muss sie gehen, was sich in der Realität als kompliziert herausstellte, denn Alkoholikerinnen direkt in die Heilanstalt weiterzuschicken, war oftmals keine sichere und perspektivische Lösung. Einige Frauen genossen auch einfach ihre neue Freiheit und gingen aus und kamen angetrunken zurück. Das Frauenhaus sollte ein Ort der Selbstbestimmung für alle gleichermaßen sein. Andere konnten durch eine Schnapsfahne getriggert werden und in Panik geraten. So viele unterschiedliche Menschen an einem Ort, so eng aufeinander war konfliktreich.

Die Selbstverwaltung beinhaltete zum einen Selbstverpflegung und die Räumlichkeiten in Ordnung zu halten und zum anderen Teilhabe an allen Entscheidungsprozessen im Haus, was durch wöchentliche Hausversammlungen gewährleistet werden sollte. Eigentlich sollten die Bewohnerinnen auch für den Telefon- und Nachtdienst außerhalb der Bürozeiten zuständig sein. Alle Anrufe wurden dokumentiert und mit den Ereignissen und Schwierigkeiten im Übergabebuch festgehalten. Aber die Idee habe sich nicht richtig durchsetzen können in einer Einrichtung, in der stündlich und täglich die Bewohnerschaft fluktuieren konnte, so

Kavemann.[412] Solche Dienste, wie auch das Begrüßen von neu ankommenden Frauen, sind bis heute Teil der selbstbestimmten Praxis. Sie sind die praktische Umsetzung der »Hilfe zur Selbsthilfe«. Auf diese Weise setzen autonome Frauenhäuser auch den hierarchiefreien Umgang zwischen Mitarbeiterinnen und Bewohnerinnen um.

An den Nachtbüchern im FFBIZ sind die teilweise rabiaten Nächte zu erkennen. Während einer Schicht mussten Mitarbeiterinnen mehrmals pro Nacht die Polizei rufen, entweder zur Wohnung einer Frau, die um Hilfe anrief, oder ins Haus selbst, weil emotional fragile Gewalttäter versuchten, sich Einlass zu erpressen. Ein Klassiker war, laut der Nachtbücher, Selbstmord- und Bombendrohungen von verletzten Ehemännern. Und aus einem Übergabebuch: »20.30 Uhr, ein Herr läutet am Wochenende an. Er will das Haus in die Luft sprengen, sich aber zeitlich nicht festlegen. Gabi informiert routinemäßig die Polizei. 21.45 Uhr, ein Herr rief an. Er steht mit einer Pistole in der Telefonzelle gegenüber (wo gegenüber?) und will sich das Leben nehmen, wenn er nicht mit seiner Frau sprechen kann. Die Frau ist nicht hier. Da er aber unter Strom steht, hat die Gabi Mühe ihm das klar zu machen. Vorsichtshalber benachrichtigen wir die Polizei. Herr spricht das Wort zum Sonntag in drei Etappen 22.30, 22.35, 22.50 Uhr, dann hat ihn die Polizei ermittelt und will sich liebevoll seiner annehmen.«[413] Das ist ein wichtiger Punkt, denn auch heute verfügen Frauenhäuser über Wissen zu Gewalttätern und können Warnungen aussprechen. Diese Berichte zeigen aber auch, wie stark die Idee der Selbstbestimmung den männlichen und patriarchalen Vorstellungen zusetzte und wie weit manche Männer bereit wären zu gehen, um die Selbstbestimmung von Frauen zu zerstören.

Der erste Erfahrungsbericht des Frauenhauses dokumentiert auch, wie einige Ehemänner mit allen Mitteln versuchten, »ihre«

Frauen vom Nachhausekommen zu überzeugen, und zeigen damit, wie wenig Männer das Problem eigentlich begriffen bzw. wie schwer sie sich damit taten, die selbstbestimmte Entscheidung der Frauen zu akzeptieren.

Kavemann sieht den Anspruch der reinen Selbsthilfe rückblickend trotzdem kritisch und als etwas »sozial-romantisch«, schließlich trafen hier nicht Frauen aufeinander, die sich gegenseitig bei Alltagsproblemen helfen wollten, sondern Menschen, die sich in einer akuten Krise befanden. Die Vorstellung der reinen Selbsthilfe sei grundsätzlich nicht falsch, so Kavemann, »bloß dass man unter bestimmten Lebensbedingungen und unter bestimmten psycho-physischen Voraussetzungen nicht die Person sein sollte, die die Welt ändert, sondern sich erst mal auf die Füße stellen sollte«.[414]

Migrantisierte Bewohnerinnen

Jede zehnte Bewohnerin im Frauenhaus war migrantisiert und im Gegensatz zu den weißen Frauen erwerbstätig. Die Mehrheit von ihnen kam in den siebziger Jahren aus der Türkei. Auf der einen Seite hatten sie zwar geringe finanzielle Ressourcen, doch wirkte sich »Die Arbeitszeit vieler Ausländerinnen – Schichtarbeit oder geteilter Dienst bei den Putzfrauen, also früh morgens 4 Stunden und spät abends nochmal schwere Bohnermaschinen über endlose Flure schieben, dazwischen die Hausarbeit«, auf das soziale Umfeld aus und begünstigte die soziale Isolation dieser Frauen, so Cornelia Mansfeld Mitte der siebziger Jahre in der Zeitschrift *Courage*.[415] Die besondere Vulnerabilität der erwerbslosen Migrantinnen, die oftmals im Rahmen der Familienzusammenführung eingereist waren, benötigte eine besonders intensive Betreuung durch die Mitarbeiterinnen. »Sie wollen hier bleiben, denn im Herkunftsland können sie nicht mit der Unterstützung ihrer Familie rechnen, in Deutschland aber haben sie keinerlei Rechte, weder auf Aufenthalt noch auf einen Job. Was das Wichtigste ist: sie haben kein Recht auf Sozialhilfe, einem Antrag würde die sofortige Ausweisung folgen. Ohne einen Pfennig kommen die ausländischen ›Nur‹-Hausfrauen ins Frauenhaus. Das uns vor ungeheure Probleme stellt. Ohne Spenden können wir ausländischen Frauen ohne Arbeitserlaubnis nicht helfen. Wahrscheinlich kommen auch so wenige nachgezogene Frauen zu uns, weil sie fürchten, daß ihre Situation aussichtslos ist«.[416] Migrantisierte Frauen und Frauen mit Fluchterfahrung waren und sind besonders gefährdet, da sie oftmals weniger Hilferessourcen haben. Sie können häufig auf kein soziales oder familiäres Netz zurückgreifen und benötigen die Frauenhäuser, um überhaupt aus der Gewaltbeziehung aussteigen zu können.

Laut des ersten Erfahrungsberichts von 1978 waren viele türkische Frauen gesellschaftlich extrem isoliert und sprachen wenig Deutsch. Zu Beratungsterminen nahmen sie oftmals ihre Kinder für die Übersetzung mit. Für die Kinder konnte dies eine erhebliche Überforderung darstellen, da sie von den Gewalttaten durch den Vater an der Mutter berichten mussten. Zu Rassismus kam es auch unter den Frauen im Haus. Laut des Erfahrungsberichts der siebziger Jahre wurden migrantisierte Frauen von deutschen Bewohnerinnen »häufig abgelehnt, unsolidarisch oder gönnerhaft behandelt nach dem Motto: »Die ist uns zu schmutzig«, »was die kocht, würden wir nicht essen«, »wie die sich und ihre Kinder anzieht ist geschmacklos« etc.[417] Die Mitarbeiterinnen berichteten, dass das ausländerfeindliche Bild stark von der vorherrschend-diskriminierenden Haltung der medialen Berichterstattung geprägt war. Allerdings machten sie die Erfahrung, dass das längere Zusammenleben und das Teilen von Erfahrungen zu mehr Offenheit führte. Die Situation änderte sich etwas, als eine türkischsprechende Sozialarbeiterin im Frauenhaus zu arbeiten anfing und somit eine spezifischere Beratung anbieten konnte. Scheidungsfälle waren kompliziert, da die Ehe im Herkunftsland geschieden werden musste. Zu dieser Zeit, und so ist es ja auch heute noch häufig, war es für Migrantinnen extrem schwer, eine Wohnung zu finden. »Nach unseren Erfahrungen sind ca. 90% der privaten Wohnungsbesitzer nicht bereit, Wohnungen an Ausländerinnen zu vermieten«, berichtete eine Mitarbeiterin.[418] Ansonsten unterschieden sich die Gründe für Gewalt durch die Ehemänner nicht sonderlich zu denen von deutschen Frauen. Immer wurde Gewalt mit einer Verletzung der männlichen Ehre und einem patriarchalen Besitzanspruch über Frauen legitimiert.

Mitarbeiterinnenstruktur

Ein typischer Arbeitstag im Frauenhaus konnte stundenlanges Warten auf diversen Ämtern bedeuten, von einem Anwalt oder Polizisten als »hysterisch« beschimpft zu werden, Drohungen zu erhalten oder gar selbst von einem Mann verprügelt zu werden.[419] Ärztinnen und Anwältinnen kamen ehrenamtlich mehrmals pro Woche ins Frauenhaus. Auf diese Weise konnten Frauen Erfahrungen mit feministischen und weiblichen Expertinnen machen und wurden bestärkt in ihren Autonomieprozessen. Gerade bei juristischer Beratung wurden Frauen zuallererst über ihre Rechte informiert, um ihnen Unsicherheiten zu nehmen. Hier zeigte sich, »dass viele Frauen selbst nach den schwersten Misshandlungen glauben, nicht zum Getrenntleben berechtigt zu sein«.[420] In solchen Gesprächen zeigte sich auch, dass einige Frauen über ihre Erlebnisse, also die erfahrene Gewalt, sprechen wollten. Die Annahme, die bis heute verbreitet ist, Überlebende »könnten« und »wollten« nicht über ihre Traumatisierung sprechen, war und ist ein Mechanismus, um geschlechtsspezifische Gewalt und deren Tabuisierung aufrechtzuerhalten. Es hat sich in der Arbeit gezeigt, dass es viel Zeit brauchen kann, bis Frauen sich öffnen, doch ein sicheres und wohlwollendes Umfeld, wie es durch die Mitarbeiterinnen des Frauenhauses geschaffen wurde, führte immer zu Offenheit.

Aufgrund der schlechten personellen Situation war das erste Berliner Frauenhaus auf die Hilfe ehrenamtlich arbeitender Frauen und maximal vier Praktikantinnen angewiesen, was im Konzept eigentlich nicht vorgesehen war. Es handelte sich dabei mehrheitlich um Studentinnen der Sozialwissenschaften, Sozialen Arbeit und Psychologie, die explizit in einem Projekt der Frauenbewegung mitarbeiten wollten. Diese Frauen kamen meist zu festen Terminen einmal die Woche für einige Stunden ins Haus. Sie begleiteteten Frauen auf Ämter, zu Ärzt*innen, in die ehemalige Wohnung oder übernahmen Einzelbetreuungen, wie Lese- und Schreibunterricht. Eine Bewohnerin berichtete: »Wenn ich zu Behördengängen das Haus verlassen musste, kam meistens eine Frau, die ehrenamtlich im Haus arbeitete, mit. Auf dem Bezirksamt Kreuzberg hatten wie einmal einen Zusammenstoß mit [meinem Mann]. Nur mit knapper Mühe und Not haben wir dann das Zimmer von der Familienfürsorge erreicht, sonst hätte ich auch da meine Prügel bekommen.«[421]

Im Kinderbereich war das sporadische Arbeiten eine Herausforderung, da oftmals kein Vertrauen zu den Kindern aufgebaut werden konnten. Damit die Kinder einen Bezug zu Mitarbeiterinnen herstellen konnte, wurden regelmäßig feste Aktivitäten mit ihnen veranstaltet. Außerdem waren zwei Rechtsanwältinnen an einem Termin in der Woche als Honorarkräfte vor Ort, später wurden sie von vier Gerichtsreferendarinnen bei der Beratungstätigkeit unterstützt.

Alle weiteren, das Haus betreffenden Arbeiten, Öffentlichkeitsarbeit, Kontakt mit den Ehrenamtlichen, Erstellen von Dienstplänen sowie Nachbetreuung, wurden nach rotierendem Prinzip von den festen Mitarbeiterinnen übernommen. Auf diese Weise sollten jegliche Hierarchien im Team vermieden werden. Sensibilität für die Situation der misshandelten Frauen bei gleichzeitiger Abgrenzung, war ein Spagat, der für alle Beteiligten erschöpfend sein konnte, denn weder gab es zu diesem Zeitpunkt der Frauenhausgeschichte andere Erfahrungswerte noch Supervision.

Nach einem Jahr resümiert eine Mitarbeiterin: »Wir sind immer noch zutiefst erschüttert, wenn eine Frau zusammengeschlagen zu uns kommt. In dem Moment braucht es deine ganze Kraft, um nicht loszuheulen.«[422] Im Hausalltag blieb oftmals nicht einmal die Zeit, sich untereinander über das Erlebte auszutauschen. Beratung konnte »improvisiert« werden, wenn es ein Verständnis für Gewaltdynamiken gab, doch was es tatsächlich bedeutete, Wohnberechtigungsscheine zu beantragen, Wohnungen zu suchen und Kitaplätze zu organisieren, darauf war niemand vorbereitet.

Von Anfang an gab es Spannungen zwischen dem festen Team sowie den Ehrenamtlichen und Honorarkräften. Von den Teamsitzungen, die dem Erfahrungsaustausch dienten, wurden die Ehrenamtlichen zu Beginn ausgeschlossen. Da sie nur wöchentlich ins Haus kamen, fehlte ihnen so das notwendige Wissen über Veränderungen und Entwicklungen, die die Bewohnerinnen betrafen.

Gerade zu Beginn der Frauenhausarbeit, als es noch nicht so wie heute ausgearbeitete Aus- und Fortbildungen, Strategien, Methoden und Interventionen gab, zeigten sich Widersprüche in der Arbeit mit gewaltbetroffenen Frauen. Die Frankfurter Gruppe erinnert sich an den Konflikt zwischen feministischer politischer Arbeit und sozialarbeiterischem Alltag. Sie fühlten sich wie »omnipotente Supermütter«, die »alle Probleme lösen, alles Unheil abwenden« könnten und nun die Frauen retteten, die vorher versucht hatten, ihre Männer zu retten.[423] Eine amerikanische Frauenhausmitarbeiterin brachte es auf den Punkt, dass sie zwar Wut und Traurigkeit spüre, wenn eine Frau zum gewalttätigen Ehemann zurückginge, doch sei ihre Aufgabe nicht, sie davon abzuhalten, sondern ihr das Wiederkommen zu ermöglichen.[424]

Seit 1977 existierten zwei Wohngemeinschaften, die intern als Stufe-Zwei bezeichnet wurden. Die beiden Wohnungen wurden vom Trägerverein angemietet und vom Sozialamt bezahlt und an Frauen aus dem Haus untervermietet. Hier konnten Frauen, oftmals aus dem Wunsch heraus, wieder zu arbeiten oder eine Ausbildung zu machen und die eigenen Kinder gut betreut zu wissen, in eigenen Wohneinheiten leben.

Nach Ablauf eines Jahres hatten die Frauen die Möglichkeit, die Wohnungen als Hauptmieterinnen zu übernehmen. Die Wohneinheiten lagen auf einer eigenen Etage, wie eine Wohngemeinschaft. Die Erfahrungen im Haus hatten manchen Frauen gezeigt, dass sie anderen Frauen vertrauen und sich gegenseitig unterstützen konnten. Es entstand das Bedürfnis, zusammenzuwohnen. Bei einigen Frauen natürlich auch das komplette Gegenteil. So berichtete eine Autorin der *Courage*, die im Jahr 1977 das Amsterdamer Frauenhaus besuchte, dass auf ihre Frage, ob die dort lebenden Frauen sich ein Leben in einer Frauen-WG vorstellen könnten, alle »lauthals nein!« schrieen.[425]

In diesen Wohngemeinschaften waren Männerbesuche erlaubt und wurden unter den WG-Frauen ausdiskutiert, nur wer wieder mit dem alten Peiniger zusammenkam, musste die Wohnung verlassen. Eines der Hauptziele war, dass Frauen hier mit Unterstützung der anderen Zeit hatten, eine eigenständige Zukunft zu planen. Der Kontakt zum eigentlichen Haus, bei Pizzey »Mutterhaus« genannt, konnte über Beratung, Feste und Mitarbeit erhalten bleiben.

Auch für die Mitarbeiterinnen war es wertvoll und für die Bewohnerinnen ermutigend, zu erleben, wie sich manche Frauen seit ihrer Ankunft veränderten und stärker wurden und auch andere Frauen unterstützen konnten.

Ehemalige Bewohnerinnen gründeten auch selbstständig WGs. »Unsere Wohngemeinschaft besteht aus fünf Frauen und sieben Kindern im Alter von 2,5-12 Jahren. Wir bewohnen zwei große Wohnungen in einem ausgedienten Versicherungsgebäude in Berlin-West. Wir kennen uns alle aus dem Berliner Frauenhaus. Vier von uns haben sich auf der Schwarzwald-Reise, die im Sommer 1977 vom Frauenhaus organisiert wurde, näher kennengelernt.«[426]

Eine andere: »Ich war 6 Monate im Frauenhaus, dort habe ich in erster Linie die Erfahrung gemacht, daß ich mit meinen Problemen nicht mehr alleine bin. (...) Ich entschloß mich darum, auch nach dem Verlassen des Frauenhauses mit anderen Frauen zusammenzuleben. (...) Viele Gespräche und Unternehmungen mit den anderen Frauen im Haus, mit den Frauen aus dem Frauenhaus und ehrenamtlichen Helferinnen gaben mir das Gefühl, mein Leben auch ohne Mann allein mit drei Kindern meistern zu können.«[427]

Bis zum 7. Dezember 1976, also nur einen Monat nach Eröffnung, wurden insgesamt 94 Frauen mit 108 Kindern aufgenommen. Zwei männliche Jugendliche über 16 Jahren wurden in Jugendwohngemeinschaften vermittelt. Elf Frauen kamen ohne ihre Kinder, sie waren entweder beim Vater oder im Heim untergebracht. 14 Frauen hatten keine bzw. erwachsene Kinder. Von den 56 Frauen, die das Haus wieder verließen, gingen ca. 35 Prozent zum Ehemann zurück und ca. 12 Prozent zogen in eine eigene Wohnung. Um die 60 Frauen ersuchten Hilfe, in Form von Beratung, ohne selbst im Haus zu wohnen.

Ursprünglich war geplant, dass alle Mitarbeiterinnen unabhängig von ihrer Qualifikation oder des Anstellungsverhältnisses gleich verantwortlich für alle Aufgaben waren. Im Laufe der Zeit entwickelte sich allerdings die Arbeit mit den Kindern zu einem eigenen Tätigkeitsfeld.

Der Kinderbereich

Zu Beginn hieß es noch: »Wir sind ein Frauenhaus und kein Kinderhaus«, doch die Menge an Kindern forderte die Gründung dieses spezifischen Arbeitsbereiches. Der Zusammenhang zwischen Frauenberatung und umfassender Kinderbetreuung wurde immer deutlicher.

Bis heute zeigt sich an den überfüllten Frauenhäusern, dass Frauen- und Kinderrechte gekoppelt sind. Die Care-Arbeit hängt an Frauen, die damit oft doppelt belastet und gleichzeitig schlechter bezahlt werden und damit weniger Chancen auf dem Wohnungsmarkt haben.

Die Arbeit mit den Kindern nahm extrem viel Zeit und Raum in Anspruch, womit keine der Frauen ansatzweise gerechnet hätte. Die Entscheidung, im Kinderbereich zu arbeiten, basierte weniger auf einer pädagogischen Ausbildung als auf Vorliebe und Interesse. Bis die zwei Spielzimmer renoviert waren, gab es nur ein unbeheiztes Durchgangszimmer zur Betreuung der Kinder.

Neben dem Garten hatten die Schulkinder einen Keller, in dem sie Schulaufgaben machen konnten. Die Mitarbeiterinnen des Kinderbereichs halfen beim Schulwechsel, Einschulung und vor allem bei den Hausaufgaben, um die Kinder vor einem »Absturz« in der Schule zu bewahren. Die Frauen und ihre Kinder kamen aus allen Stadtteilen, deshalb waren Schulwechsel häufig notwendig. Da durch häusliche Gewalt nachweislich Bildungschancen genommen werden, war die Betreuung der Schulkinder ungemein wichtig.

Für die Vorschulkinder musste eine Lösung gefunden werden, denn »die knallten durch« auf diesem engen Raum, so eine Mitarbeiterin des Kinderbereichs. Nach längerem Suchen fand sich »ein barackenähnliches Gebilde, etwas weiter raus aus Berlin, mit einem Garten, wo wir mit den kleinen Kindern tagsüber waren. Das heißt, die kleinen Kinder wurden morgens in den Frauenhaus-VW-Bus gepackt«, was oft sehr dramatisch verlief, da sie möglicherweise erst in der Nacht mit ihren Müttern angekommen und total überfordert von den vielen fremden Menschen waren, die Mutter aber sofort aufs Amt musste, um für ihren Lebensunterhalt Leistungen des Bundessozialhilfegesetzes zu beantragen.

Das Kinderhaus war in Besitz des Senats und wurde von verschiedenen Eltern-Kind-Gruppen angemietet. Das Haus hatte drei Zimmer und eine Küche und wurde vom Frauenhaus von Montag bis Freitag zwischen 9 und 15 Uhr angemietet. Das Haus lag direkt am Wald. »Das war so ein bisschen wie eine alternative Kita mit viel zu vielen Kindern und vor allem mit Kindern, die täglich wechselten«, erinnert sich Kavemann. Das gemeinsame Frühstück und Mittagessen wurde von den Müttern getragen, da keine finanziellen Mittel zur Verfügung standen. Häufig gab es nur Nudeln mit Butter oder Kartoffelbrei mit brauner Soße.

Die neuen Räumlichkeiten für die Kinder entspannten auch die Beziehung zur Nachbarschaft, durch ihre Abwesenheit wurde es ruhiger. Einige Kinder konnten sich nur schwer von der Mutter, Geschwistern oder vertrauten Mitarbeiterinnen trennen, deshalb hielten sich diese auch im Frauenhaus auf. Die Ausstattung im Kinderhaus musste regelmäßig erneuert und ersetzt werden, da sie von so vielen Kindern permanent in Benutzung war. Regelmäßig fand ein Treffen zwischen Müttern, Nichtmüttern und zwei Mitarbeiterinnen statt, um sie in die pädagogische Arbeit miteinzubeziehen oder individuelle Erziehungshilfen zu geben und Erziehungsmechanismen kritisch zu hinterfragen. Gerade in Bezug auf Gender und Sexualität, denn den Mitarbeiterinnen fiel auf, dass die im Haus lebenden Kinder ein stark ausgeprägtes (binäres) geschlechtsspezifisches Rollenverhalten verinnerlicht hatten. Die meisten männlichen Kinder traten selbstbewusster, aktiver und dominierender auf, die weiblichen Kinder eher passiv, ängstlicher und verständnisvoller. Gerade bei der Gruppenarbeit habe sich gezeigt, wie 3-jährige Mädchen zurückhaltender oder fürsorglicher reagierten und 5-jährige Jungs sich schon wie gewalttätige Männer aufführten. Im Erfahrungsbericht des Frauenhauses ist weiter nachzulesen, dass die Feministinnen versuchten durch Spiele mit vertauschten Rollen und der Beteiligung an Spielen, die traditionell dem anderen Geschlecht zugeordnet wurden, den Kindern die Flausen auszutreiben.[428] Viele Kinder mussten ihr Verständnis von Familie, Mutterschaft, basierend auf familistischen Hierarchien, gezwungenermaßen neu organisieren.

Während der Modellphase stellte sich heraus, dass die Beratung in Zusammenarbeit mit ausgebildeten Sozialarbeiterinnen, Psychologinnen und Juristinnen stattfinden musste. Für den Kinderbereich zeigte sich dies ebenfalls, benötigt wurden Qualifikationen in Pädagogik und Logopädie. Die Sozialwissenschaftlerin Barbara Kavemann, die im Rahmen der wissenschaftlichen Begleitung zwei Jahre im Kinderbereich arbeitete, ist heute eine der aktivsten und relevantesten Wissenschaftlerinnen, die im Bereich Kinderschutz, sexualisierte Gewalt gegen Kinder und Prävention arbeitet.

Mitarbeit von Wissenschaftlerinnen

Voraussetzung für die Finanzierung durch öffentliche Gelder war die wissenschaftliche Begleitung des Projekts. Die offizielle wissenschaftliche Begleitung wurde im Februar 1977 durch das Bundesministerium für Jugend, Familie und Gesundheit ausgeschrieben, was das Gründungsteam erst mal »sehr verschnupft« aufnahm, so Barbara Kavemann.[429]

Carol Hagemann-White, die damals am Beginn ihrer wissenschaftlichen Karriere stand, bekam den Zuschlag vom Ministerium und übernahm die Leitung. Zu Beginn reagierte das Team misstrauisch und konkurrierend gegenüber Hagemann-White, die heute eine herausragende Rolle in der sozialwissenschaftlichen Gender- und Gewaltforschung spielt, schließlich waren die Mitarbeiterinnen auch akademisch ausgebildet und hätten diese Arbeit selbst übernehmen können.

Erneut musste ein Kompromiss gefunden werden, der den Wunsch des Gründungsteams, in der wissenschaftlichen Begleitung mitzuarbeiten, ernst nahm und gleichzeitig ausreichend Möglichkeit bot, den Vertrag mit dem Ministerium zu erfüllen. Damit feministische Positionen bei der wissenschaftlichen Arbeit nicht in den Hintergrund traten, fragte das Frauenhausteam Barbara Kavemann als Vertreterin des Hauses für die Mitarbeit an der wissenschaftlichen Begleitung an.

Die Arbeitsgruppe »sozialwissenschaftliche Frauenforschung« stand schließlich fest und neben Hagemann-White und Kavemann als Leitungsteam, waren die Diplomsoziologinnen Johanna

Kootz (ebenfalls Mitglied der Initiativgruppe) und Ute Weinmann sowie die Diplompädagogin Carola Christine Wildt Teile des externen Teams. Als Vertretung für die Mitarbeiterinnen aus dem Haus kamen die Diplompsychologinnen Roswitha Burgard und Ursula Scheu dazu.

Vereinbart wurde, dass alle Personen, die an der wissenschaftlichen Begleitung beteiligt waren, für mindestens ein Jahr praktisch im Frauenhaus mithalfen und umgekehrt feste Mitarbeiterinnen aus dem Haus wissenschaftlich mitwirken konnten. »Das hört sich schön an, das klingt wahnsinnig partizipativ, (…) aber kein Mensch würde heute mehr solchen Unsinn machen«, so Kavemann.

Für die Wissenschaftlerinnen war die Situation ambivalent, auf der einen Seite konnten sie die zu evaluierende Einrichtung von innen kennenlernen, auf der anderen Seite war dieser Status oftmals hinderlich im Umgang mit den Bewohnerinnen und dem Team. Trotz aller Schwierigkeiten ging aus der zusätzlichen wissenschaftlichen Begleitforschung, die sowohl in Berlin als auch in Köln praktiziert wurde, ein neuartiger Forschungsansatz hervor. Maria Mies hielt diesen 1978 in sieben Postulaten fest, die noch heute einen wichtigen Paradigmenwechsel für sozialwissenschaftliches Arbeiten und die Arbeit im Frauenhaus darstellen. Ich möchte diese hier knapp erwähnen, da sie eine absolute Bereicherung darstellen, um feministischen Aktivismus und Theorie zu verbinden. 1. wird Objektivität durch Parteilichkeit ersetzt. Diese wird erreicht durch eine teilweise und bewusste Identifikation mit dem »Forschungsobjekt«. Dabei wird nicht nur das »Forschungsobjekt« als Teil eines umfassenden gesamtgesellschaftlichen Zusammenhangs begriffen, sondern auch die Forschungssubjekte selbst. Forschende und Erforschte stehen dabei in einem ständigen kritischen Dialog. 2. Die bewusste Parteilichkeit und Reziprozität ermöglichen eine »Sicht von unten«, um die Herrschaftssituation zwischen Forschenden und Erforschten abzubauen und so zu authentischen Ergebnissen zu kommen. 3. Die Teilnahme an Kämpfen und Aktionen soll die Forschung in die politische Praxis integrieren. Diese Idee wurde in den Befreiungskämpfen besonders in Lateinamerika entwickelt. 4. Die realen Veränderungen durch politische Kämpfe werden als Ausgangspunkt für wissenschaftliche Erkenntnis genutzt. »Um ein Ding zu lernen, muss man es verändern«. Bedeutet, erst durch das Frauenhaus konnte Gewalt gegen Frauen zum Forschungsfeld werden. 5. Wissenschaftlerinnen stehen im Dienste der Aufhebung der Unterdrückung von FLINT und suchen sich ihr Forschungsfeld nicht mehr nach Belieben und Karrierechancen aus, sondern machen politische Ziele und Betroffenheit zum Ausgangspunkt ihrer Forschung. 6. Zur entscheidenden Methode wird hierbei die Erforschung einer unterdrückten Situation nicht durch wissenschaftliche Expertinnen, sondern durch Beteiligte. Der Forschungsprozess wird so zu einem Bewusstwerdungsprozess. 7. Ziel ist eine kollektive Bewusstwerdung, nicht im verallgemeinernden Gedanken der Sisterhood und einer grundlegenden Frauensolidarität, sondern die Antwort auf die Frage, wie die FLINTunterdrückung mit der Klassenunterdrückung zusammenhängt und wie beide aufzuheben wären.[430]

Und auch den Mitarbeiterinnen fiel es schwer, in einen noch nicht ausreichend strukturierten wissenschaftlichen Begleitprozess einzusteigen. Hagemann-White, Kavemann und Kootz nahmen sich schließlich ein Jahr frei und bezogen Arbeitslosengeld, damit die wissenschaftliche Arbeit im Jahr 1981 in der Schriftenreihe des Bundesministers für Jugend, Familie und Gesundheit publiziert werden konnte.

Am 23.3.1982 trug Bundesfamilienministerin Antje Huber den wissenschaftlichen Abschlussbericht im Bundestag vor. Mit den Ergebnissen einer dreijährigen wissenschaftlichen Arbeit am Bundesmodellprojekt Frauenhaus wurde das Problem der häuslichen Gewalt nun als offiziell anerkannt.

Neben der wissenschaftlichen Begleitung entstanden in Berlin und Köln Erfahrungsberichte, die zur Grundlagenliteratur für die Arbeit und das Selbstverständnis von neueröffneten Frauenhäusern in anderen Städten wurden.[431] Den erfahrenen Initiativgruppen lag daran, ihre Kenntnisse zu teilen, damit Anfangsfehler vermieden werden konnten. Drei Jahre nachdem die wissenschaftliche Begleitung in der Publikationsreihe des Berliner Senats erschien, erklärte auch der Bundestag Frauenhäuser für »notwendig«.

Kritik am Frauenhaus

Es gab Kritik innerhalb der Linken, aus deren emanzipatorischem Zusammenhang sich die Initiativgruppe zusammengefunden hatte, es gab Kritik innerhalb der feministischen Zusammenhänge und es gab Kritik innerhalb der Frauenhausgruppe selbst. Hinzu kamen konkrete Konflikte vor allem mit der Grunewalder Nachbarschaft, die sich im Grunde an der im Frauenhaus praktizierten Selbstbestimmung von Frauen und ihren Kindern abarbeitete.

Unmittelbar nach der Eröffnung des Frauenhauses wurde Kritik aus den Reihen der K-Gruppen, die sich vom Projekt ausgeschlossen fühlten und sogleich eine Grundsatzdiskussion eröffneten, laut. In einem Artikel der *Rotfront-Stadt*, der Westberliner Zeitung des Kommunistischen Bundes (KB), stand: »Die Frauenhausinitiative hat kaum versucht, breite Teile der Linken und der Frauenbewegung in die Kampagne für ein Frauenhaus einzubeziehen, im Gegenteil, mehrmals hat man sich gegen angebliche ›Einmischungsversuche‹ von linken Organisationen usw. ausdrücklich gewehrt! Das hatte die Konsequenz, daß die Linke und die Frauenbewegung und auch die Betroffenen selbst bei der Diskussion um dieses Projekt außen vor gelassen wurden! Insofern kann man wohl auch kaum davon reden, daß dieses Frauenhaus ein Produkt des Kampfes der Frauenbewegung ist, wie es die *Courage* tut. Nur weil es massenweise Gewalt an Frauen gebe, könne man das nicht mit der Existenz einer Bewegung gleichsetzen, die sich aktiv für die Errichtung eines Frauenhauses einsetze. Denn ›anders als in London gibt es in Westberlin auch keine Initiative, die von direkt betroffenen Frauen selbst getragen wird.‹[432]

Der Gedanke, dass von den Betroffenen selbst der Impuls zur Veränderung ausgehen solle, war zentral für die Neuen Sozialen Bewegungen der 1970er Jahre. Die Mitarbeiterinnen des Frauenhauses waren selbst von Gewalt betroffen, vielleicht nicht unbedingt von häuslicher, aber weil sie als Frauen in einer patriarchalen Gesellschaft permanent mit Gewalt konfrontiert waren und die Sozialisation von Frauen größtenteils gewaltförmig abläuft, indem ihre Selbstbestimmung permanent eingeschränkt wird. Genau diese Erfahrungen als »Frau« waren es, die die Frauenhausgruppe zusammenbrachten. In ein Frauenhaus kommen jedoch Menschen, deren Existenz hochgradig gefährdet sein kann und die höchst traumatisiert sind. Darum betont die ehemalige Mitarbeiterin Barbara Kavemann, dass von Menschen, die keine Kraft mehr haben, nicht erwartet werden kann, »die Speerspitze« einer Bewegung zu sein.

Feministische Kritik kam von Seiten des Sozialistischen Frauenbundes. Philosophin Frigga Haug empfand das Engagement der Frauenhausgruppe als zweifelhaft, »weil man damit dem Staat die Arbeit« abnehme und nichts konkret am System verändere. Mitarbeitende autonomer Frauenhäuser und anderer Notunterkünfte stellen sich seit je die Frage nach ihrem eigenen Anteil an der Stabilisierung der bestehenden Gewaltverhältnisse, doch werden diese bis heute nicht hinreichend von politischer Seite angegangen.

Vorurteile bestanden von Anfang an auch bei einigen Behörden. Von einer Sozialarbeiterin stammte die Aussage: »In diesem Haus befinden sich doch nur asoziale, arbeitsscheue oder lesbische Frauen.«[433] Das Zitat passte zur Rhetorik der *Bild*-Zeitung, die immer wieder skandalisierende und diskriminierende Schlagzeilen einsetzte, wie: *Frauenhaus: Lesbische Liebe, nachts kreist die Flasche.*

Am 8. November 1976 erschien in der *Bild* der Artikel *Frauenhaus: Ich war froh, als ich draußen war …* einer Journalistin, die sich als geflohene Ehefrau ausgab und sich so Zugang zum Haus verschaffte. »Nach einigem Zögern läßt mich eine junge rothaarige Frau hinein. Kann ich dir helfen? Willst du dich ausruhen? Brauchst du einen Arzt? sind ihre ersten Worte. Ich fühle mich bei ihr geborgen. Sie ist so mitfühlend, so besorgt. Das ist schön.« Nach ihrem warmen Empfang berichtet die Journalistin dann weiter von aggressiven, phlegmatischen, faulen Frauen, die in einem »verdreckten« Haus »stumpfsinnig vor sich hinstarren, im Mundwinkel eine Zigarette, vor sich auf dem Tisch eine Kaffeetasse« oder sich »mit Worten prügeln, wer schuld daran ist, daß die Klos ewig verstopft sind«, und »mittendrin die Kinder. Auch sie schreien sich gegenseitig an und sie weinen.«[434]

Am 9. November griff der ›Abend‹ den *Bild*-Artikel mit einem besorgten Blick auf die deutschen Steuergelder und die weibliche Seele auf: »Der Verdacht drängt sich auf, daß hier eine emanzipationsbewußte Damen-Riege eine Idee hatte, die sie im Eilverfahren durchsetzen wollte. Die Geldquelle sprudelte auch gleich, ohne daß sich der Senat vom ordentlichen Start und von einem durchdachten Projekt überzeugte. Ein unruhiges Haus aber ist kein gutes Haus für seelisch und körperlich geprügelte Frauen, die am Ende ihrer Nerven sind und wieder auf die Beine kommen wollen. Der Schnellschuß für teures Geld ging fürs erste nach hinten los. Wer der Hölle entkommt, wird das Fegefeuer kaum als gutgemeinte Hilfe empfinden.«[435]

Zu handfesten Problemen kam es mit den Nachbar*innen. Die Nachbarschaft im Grunewald, deren Namen die Liste gesellschaftlicher Persönlichkeiten Westberlins zierten, protestierten noch vor der tatsächlichen Eröffnung. Sie waren empört, warum denn »so etwas« in ihrer Nähe errichtet werden solle und ob Berlin denn keine anderen Sorgen hätte, als jeden »Unfug aus dem Ausland« nachzuahmen.[436] In der Regel richteten sie ihre Beschwerden direkt an den Senat und später auch ans DRK. Für alle Beteiligten war dies eine neuartige Extremsituation und kein Mensch hatte mit diesem Sofortstart und dieser Anzahl von Gewalt betroffenen Frauen und Kindern gerechnet. Zynisch daran ist, dass die meisten Frauen solch eine engagierte Nachbarschaft bisher nicht kannten. Die Erfahrungen der meisten waren, dass Nachbar*innen die Vorhänge zuzogen, mit dem Besenstiel gegen die Decke klopften und sich gar nicht oder wegen Ruhestörung und »Möbelrücken« beschwerten.

Ein empörter direkter Nachbar: »So werden Zäune zerstört, Müll in die angrenzenden Gärten geworfen, Überschwemmungen dadurch verursacht, daß sie mutwillig Wasserhähne aufdrehen und Wasser ausströmen lassen.« Lärmbelästigung spielte aufgrund der vielen Kinder eine Rolle. »Die Nachtruhe der Nachbarn wird regelmäßig gestört durch den von ihrem Haus ausgehenden Lärm, nämlich den Streitereien der Frauen untereinander. (…) Tagsüber herrscht permanenter Lärm, Radios werden laut gespielt und Kinder schreien. Dabei kommt es von Seiten der Bewohner gegenüber Nachbarn zu den übelsten Beschimpfungen wie ›Kapitalistenschweine‹ u.ä.«[437] Für die Nachbar*innen war die hierarchiefreie Struktur eine Herausforderung, da sie nie wussten, an wen sie sich mit ihren Beschwerden wenden sollten. Weder gab es eine Leitung, noch waren die Mitarbeitenden von den Bewohnerinnen zu unterscheiden. »Infolgedessen ist davon auszugehen, daß ein gedeihliches Nebeneinander aufgrund der aggressiven Einstellung gegenüber den Nachbarn nicht möglich ist.« Ein weiterer direkter Nachbar schrieb an Senatorin, Bürgermeister und den Berliner Polizeipräsidenten, um beide Institutionen darauf aufmerksam zu machen, dass er für jeden »direkten und indirekten Schaden«, der ihm durch das Frauenhaus entstehe, das Land Berlin haftbar mache.[438]

Im September 1977 schlossen sich Mitglieder der Grunewalder Nachbarschaft zu einer Bürgerinitiative zusammen und protestierten gegen »Lärmbelästigung«. Zum einen bedauerten sie, dass das wunderschöne Haus sich doch besser für gemeinnützige Zwecke, z.B. eine Bildergalerie eigne und beschimpften die Bewohnerinnen als »Asoziale, die in dieser bevorzugten Wohngegend, wo schwerarbeitende Bürger leben, nichts zu suchen haben und wenn, dann in einem Heim, ›wo Zucht und Ordnung« herrsche‹.[439] Eine Bildergalerie in einem ehemaligen DRK-Haus als gemeinnütziger wahrzunehmen als ein Haus für misshandelte Frauen ist so zynisch und dekadent. Mit Sicherheit war es laut und unordentlich bei so vielen Menschen auf so engem Raum. Die Bewohnerinnen aber als »asozial« zu bezeichnen und in ein »Heim« sperren zu wollen, knüpft an Nazi-Rhetorik an und verweist auf die Idee, Frauen und Mädchen, die sich nicht an gesellschaftliche Erwartungen anpassen wollen, in Erziehungsheime und Psychiatrien abzuschieben. Das gesellschaftliche Problem wird damit individualisiert und so am Gesamtzustand weiter festgehalten. Die Idee, das Frauenhaus als Heim zu begreifen, macht auch das Vorurteil deutlich, Frauen seien unfähig, für sich alleine zu sorgen, und benötigten erzieherische Betreuung – wenn schon nicht durch Ehemänner, dann durch Fachkräfte. Dieses bürgerliche Aufbegehren gegen die Selbstbestimmung von Nichtmännern, erinnert an die Proteste gegen den Bau von Heimen für Geflüchtete. Die historische Kontinuität im Verteidigen von Privilegien zeigt sich hier einmal mehr.

Ein großes Problem war auch, dass »durch gezielte breite Propaganda in Wort und Bild« nicht nur das Projekt, sondern auch der Sitz des Frauenhauses bekannt geworden war, was zu regelmäßigen Besuchen von Ehemännern führte, die, um in das Haus zu gelangen, auch die anliegenden Grundstücke betraten.[440] Die Mitarbeiterinnen suchten das Gespräch mit der Nachbarschaft und es stellte sich heraus, dass einige den Ort nicht an sich ablehnten, sondern sich durch die vielen Menschen und den Lärm in ihrer Ruhe gestört fühlten.

Auch innerhalb der Gruppe knirschte es. Am 2. Dezember 1977 verkündete Mitgründerin Renate Bookhagen offiziell ihren Rücktritt aus Vorstand und Verein. »Die ursprüngliche Initiativgruppe mit einem gemeinsamen politischen Zusammenhang gibt es nicht mehr«. Stattdessen gebe es zwei Fraktionen aus Mitarbeiterinnen und Ehrenamtlichen und einen Mangel an Kooperationsbereitschaft. Zudem seien Termine mit Senatsstellen, Bezirksämtern und dem Trägerverein nicht eingehalten worden.

Im folgenden Zitat zeigt sich die Spannung zwischen dem Anspruch der gesellschaftlichen Veränderung bei einer gleichzeitigen Abgrenzung zu eben dieser Gesellschaft. »Waren wir noch vor Errichtung des Frauenhauses in der Offensive, in der wir das Thema Gewalt gegen Frauen zu einer brisanten politischen Frage machten, so hat sich diese Offensive längst in eine arrogante oder zynische Abschirmung nach außen hin verflüchtigt.«

Grundlegend war auch die Frage, wer eine »echte Feministin« war und wer nicht.[441] Einige aus der alten Riege, der Initiativgruppe waren unzufrieden mit den neuen Feminismen der jüngeren Mitarbeiterinnen. So kam es beispielsweise zum Streit, als eine jüngere Mitarbeiterin vorschlug, ihr Freund könne den VW-Bus fahren, was erneut die Frage nach männlicher Mitarbeit aufwarf.

Weitere Frauen aus dem Frauenzentrum kritisierten die fehlende Transparenz, mangelnde Vernetzung mit der Frauenbewegung und fehlendes öffentliches Engagement, wie aus der *Courage* hervorgeht: »Seitdem das Frauenhaus existiert, gab es grundlegende Umwälzungen in der Sozial- und Familienpolitik der Bundesregierung und des Berliner Senats, die teilweise direkt mit dem Haus, immer aber mit der Situation von Frauen in Zusammenhang stehen.

In der gleichen Sitzung, in der ein Ausschuß des Berliner Abgeordnetenhauses 90.000 DM Zuschuss für das Frauenhaus bewilligte, wurden mehrere 100.000 DM Zuschüsse für Eltern-Kind-Gruppen gestrichen. Mütter sind von dieser Maßnahme betroffen. Was Frauen auf der einen Seite gegeben wird, nimmt man ihnen auf der anderen Seite vervielfacht wieder weg. Wieso hat das Frauenhaus hierzu nicht Stellung bezogen?« Solche Beispiele gibt es noch heute und sie zeigen, dass der Zusammenhang zwischen Kinder- und Jugendarbeit, Prävention und häuslicher Gewalt nicht erkannt oder ignoriert wird. Dem Berliner Verein BIG e.V. wurden für das Jahr 2020 für den Bereich Gewaltprävention an Schulen 20.000 Euro vom Senat gestrichen.[442] Diese Entscheidung widerspricht der Istanbul-Konvention.

»Die Sparmaßnahmen des Berliner Senats treffen zuerst die sozialen Dienstleistungen wie Kitas, Familienfürsorge usw. Dies bedeutet, sie treffen Frauen als Nutznießerinnen solcher Einrichtungen. Für misshandelte Frauen ist die Familienfürsorge oft die erste Anlaufstelle. Seit einiger Zeit wird von verschiedenen Politikern die Kürzung der Sozialhilfe diskutiert, bekanntermaßen sind es in erster Linie Frauen und ihre Kinder, die von Sozialhilfe zu leben gezwungen sind. Die Praxis der Berliner Sozialämter nimmt aber schon vorweg, was auf politischer Ebene noch diskutiert wird. Ein großer Teil der Frauen, für die das Frauenhaus der Beginn eines neuen Lebens darstellt, sind auf Sozialhilfe angewiesen und von der schikanösen Knauserei der Sozialämter betroffen. Wo bleibt die Stellungnahme des FH zur Kürzung der Sozialhilfe?«[443] Die frauenbewegte Kritik an mangelnder Vernetzungs- und Öffentlichkeitsarbeit wurde lauter. Heute übernehmen beispielsweise Frauenhauskoordinierung e.V. oder die Zentrale Informationsstelle autonomer Frauenhäuser große Teile der Öffentlichkeitsarbeit und positioniert, sich zu politischen und gesellschaftlichen Entwicklungen.

Kritisiert wurde dabei, dass es weder über die Lebens- und Arbeitsbedingungen noch über die Biografien der Bewohnerinnen Informationen gebe, obwohl diese elementar wichtig seien, um der Öffentlichkeit einen Begriff davon zu vermitteln, wie Frauen gezwungen waren zu leben, und auch um die Erfahrungen der betroffenen Frauen in die Strategien der Frauenbewegung eingehen zu lassen.

»Wir verlangen, daß ihr endlich die Frauenhauserfahrungen der Frauenbewegung zugänglich macht. Indem die Erfahrungen bereits geführter Kämpfe und Diskussionen offensichtlich nicht in die Arbeit des Frauenhauses eingehen, arbeitet es faktisch gegen die Frauenbewegung. Das werden wir uns nicht länger bieten lassen; ansonsten wären wir nichts anderes als Handlangerinnen, die immer dann zur Stelle sein sollen, wenn es darum geht, Angriffe abzuwehren.«[444] Am Ende des *Courage*-Artikels wurde ein offener Brief einer Mitarbeiterin angekündigt, der jedoch nie erschien. Stattdessen erschien zwei Monate nach der *Courage*-Ausgabe der erste Erfahrungsbericht des Berliner Frauenhauses, herausgegeben im Frauenselbstverlag, heute Orlanda Verlag.

Ob nun aus linken Kreisen oder der konservativeren Grunewalder Nachbarschaft, die Frauenhausgruppe genau wie die Bewohnerinnen wurden in ihrer Selbstbestimmung angegriffen. Die Gruppe handelte im Sinne der dort wohnenden Frauen und ließ sich nicht unter Druck setzen oder begannen, die eigene Arbeit zu verteidigen. Stattdessen brachte sie den Ersten Erfahrungsbericht heraus, der dezidiert die Arbeit und feministische Position abbildete. Der Vorwurf der »Staatsknete« griff zu kurz, da es Teil der feministischen Praxis war, dass die Frauen nicht umsonst, wie es traditionell üblich war, arbeiteten.

6. Fazit

Während des ersten Lockdowns wurde der Wert von wahlfamiliären Beziehungen von politischer Seite erst einmal ignoriert. Kontakte wurden basierend auf der heterosexuellen Kernfamilie strukturiert. Es wurde praktisch so getan, als gäbe es nur diese Form der Familie. Ignoranz ist immer ein Privileg. Die Entscheidung, etwas nicht wissen zu wollen, ist gewaltvoll. Gewollte Unwissenheit beruht auf Macht. Gewalt gegen Frauen und Kinder im sozialen Nahraum ist real und empirisch belegt und mehrfach bestätigt. Sie ist ein globales Problem und muss als solches behandelt werden.

Aus der Istanbul-Konvention:
»Gewalt gegen Frauen und Mädchen ist eine Menschenrechtsverletzung. Alle Frauen und Mädchen müssen vor allen Formen von Gewalt geschützt werden. Gewaltschutz braucht eine ressortübergreifende Gesamtstrategie. Alle Gewaltschutzmaßnahmen müssen ineinandergreifen. Dafür muss es eine staatliche Koordinierungsstelle geben. Gewaltschutz braucht kontinuierliche Datenerhebung und gendersensible Forschung. Gewaltschutz braucht ein umfassendes, intersektional ausgerichtetes Gesamtkonzept zur Prävention geschlechtsbezogener Gewalt. Alle Berufsgruppen, die mit Betroffenen und Tätern in Kontakt kommen, müssen zu Gewaltschutz umfassend aus- und weitergebildet werden. Gewaltschutz braucht mehr Frauenhäuser, Zufluchtswohnungen und Fachberatungsstellen, die bedarfsgerecht finanziert werden.

Gewaltschutz muss Vorrang vor Umgangsrecht haben. Gewaltschutz braucht effektiven Rechtszugang für gewaltbetroffene Frauen und Mädchen. Der Vorbehalt der Bundesregierung gegen eheunabhängige Aufenthaltstitel muss zurückgenommen werden, damit alle Frauen und Mädchen vor Gewalt geschützt werden.«[445]

Das Private war seit der Entstehung der Nationalstaaten im 19. Jahrhundert politisch, wurde aber bis zu den Frauenbewegungen nicht so betrachtet. Mit der Einführung eines Familienministeriums nach Ende des Zweiten Weltkriegs wurde das Private konsequent politisch organisiert.

Die Frauenbewegungen der siebziger Jahre machten die Unterdrückungsmechanismen dieser Politiken sichtbar und deckten die bis dahin unsichtbare und tabuisierte Gewalt im Geschlechterverhältnis auf.

Geschlechtsspezifische Gewalt funktioniert auf zwei Ebenen, einer öffentlichen und einer privaten. Das bedeutet, die strukturelle Ungleichbehandlung von Frauen setzt sich in der Familie und Partnerschaft fort.

Die schlagartig überfüllten Frauenhäuser führten den gesamtgesellschaftlichen Zusammenhang zwischen Gewalt gegen Frauen und Kinder und dem kapitalistischen System vor Augen. Unbezahlte Hausarbeit sowie die Familie und Ehe als Institutionen zu strukturieren, fördert patriarchale Gewalt.

Die Utopie, dass durch die Sichtbarkeit dieser Gewaltform und die Schaffung neuer Strukturen die Diskriminierung im Geschlechterverhältnis beendet wird, ist so bis heute nicht eingetroffen.

Die Entstehung der Frauenhäuser und Beratungsstellen in den 1970er Jahren etablierte eine feministische Unterstützungsstruktur für gewaltbetroffene Menschen. Mit Blick auf die häufig ausweglose Lage einiger Frauen wurde außerdem zum ersten Mal öffentlich über institutionelle Gewalt durch die diskriminierende und benachteiligende Praxis beispielsweise von Sozialbehörden, Gerichten, Polizei und Hausverwaltungen diskutiert. Trotzdem sind Frauen unterschiedlich stark von institutionalisierter Gewalt betroffen.

Gleichzeitig zeigt die fehlende Finanzierung von Frauenhäusern und Beratungsstellen, dass ein staatliches Eingreifen notwendig ist. Eine pauschale Finanzierung würde einen gleichwertigen Zugang für alle bedeuten. Auf der anderen Seite wird deutlich, dass Unterstützung dann einsetzt, wenn die Gewalt bereits stattgefunden hat oder jede Hilfe zu spät kommt.

Mit Finanzierung allein ist es nicht getan. Die Istanbul-Konvention macht deutlich, dass es notwendig ist, das Problem an der Wurzel zu fassen und bereits im Kinder- und Jugendalter für Aufklärung und Prävention zu sorgen. Ein Mensch muss lernen, wie es sich anfühlt, wenn die eigenen Grenzen überschritten werden und auch wie dies benannt werden kann. Eine Sprache gegen Gewalt muss kultiviert werden. Das bedeutet auch, Frauen ihre Selbstbestimmung und Autonomie zuzugestehen.

Die Diskussion um Kita- und Schulschließungen während der Pandemie zeigte, wie wichtig öffentliche Orte für gewaltbetroffene Familien sind. Zum einen, um eine gewisse Form der Kontrolle über das Wohlergehen von Kindern zu haben, um zu bemerken, wenn Kinder missbraucht oder traumatisiert sind. Zum anderen sind die Bring- und Abholwege von enormer Wichtigkeit, indem sie den Frauen ermöglichen, den Ort der Gewalt zu verlassen und eventuell Hilfe zu organisieren.

Obwohl die psychischen Auswirkungen von partnerschaftlicher Gewalt enorm sind, fiel es einigen Frauen schwer, die Beziehung und mit ihr die traditionelle Frauenrolle zu verlassen. Hinzu kam der offensichtliche Mangel an alternativen Lebensräumen. Dieser

Umstand machte die materialistische Funktion von Geschlecht im kapitalistischen System deutlich. Wenn geschlechtsspezifische und häusliche Gewalt der Aufrechterhaltung des Geschlechterverhältnisses dienen, dienen sie gleichzeitig den Produktionsverhältnissen. Internalisierte Diskriminierungen aufgrund von Zweigeschlechtlichkeit erschweren ein Ausbrechen aus gewaltvollen Beziehungen und können nur über eine Reformierung des Bildungswesens, die Schaffung gleicher Chancen auf dem Arbeitsmarkt und dem Aufbrechen heteronormativer und familistischer Strukturen gelöst werden. Auch wenn psychische Kontrolle, Angst und Manipulation in Intimbeziehungen bewegungslos machen und erst einmal durchdrungen werden müssen, liegt die Antwort gerade auch in einem System, das nicht ausreichend Unterstützung bietet. Wie soll eine Frau gehen, ohne Geld, ohne Schlafplatz oder fehlende Sprachkenntnisse?

Frauenhäuser bieten Zeit und Raum sowie Begleitung in eine selbstbestimmte Zukunft. Das Traumatisierende an Gewalterfahrungen sind nicht immer die Erlebnisse selbst, sondern der öffentliche Umgang damit. Das Bewusstsein zum Thema häusliche und geschlechtsspezifische Gewalt zu stärken, wird unter Artikel 13 der Istanbul-Konvention betont. Lehrpläne an Schulen und Mitarbeitende aus den unterschiedlichsten Bereichen der Gewaltarbeit müssen sensibilisiert und auf den Umgang mit Betroffenen von Gewalt im Geschlechterverhältnis vorbereitet werden. Auch Polizistinnen, Richterinnen, Medizinerinnen erleben sexualisierte und häusliche Gewalt. Würden diese Erfahrungen nicht tabuisiert und schambehaftet verhandelt, könnten eben diese Erlebnisse eine Ressource für den Gewaltschutz sein. Die Familie ist der gefährlichste Ort für Frauen und Kinder. Das ist Fakt, das ist statistisch belegt. Der Zusammenhalt der Familie darf nicht um jeden Preis erhalten werden. Denn jede Woche sterben in Deutschland Frauen durch die Hand ihres (Ex-)Partners. Immer noch wird Eifersucht nicht nur als ein Gefühl, sondern als eine Rechtfertigung für Gewalt gesehen. Vorherrschende Zweigeschlechtlichkeit und Rollenbilder, nach denen Liebe nur falsch verstanden werden kann, nämlich als Abhängigkeit, führen dazu, dass Frauen sich der Familie unterwerfen und von Männern dominiert werden. Sowohl Frauen als auch Männer sind Opfer des Patriarchats. Es können nur beide verlieren mit ihren verinnerlichten Vorstellungen und Erwartungen.

Zu Prävention zählt auch, die Erfüllung der eigenen Bedürfnisse nicht nur innerhalb der Kernfamilie zu suchen, oder sich über die intime Zweierbeziehung zu definieren. Prävention bedeutet auch, zu lernen, wie gestritten wird, Konflikte verhandelt werden und zu lernen, wie eine Beziehung beendet wird. Es geht darum, das Gegenüber nicht zu schonen, sondern sich selbst, jedoch aus Fürsorge und nicht aus Scham.

Unabhängige Strategien wie *Transformation Justice* werden in kleineren Zusammenhängen bereits praktiziert, um unabhängig von staatlicher Sanktion, gegen geschlechtsspezifische Gewalt vorzugehen. Diese Praxis beinhaltet Reden, Grenzen ziehen, Konsequenzen aushandeln und Parteilichkeit.[446]

Ohne ausreichende Präventions-, Täter- sowie Kinder- und Jugendarbeit wird es Frauenhäuser immer geben müssen. Sie leisten notwendige Hilfe und aufbauende Unterstützung, gleichzeitig dienen sie der Schadensbegrenzung, so wird ihre Anzahl auch nie ausreichen.

Dank

In tiefer Verbundenheit durch unerschütterlichen Rückhalt und eine andauernde emotionale Auseinandersetzung danke ich meiner Familie: Miri Bauer, Elaine Bonavia, Noa Dreilich, Nigâr Ersin, Eva Fetzer, Nikido Fischerová, Fabi Geimer-Lorusso, Tine Hartmann, Claudia Herklotz, Li Huhn, AnaRosa Ibañez, Katharina Jabs, Selina Lampe mit Luka, Mazka Marghishvili, Johanna Markert, Fateme Nekounam, Max Neumann, Sophia Perez, Fabi Steinbrenner, Steffi Strenger mit Elzie, Valerie Terwei, Finnja Willner, Elena Zagone mit Friedi und Phili, meiner Schwester mit Jan und Jonny und meinen Eltern.

Danke an Dany* fürs Mut machen.

Für ihren Scharfsinn und Herz danke ich Charlotte Piepenbrock, Karolina Dreit sowie Anna Mandalka.

Literaturverzeichnis

Adamczak, Bini, *Beziehungsweise Revolution. 1917, 1968 und kommende*, Berlin 2017.

Adenauer, Konrad, Regierungserklärung, Bonn 20. Oktober 1953.

Adrian, Karin, »Und die ungewollten Folgen der Wohngemeinschaft«, in: Ute Kätzel (Hrsg.), 68erinnen – Porträt einer rebellischen Frauengeneration, Berlin 2002, S. 239–258.

Agentur der Europäischen Union für Grundrechte (FRA) 2014, *Gewalt gegen Frauen: eine EU-weite Erhebung*, Wien 2014.

Altrichter, Viola, »Frauenhaus Amsterdam«, in: *Courage* (1976/2), S. 6–8.

Amadou, Nafissa, »Gewalt gegen Afrikas Frauen: Die andere Pandemie« unter https://www.dw.com/de/gewalt-gegen-afrikas-frauen-die-andere-pandemie/a-55136906, zuletzt aufgerufen am 7.3.2021.

Antwort des Senats auf die Kleine Anfrage Nr. 846 im Berliner Abgeordnetenhaus vom 2. März 1976 über Misshandlungen von Frauen.

Arruzza, Cinzia/Bhattacharya, Tithi/Fraser, Nancy, *Feminismus für die 99%. Ein Manifest*, Berlin 2019.

Baader, Meike Sophia, »Männer – Frauen – Kinder: Das Zusammenspiel von Kinderladen und Frauenbewegung Revisted«, in: *Historische Jugendforschung* (2008/4), S. 153–165.

Behr, Sophie, Art. 6 GG: Was ist eine Mutter?, in: *Courage* (1976/4), S. 41.

Aktuelles: »Vergewaltigung«, in: *Emma* (1977/4).

Bericht der Bundesregierung zur Frage, ob bundesgesetzliche Grundlagen zur Finanzierung von Frauenhäusern geschaffen werden können, Drucksache 10/291, 08.08.1980.

Berliner FZ-Frauen, »Was wird mit dem ersten Frauenhaus?«, in: *Courage*, (1978/3), S. 48–49.

Berliner Senat, Pressemitteilung, »Berliner Senat setzt internationales Recht gegen Gewalt an Frauen durch«, unter https://www.berlin.de/rbmskzl/aktuelles/pressemitteilungen/2021/pressemitteilung.1058920.php, zuletzt aufgerufen am 7.3.2021.

Bernard, Cheryl/Schlaffer, Edit, *Die ganz gewöhnliche Gewalt in der Ehe. Texte zu einer Soziologie von Macht und Liebe*, Reinbek 1987.

Brandt, Willy, *Regierungserklärung vor dem Deutschen Bundestag*, Bonn 28. Oktober 1969.

Brownmiller, Susan, *Gegen unseren Willen. Vergewaltigung und Männerherrschaft*, Frankfurt/Main 1978.

Der Bundesminister für Arbeit und Sozialordnung (Hrsg.), *Bericht der Bundesregierung über die Situation der Frauen in Familie, Beruf und Gesellschaft*, Drucksache V/909, 14.9.1960.

Bundesministerium für gesamtdeutsche Fragen (Hg.), Arbeiten arbeiten arbeiten! Die »neuen Rechte« der Frau in der Sowjetzone. Zum sowjetzonalen »Gesetz über den Mutter- und Kinderschutz und die Rechte der Frau« vom 27.9.1950, o.O. 1951.

von Braun, Christina, *Nichtich, Logik, Lüge, Libido*, Frankfurt/Main 1990.

Brückner, Margrit, *Die Liebe der Frauen. Über Weiblichkeit und Misshandlung*, Frankfurt/Main 1983.

Bunch, Charlotte/Myron, Nancy, *Class and Feminism. A Collection of Essays from The Furies*, Washington 1974.

Bundesregierung über die Situation der Frauen in Beruf, Familie und Gesellschaft, Bonn 1960.

Der Bundesminister für Familie und Jugend (Hrsg.), Drucksache V/2532: *Bericht der Bundesregierung über die Lage der Familien in der Bundesrepublik Deutschland*, Bad Godesberg 1968.

Bundesministerium für Familie, Senioren, Frauen und Jugend, »Gesundheit und Gewalt«, 17. Juli 2014, unter https://www.bmfsfj.de/bmfsfj/themen/gleichstellung/frauen-vor-gewalt-schuetzen/gesundheit-und-gewalt/gesundheit-und-gewalt-80652, zuletzt aufgerufen am 7.3.2021.

Bündnis Istanbul-Konvention, Stellungnahme des BündnissesIstanbul-Konvention (BIK) zum Austritt der Türkei aus der Istanbul-Konvention, 24.03.2021.

Bündnis Istanbul-Konvention, Alternativbericht zur Umsetzung des Übereinkommens des Europarats zur Verhütung und Bekämpfung von Gewalt gegen Frauen und häuslicher Gewalt, Berlin 2021.

Butler, Judith, *Das Unbehagen der Geschlechter*, Frankfurt/Main 1991.

Andrea Büttner, Shame, London 2020.

Bundeskriminalamt, Partnerschaftsgewalt. Kriminalstatistische Auswertung Berichtsjahr 2019. Bundesregierung über die Kriminalstatistik zur Partnerschaftsgewalt: https://www.bundesregierung.de/breg-de/aktuelles/partnerschaftsgewalt-1809976, zuletzt aufgerufen am 4.4.2021.

Cantor, Ellen, *A history of the world as it has become known to me*, Berlin, Stuttgart 2018.

CEDAW-Allianz Deutschland, *Recht auf Gleichstellung. Zum Stand der Umsetzung der Frauenrechtskonvention*, 2019.

CEDAW-Allianz Deutschland, Pressemitteilung zum Austritt der Türkei aus der Istanbul-Konvention, 26.03.2021.

Chesler, Phyllis, *Frauen - das verrückte Geschlecht?*, Reinbek 1974.

Chutnik, Sylwia, *Weibskram*, Berlin 2012.

Classen, Brigitte/Goettle, Gabriele, »*›Häutungen‹ eine Verwechslung von Anemone und Amazone*«, in: *Courage* (1976/1), S. 45–46.

Clemm, Christina, *Akteneinsicht*, München 2020.

Clemm, Christina, Stellungnahme zum Antrag »Femizide in Deutschland untersuchen, benennen und verhindern, siehe Deutscher Bundestag, Ausschuss f. Familie, Senioren, Frauen u. Jugend, Ausschussdrucksache 19(13)121b, 2021.

The Combahee River Collective, »Ein Schwarzes feministisches Statement«, in: Natasha A. Kelly, (Hrsg.), *Schwarzer Feminismus. Grundlagentexte*, S. 47–60.

Council of Europe, Übereinkommen des Europarats zur Verhütung und Bekämpfung von Gewalt gegen Frauen und häuslicher Gewalt, 11.05.2011.

Crenshaw, Kimberlé, »Demarginalizing the Intersection of Rape and Sex«, in: *University of Chicago Legal Forum* (1989/1), 139–167.

Dackweiler, Regina-Maria, »Staatliche Rechtspolitik als geschlechterpolitische Handlungs- und Diskursarena. Zum Verrechtlichungsprozess von Vergewaltigung in der Ehe«, in: dies./Reinhild Schäfer (Hrsg.), *Gewalt-Verhältnisse. Feministische Perspektiven auf Geschlecht und Gewalt*, Frankfurt a. M./New York 2002, S. 107–134.

Della Costa, Mariarosa/James, Selma, *Die Macht der Frauen und der Umsturz der Gesellschaft*, Berlin 1973.

Del Martin, *Battered Wives*, New York 1976.

Despentes, Virginie, *King Kong Theorie*, Köln 2018.

Deutscher Bundestag, Bericht über die Lage der Familie in der Bundesrepublik Deutschland. Zweiter Familienbericht, Drucksache 7/3502, Bonn 1975.

Deutscher Bundestag, Bericht der Bundesregierung zur Frage, ob bundesgesetzliche Grundlagen zur Finanzierung von Frauenhäusern geschaffen werden, Drucksache 10/291 vom 8. August 1983.

Deutscher Bundestag, Drucksache 10/2527, Die Grünen: Entwurf eines Gesetzes zur Errichtung einer Stiftung zur Finanzierung von Frauenhäusern, 28. November 1984.

Deutscher Bundestag, Zweiter Bericht der Bundesregierung über die Lage der Frauenhäuser für misshandelte Frauen und Kinder, Drucksache 11/2848, 01. September 1988.

Deutscher Bundestag, Drucksache19/4059, Antwort: Geschlechtsspezifische Tötungen an Frauen – Femizide in Deutschland, 29.08.2018.

Deutscher Bundestag, Drucksache 19/14380, Antrag Die Linke: Gewalt an Frauen und Mädchen systematisch bekämpfen – Grundlagen zur erfolgreichen Umsetzung der Istanbul-Konvention, 23.10.2019

Deutscher Bundestag, Drucksache 19/15380, Antrag Die Grünen: Verantwortung für Frauen in Frauenhäusern übernehmen, 25.11.2019

Deutscher Bundestag, Drucksache 19/15379, Antrag Die Grünen: Beratungsangebote für gewaltbetroffene Frauen stärken, 25.11.2019.

Deutscher Bundestag, Drucksache 19/15770, Antrag FDP: Frauenhäuser als Teil des staatlichen Schutzauftrags wahrnehmen, 10.12.2019.

Deutscher Bundestag, Wissenschaftliche Dienste, Sachstand: Frauenhäuser in Deutschland, WD 9 – 3000 – 030/19, 2019.

Deutscher Bundestag, Drucksache 19/23999, Fraktion Die Linke: Antrag: Femizide in Deutschland untersuchen, benennen und verhindern, 04.11.2020.

Deutscher Bundestag, Drucksache 19/19726, Antrag FDP: Infrastruktur für Betroffene häuslicher Gewalt in Deutschland krisenfest aufstellen, 03.06.2020.

Deutscher Bundestag, Plenarprotokoll des Deutschen Bundestags zum Thema »Kriminalität gegen Frauen«, 19. Wahlperiode/192. Sitzung, Berlin 19.11.2020, Tagesordnungspunkte 17a-17e, S. 24298–24305.

Deutscher Bundestag, Drucksache 19/23999, Antrag Die Linke: Femizide in Deutschland untersuchen, benennen und verhindern, 04.11.2020.

Deutscher Bundestag, Drucksache 19/24382, Antrag Die Grünen: Hasskriminalität und andere Formen von Gewalt gegen Frauen endlich erfassen und wirksam bekämpfe, 17.11.2020.

Deutscher Bundestag, Drucksache 19/30328, Antrag FDP: Folgestudie zu der im Jahr 2011 veröffentlichten Studie »Zwangsverheiratung in Deutschland« veranlassen, 07.06.2021.

Deutscher Juristinnenbund, Themenpapier Istanbul-Konvention: Umsetzungsdefizite bei Frauenschutzhäusern und Schutzunterkünften, Berlin 26.11.2019.

Deutscher Juristinnenbund, 14. Themenpapier, Rücknahme des Vorbehalts zu Artikel 59 der Konvention, Berlin 13.02.2020.

Dorsch, Doris, »Frauenhaus oder Krisenzentrum«, in: *Courage.* Berliner Frauenzeitung (1976/2), S. 3–5.

Duden, Barbara/Bock, Gisela, *Arbeit aus Liebe – Liebe aus Arbeit: Zur Entstehung der Hausarbeit im Kapitalismus*, Berlin 1976.

Duden, Barbara/Irene Stöhr, »Ein Platz an der Hochschulsonne«, in: *Courage* (1978/7), S. 48–51. »Statt Blumen«, in: Spiegel (1974/48), S. 160–162.

Dyroff, Merle/Pardeller, Marlene/Wischnewski, Alex, »Begriffe als politische Intervention, in: Femizide in Deutschland«, hg. Rosa-Luxemburg-Stiftung, Berlin 2020.

Emde, Helga, »Als Besatzungskind im Nachkriegsdeutschland«, in: Ayim, May/Oguntoye, Katharina/Schultz, Dagmar (Hrsg.), Farbe bekennen. Afrodeutsche Frauen auf den Spuren ihrer Geschichte, Berlin 2020, S. 143–156.

European Union Agency for Fundamental Rights, Luxemburg 2014.

»Falsche Scham«, in: Spiegel (1976/46).

Familiengesetzbuch der Deutschen Demokratischen Republik, Einleitung, 20. Dezember 1965.

Federici, Silvia, *Hexenjagd. Die Angst vor der Macht der Frauen*, Münster 2019.

Firestone, Shulamith, *Dialectic of Sex*, New York 1972.

Fischer, Thomas, Stellungnahme zum Antrag »Femizide in Deutschland untersuchen, benennen und verhindern«, siehe Deutscher Bundestag, Ausschuss f. Familie, Senioren, Frauen u. Jugend, Ausschussdrucksache 19(13)121c, 2021.

»Die Frauen als Opfer der Männer«, in: Zeit, 27.2.1976.

»Frauen an der Front«, in: Deutsche Welle (17.04.2020), https://www.dw.com/de/frauen-an-der-front/av-53164727, zuletzt aufgerufen am 12.04.2021.

Frauen gegen Männergewalt, *Berliner Frauenhaus für misshandelte Frauen. Erster Erfahrungsbericht*, Berlin-West 1978.

Frauenhaus Köln, *Nachrichten aus dem Ghetto Liebe*, Frankfurt a. Main 1980.

Frauenhauskoordinierung e.V./ZIF, *Schutz von Frauen und Kindern vor Gewalt darf nicht an den Kosten scheitern! Argumente und Positionen zur Ablehnung der Tagessatzfinanzierung von Frauenhäusern*, Berlin 2017.

Frauenhauskoordinierung e.V., *Statistik Frauenhäuser und ihre Bewohner_innen/Bewohner_innenstatistik 2019 Deutschland*, Berlin 2020.

Frauenhauskoordinierung e.V., Pressemeldung zur Bewohner_innenstatistik, 07.12.2021.

Frauengruppe am Institut für Publizistik, »Frauen starren stumpfsinnig vor sich hin … Zur Berichterstattung über das Berliner Frauenhaus«, in: *Courage* (1977/2).

Fronius, Sigrid, »Asta-Vorsitzende der Freien Universität Berlin«, in: Kätzel, Ute (Hrsg.), *68erinnen – Porträt einer rebellischen Frauengeneration*, Berlin 2002 S. 21–40.

Gebhardt, Miriam, *Alice im Niemandsland*, München 2012.

Gebhardt, Miriam, *Als die Soldaten kamen*, München 2015.

Gebhardt, Miriam, »Eine Frage des Schweigens? Forschungsthesen zur Vergewaltigung deutscher Frauen nach Kriegsende«, in: Stelzl-Marx, Barbara/Satjukow, Silke (Hrsg.), *Besatzungskinder. Die Nachkommen Alliierter Soldaten in Österreich und Deutschland*, Wien 2015, S. 62–92.

Gemeinsam gegen Gewalt an Frauen. Runder Tisch von Bund, Ländern und Kommunen, Schutz und Beratung bei Gewalt bundesweit sicherstellen - Gemeinsame Position für eine bundesgesetzliche Regelung, 27.05.2021.

Gerlach, Irene, *Familie und staatliches Handeln. Ideologie und politische Praxis in Deutschland*, Opladen 1996.

Gerner, Linda, »Ableistische Gewalttat«, unter https://taz.de/Tod-von-Menschen-mit-Behinderung/!5769240/, zuletzt aufgerufen am 05.05.2021.

Gesetz über den Mutter- und Kinderschutz und die Rechte der Frau, vom 27. September 1950. Familiengesetzbuch der Deutschen Demokratischen Republik vom 20. Dezember 1965, §10, Abs. 1.

Gesetz über die Unterbrechung der Schwangerschaft, 9. März 1972.

Goy, Alexandra, Recht, Rechtssprechung und Rechtlosigkeit. Ein weiteres Labyrinth, in: Haffner, Sarah, Frauenhäuser, S. 64–76.

Haffner, Sarah, *Gewalt in der Ehe und was Frauen dagegen tun, Frauenhäuser* Berlin 1976.

Haffner, Sarah, Nachwort, in: Pizzey, *Schrei leise, sonst hören dich die Nachbarn. Misshandlungen in der Ehe*, Frankfurt am Main 1978, S. 167–177.

Haffner, Sarah, »Diese Frauen waren der revolutionärste Teil dieser etwas revolutionären Bewegung«, in: Kätzel, Ute (Hrsg.), *68erinnen – Porträt einer rebellischen Frauengeneration*, Berlin 2002, S. 141–160.

Hagemann-White, Carol/Kavemann, Barbara/Kootz, Johanna/Weinmann, Ute/Wildt, Carola Christine/Burgard, Roswitha/Scheu, Ursula, »Hilfen für misshandelte Frauen. Abschlussbericht der wissenschaftlichen Begleitung des Modellprojekts Frauenhaus Berlin«, in: *Schriftenreihe des Bundesministers für Jugend, Familie und Gesundheit*, Stuttgart et al. 1981.

Hagemann-White, Carol/Kavemann, Barbara/Ohl, Dagmar, *Parteilichkeit und Solidarität. Praxiserfahrungen und Streitfragen zur Gewalt im Geschlechterverhältnis*, Bielefeld 1997.

Hagemann-White, Carol, »Die Frauenhausbewegung«, in: Dietz, Gabriele/Schmidt, Maruta/von Soden, Kristine, *Wild und zahm. Die siebziger Jahre*, Berlin 1997, S. 190–193, hier 193.

Hagemann-White, Carol, »Sozialisation-ein veraltetes Konzept in der Geschlechterforschung?«, in: Glaser, Edith/Klika, Dorle/Prengel, Annedore, *Handbuch Gender und Erziehungswissenschaft*, Bad Heilbrunn 2004, 146–156.

Hagemann-White, Carol, »Wege und Brücken«, in: Vogel, Ulrike (Hrsg.), *Wege in die Soziologie und die Frauen- und Geschlechterforschung. Autobiographische Notizen der ersten Generation von Professorinnen an der Universität*, Wiesbaden 2006, S. 125–137.

Hagemann-White, Carol, »Stellungnahme zum Gutachten Frauenhausarbeit im Freistaat Thüringen«, in: Frauenhauskoordinierung, *Frauenhausarbeit im Diskurs*, Berlin 2008, S. 2–7.

Hartmann, Johanna, »aber wenn die Frau aus ihren Grenzen tritt, ist es für sie noch viel gefährlicher« Geschlechtermodelle für die Stadt von morgen, in: Maechtel, Annette/Peters, Kathrin, *Beiträge zu einer Archäologie des Hansaviertels Berlin*, Berlin 2008, S. 200–207.

Hausen, Karen, »Die Polarisierung der ›Geschlechtscharaktere‹ – Eine Spiegelung der Dissoziation von Erwerbs- und Familienleben«, in: Conze, Werner (Hrsg.), *Sozialgeschichte der Familie in der Neuzeit Europas*, Stuttgart 1976, S. 363–393.

Hausen, Karin, »Wirtschaften mit der Geschlechterordnung. Ein Essay«, in: Dies. (Hrsg.): *Geschlechterhierarchie und Arbeitsteilung. Zur Geschichte ungleicher Erwerbschancen von Männern und Frauen*, Göttingen 1993, S. 40–67.

Helberg, Cristina, »Diese Abgeordneten stimmten 1997 gegen die Strafbarkeit von Vergewaltigung in der Ehe«, 15.11.2018, https://correctiv.org/faktencheck/politik/2018/11/14/diese-abgeordneten-stimmten-1997-gegen-die-strafbarkeit-von-vergewaltigung-in-der-ehe/, zuletzt aufgerufen am 07.05.2021.

Herold, Heike, Stellungnahme zum Antrag »Femizide in Deutschland untersuchen, benennen und verhindern, siehe Deutscher Bundestag, Ausschuss f. Familie, Senioren, Frauen u. Jugend, Ausschussdrucksache 19(13)121a, 2021.

Herzog, Dagmar, *Die Politisierung der Lust. Sexualität in der deutschen Geschichte des zwanzigsten Jahrhunderts*, München 2005.

»In eigener Sache«, in: *Courage* (1976/0), S. 2.

Interview mit Maria Mies, in: *Emma* (2017/1), S. 84–87.

Joel, Antje, *Prügel. Eine ganz gewöhnliche Geschichte häuslicher Gewalt*, Hamburg 2020.

Joel, Antje, Stellungnahme zum Antrag »Femizide in Deutschland untersuchen, benennen und verhindern«, siehe Deutscher Bundestag, Ausschuss f. Familie, Senioren, Frauen u. Jugend in: Schröttle, Ausschussdrucksache 19(13)121e, 2021.

Kaiser, Susanne, *Politische Männlichkeit. Wie Incels, Fundamentalisten und Autoritäre für das Patriarchat mobilmachen*, Berlin 2020.

Kipphoff, Petra, »Die restlos ausgewertete Frau«, in: *Zeit* (30.09.1966), https://www.zeit.de/1966/40/die-restlos-ausgewertete-frau/komplettansicht, zuletzt aufgerufen am 12.04.2021.

Koch, Andrea, *Die Verletzung der Gemeinschaft. Zur Relation der Wort- und Ideengeschichte von »Vergewaltigung«*, in: *Österreichische Zeitschrift für Geschichtswissenschaften* (2004/1), S.37–56.

Kracher, Veronika, *Incels. Geschichte, Sprache und Ideologie eines Online-Kults*, Mainz 2020.

Lau, Susanne/Boss, Sieghild/Stender, Ursula, *Aggressionsopfer Frau: Körperliche und seelische Misshandlung in der Ehe*, Reinbek 1979.

Lembke, Ulrike, Stellungnahme zum Antrag »Femizide in Deutschland untersuchen, benennen und verhindern«, siehe Deutscher Bundestag, Ausschuss f. Familie, Senioren, Frauen u. Jugend, Ausschussdrucksache 19(13)121f, 2021.

Lenz, Ilse, *Neue Frauenbewegung in Deutschland. Abschied vom kleinen Unterschied*, Wiesbaden 2010.

Lenz, Miriam/Ricci, André/Donheiser, Max/Sachse, Jonathan/Siber, Pia, »Frauenhäuser in der Pandemie: 92 Mitarbeiterinnen berichten über den präkeren Alltag«, unter https://correctiv.org/aktuelles/gesundheit/2021/02/15/frauenhaeuser-in-der-pandemie-92-mitarbeiterinnen-berichten-ueber-den-prekaeren-alltag/, zuletzt aufgerufen am 05.03.2021.

Leserinnenbrief der Frauengruppe Lohn für Hausarbeit Berlin, in: Emma (1977/7), S. 42.

Libreria delle donne die Milano, *Wie weibliche Freiheit entsteht. Eine neue politische Praxis*, Berlin 1991.

Lonzi, Carla, »Die Lust Frau zu sein«, in: *Internationale Marxistische Diskussion 55*, Berlin 1975.

Lorde, Audre, »Age, Race, Class and Sex: Women Redefining Difference«, in: dies., *Your Silence Will not Protect You*, London 2017, S. 94–106.

Mattes, Monika, »Migration und Geschlecht in der Bundesrepublik Deutschland. Ein historischer Rückblick auf die ›Gastarbeiterinnen‹ der 1960/1970er Jahre«, in: *Femina Politica* (2008/1), S. 19–27.

Mansfeld, Cornelia, »Ausländerinnen im Frauenhaus«, in: *Courage* (1978/3), S. 18.

Isabel Marcuse, *Reframing Domestic Violence as a Torture or Terrorism*, New York 2014.

Marcus, Sharon, »Fighting Bodies, Fighting Words. A Theory and Politics of Rape Prevention«, in: Butler, Judith/ Scott, Joan W. (Hrsg.): *Feminists Theorize the Political*, New York 2002.

Meinhof, Ulrike Marie, aus *Konkret* (Nr.12/1968), in: »DieFrauen im SDS oder In eigener Sache«, in: *Courage* (0/1976), S. 23–24.

Mies, Maria, Methodische Postulate zur Frauenforschung, in: *Beiträge zur feministischen Theorie und Praxis* (1978/1).

Monckton Smith, Jane, »Intimste Partner Femicide, Using Foucauldian Analysis to Track an Eight Stage Progression to Homicide«, in: *Violence Against Women* (2020), S. 1267–1285.

Mirzo, Laila, »Die modernȩn Trümmerfrauen«, in: *Junge Freiheit* (19.05.2020), https://jungefreiheit.de/debatte/kommentar/2020/die-modernen-truemmerfrauen, zuletzt aufgerufen am 12.04.2021.

»Mit einem vorübergehenden Asyl ist es nicht getan«, in: *Frankfurter Rundschau*, 29. September 1976.

Mitscherlich, Margarete, »Sind Frauen masochistisch?«, in: *Emma*, (1977/9).

Morokvašic, Mirjana, »Frauen in Bewegung: Migration und Geschlechterrollen«, in: BpB, 17.12.2018, https://www.bpb.de/gesellschaft/migration/kurzdossiers/282700/migration-und-geschlechterrollen, zuletzt aufgerufen am 13.04.2021.

Mühlhäuser, Regina, »Vergewaltigungen in Deutschland 1945. Nationaler Opferdiskurs und individuelles Erinnern betroffener Frauen«, in: Naumann, Klaus (Hrsg.), *Nachkrieg in Deutschland*, Hamburg 2001, S.384–408.

Mühlhäuser, Regina, »Verschwiegen und allgegenwärtig. Sexuelle Gewalt im Zweiten Weltkrieg zwischen individueller Erinnerung und nationaler Vergangenheitspolitik«, in: Arend, Sabine/Fank, Petra (Hrsg.), *Ravensbrück denken* Berlin 2020, S. 61–73.

»Neues Scheidungsrecht: Dreimal zahlen«, in: *Spiegel* (1977/27).

Niehuss, Merith, »Kontinuität und Wandel der Familie in den 50er Jahren«, in: Schildt, Axel (Hrsg.), *Modernisierung im Wiederaufbau. Die westdeutsche Gesellschaft der 50er Jahre*, Bonn 1998, S. 316–334.

Notz, Gisela, »Courage – Wie es begann, was daraus wurde und was geblieben ist«, in: dies. (Hrsg.), *Als die Frauenbewegung noch Courage hatte. Die »Berliner Frauenzeitung Courage« und die autonomen Frauenbewegungen der 1970er und 1980er Jahre*, Bonn 2007, S. 23–43.

Notz, Gisela, *Kritik des Familismus. Theorie und soziale Realität eines ideologischen Gemäldes*, Stuttgart 2015.

Pizzey, Erin, *Scream Quietly or the Neighbours will Hear*, London 1974.

Pizzey, Erin, *Schrei leise, sonst hören dich die Nachbarn. Misshandlungen in der Ehe*, Frankfurt am Main 1978.

Schnalzger, Barbara/Weidner, Sabrina (2019): *Zaunreiterin – eine Möglichkeit, gemeinsam Frausein zu durchdenken und zu diskutieren*, in: Digitales Deutsches Frauenarchiv URL: https://www.digitales-deutsches-frauenarchiv.de/themen/zaunreiterin-eine-moeglichkeit-gemeinsam-frausein-zu-durchdenken-und-zu-diskutieren, zuletzt aufgerufen am: 05.07.2021.

Schröttle, Monika/Müller, Ursula, Lebenssituation, Sicherheit und Gesundheit von Frauen in Deutschland. Eine repräsentative Untersuchung zu Gewalt gegen Frauen in Deutschland, hg. Bundesministerium für Familie, Senioren, Frauen und Jugend, Berlin 2004.

Ohl, Dagmar/Rösener, Ursula, *Und bist du nicht willig … Ausmaß und Ursachen von Frauenmißhandlung in der Familie*, Frankfurt/Main et al. 1979.

Perincioli, Cristina, *Berlin wird feministisch. Das Beste, was von der 68er Bewegung blieb*, Berlin 2015.

Perincioli, Cristina, Interview mit Karin Kaltenberg, https://feministberlin.de/gewalt/frauenhaus/, zuletzt aufgerufen am 13.05.2021.

Plogstedt, Sibylle, »Vom Protest zum Widerstand. Der Tod der Ulrike«, in: *Courage* (1976/0), S. 22–23.

Proctor, Hannah, »Charlotte Corday's Skull/Ulrike Meinhof's Brain: Gender, Matter and Meaning – a Postmortem«, in: Timonen, Maija/Wikström, Josefine (Hrsg.) *Objects of Feminism. Art Theoretical Writings from the Academy of Fine Arts,* Helsinki 2017, S. 17–38.

Psychiatrie-Enquete vergisst Frauen, in: Emma (1977/7).

RADICALESBIANS, *The Woman Identified Woman*, 1970.

Renger, Annemarie, *Antrittsrede als Bundestagspräsidentin*, Bonn 13. Dezember 1972.

Respons, *Was tun bei sexualisierter Gewalt? Handbuch für die Transformative Arbeit mit gewaltausübenden Personen*, Münster 2008.

Rich, Adrienne, *Of Women Born*, London, New York 1986 (1976), S. 49.

Rich, Adrienne, »Mutterschaft kann man nicht anfassen«, in: *Courage* (1979/4), S. 30–31.

Ringelstein, Ronja, »Manchmal kommen Anruferinnen gar nicht durch«, in: *Tagesspiegel*, 08.06.2020, https://www.tagesspiegel.de/berlin/haeusliche-gewalt-in-der-coronakrise-in-berlin-manchmal-kommen-anruferinnen-gar-nicht-durch/25895188.html, zuletzt aufgerufen am 04.04.2021.

Russell, Diana/Van de Ven, Nicole, *Crimes Against Women: Proceedings of the International Tribunal*, Berkley 1976.

Russell, Diana E. H./ Radford, Jill, Preface, in: dies., *Femicide. The Politics of Woman Killing*, New York 1992.

Sanyal, Mythu, *Vergewaltigung*, Hamburg 2016.

Şahin, Reyhan, »*Sex*« in: Aydemir, Fatma/Yaghoobifarah, Hengameh, *Eure Heimat ist unser Albtraum*, München 2020, S. 156–166.

Scheu, Ursula, *Wir werden nicht als Mädchen geboren – wir werden dazu gemacht*, Frankfurt am Main 1977.

»Schrei leise«, in: *Spiegel*, 19.1.1976.

Der Senat von Berlin, Schlussbericht auf die Kleine Anfrage Nr. 846, Berlin 1976.

Schröttle, Monika/Hornberg, Claudia et al., *Lebenssituation und Belastungen von Frauen mit Beeinträchtigungen und Behinderungen in Deutschland*, Bielefeld et al. 2013.

Schröttle, Monika, *Gewalt in Paarbeziehungen. Expertise für den Zweiten Gleichstellungsbericht der Bundesregierung*, Dortmund 2017.

Schröttle, Monika, Stellungnahme zum Antrag »Femizide in Deutschland untersuchen, benennen und verhindern«, siehe Deutscher Bundestag, Ausschuss f. Familie, Senioren, Frauen u. Jugend, Ausschussdrucksache 19(13)121e, 2021.

Selvaratnam, Tanya, *Assume Nothing. A Story of Intimate Violence*, New York 2020.

Statistisches Bundesamt, Gender-Pay-Gap 2019, https://www.destatis.de/DE/Presse/Pressemitteilungen/2020/03/PD20_097_621.html, zuletzt aufgerufen am 6.3.2021.

Stefan, Verena, *Häutungen*, Westberlin 1976.

Steinbacher, Sybille, *Wie der Sex nach Deutschland kam. Der Kampf um Sittlichkeit und Anstand*, München 2011.

Steinl, Leonie, Rechtlicher Umgang mit Femiziden in Gestalt von Trennungstötungen, Stellungnahme zum Antrag »Femizide in Deutschland untersuchen, benennen und verhindern«, siehe Deutscher Bundestag, Ausschuss f. Familie, Senioren, Frauen u. Jugend, Ausschussdrucksache 19(13)121d, 2021.

Sudau, Christel, »Unsere roten Schwestern«, in: Emma (1977/3), S. 24–28.

Technische Universität München, Pressemitteilung, unter https://www.tum.de/nc/die-tum/aktuelles/pressemitteilungen/details/36053/, zuletzt aufgerufen am 6.3.2021.

Thesing, Peet, *Feministische Psychiatriekritik*, Münster 2019.

Thürmer-Rohr, Christina, »Frauen in Gewaltverhältnissen. Zur Generalisierung des Opferbegriffs«, in: *Mittäterschaft und Entdeckungslust* hg. Studienschwerpunkt »Frauenforschung« am Institut für Sozialpädagogik der TU Berlin, Berlin 1989, 22–36.

Treber, Leonie, *Mythos Trümmerfrauen. Von der Trümmerbeseitigung in der Kriegs- und Nachkriegszeit und der Entstehung eines deutschen Erinnerungsortes*, Essen 2014.

Truth, Sojourner, »Bin ich etwa keine Frau*?« (1851), in: Natasha A. Kelly, Schwarzer Feminismus, Münster 2019, S. 15.

UN-Women, *Covid-19 and Ending of Violence Against Women and Girls*, 2020.

Die Verfassung der Deutschen Demokratischen Republik, B. Inhalt und Grenzen der Staatsgewalt, I. Rechte der Bürger, 7. Oktober 1949.

»Was wird aus den Corona-Heldinnen?«, in: *Oberhessische Presse* (07.04.2021), https://www.op-marburg.de/Marburg/Was-wird-aus-den-Corona-Heldinnen, beide zuletzt aufgerufen am 12.04.2021.

Wekker, Gloria, »Überlieferinnen: Porträt der Gruppe Sister Outsider«, in: Ayim, May/Oguntoye, Katharina/Schultz, Dagmar (Hrsg.), *Farbe bekennen. Afro-deutsche Frauen auf den Spuren ihrer Geschichte*, Berlin 2020, S. 293–306.

»Wer Adolf will«, *Spiegel*, 28.11.1966.

Wersig, Maria, *Der lange Schatten der Hausfrauenehe. Zur Reformresistenz des Ehegattensplittings*, Opladen 2013.

Willies, Ellen, »The Family: Love it or leave it«, in: *Village Voice* (September 1979).

Wittlich, Angelika, »Mutterhass«, in: *Emma* (1977/4), S. 6–11.

WHO, *Human Reproduction Programme, COVID-19 and Violence Against Women*, 7. April 2020.

Wittig, Monique, The Straight Mind, in: *Feminist Issues* (1980/1).

World Economic Forum, Global Gender Gap Report 2021, Genf 2021.

Zentrale Informationsstelle Autonomer Frauenhäuser, *Femizide verhindern!*, 2021.

Zucco, Aline/Lott, Yvonne, Report: Stand der Gleichstellung. Ein Jahr mit Corona, März 2021. Zentrale Informationsstelle Autonomer Frauenhäuser, Stellungnahme zum Referentenentwurf des Bundesministeriums für Familie, Senioren, Frauen und Jugend, 10.02.2017.

https://www.katholisch.de/artikel/27811-forscher-bislang-300-betroffene-von-missbrauch-im-bistum-muenster

Filme

Reidemeister, Helga, *Von wegen Schicksal*, 121 min, BRD 1978.

Perincioli, Christina, *Die Macht der Männer ist die Geduld der Frauen*, 80 min, BRD 1978.

Interviews

Burgard, Roswitha, Psychoanalytikerin, Mitgründerin des Orlanda Frauenverlages (das Interview wurde 2017 geführt)

Fischer, Kristin, Koordinatorin Bereich Schutz gewaltbetroffener Frauen, polizeiliche Intervention, BIG e.V., Berlin

Herold, Heike, Geschäftsführerin Frauenhauskoordinierung e.V., Berlin

Kavemann, Barbara, wissenschaftliche Mitarbeiterin des Sozialwissenschaftlichen Forschungsinstituts zu Geschlechterfragen Freiburg, sowie Mitglied der Unabhängigen Kommission zur Aufarbeitung von sexuellem Kindesmissbrauch, Honorarprofessorin an der Katholischen Hochschule für Sozialwesen Berlin

Archivmaterial

ARD-Archiv:

Panorama vom 01.12.1975, https://daserste.ndr.de/panorama/archiv/1975/Panorama-vom-1-Dezember-1975, panorama2531.html, aufgerufen am 12.01.2021.

FFBIZ – feministisches Archiv:

A Rep. 400 Berlin 20.22.5–002.008.0014.

A Rep. 400, 20.22.5–1,1.

Rundbrief mit Liste zugehöriger Adressaten.

Gefahr für Frauenhaus? CDU meldet Bedenken wegen ideologischen Drucks an, 25. September 1976.

Anschreiben Ilse Reichel, 5. April 1976

Anschreiben an Familienministerin Katharina Focke, 23. Januar 1976.

Anschreiben Katharina Focke, 3. Mai 1976.

Anschreiben Initiativgruppe, 4. Mai 1976.

Parlamentarisch-Politischer Pressedienst (PPP), 27. Jahrgang/86/6. Mai 1976 »Brutalität in der Ehe«.

Presse- und Informationsamt des Landes Berlin, Kommunalpolitische Beiträge XI/9 und Landespressedienst: Ilse Haase-Schur, Gewalt in der Familie, 9. Juli 1976, S. 3.

Hörerbrief, 7. Juli 1975.

Vorstandssitzung, 9. September 1976.

A Rep. 400 20.22.5.1,4.

Ursula Nienhaus im Gespräch mit Ilse Haase-Schur, Mai 2008.

A Rep. 400 20.22.5, 2,5.

Rücktrittserklärung Renate Bookhagen, 2. Dezember 1977.

A Rep. 400 Berlin 20.22.5 – 34 (228).

Drucksache 6/1508, Abgeordnetenhaus von Berlin, 6. Wahlperiode, 14. März 1974, Vermeidung und Reduzierung der Obdachlosigkeit (Obdachlosenplan), S. 4.

A Rep. 400, 20.22.5–36, 239.

Jahresbericht 1976.

A Rep. 400 Berlin 20.22.5–44, 266.

Spendenaufruf in der *taz*, 2. Dezember 1978.

Frauenhaus: Gute Sache mit einem politischen Haken, in: *Berliner Rundschau*, 7. Oktober 1976.

Rotfront-Stadt, Westberliner Stadtzeitung des Kommunistischen Bundes, 2. November 1976, S. 12.

FrauenMediaTurm:

PT.1975–10, Christel Wachowski, *Fotografie des Kalenders*, 1975.

Endnotenverzeichnis

1 Cantor, Ellen, *A history of the world as it has become known to me*, Berlin, Stuttgart 2018.

2 Büttner, Andrea, *Shame*, London 2020, S. 14.

3 Notz, Gisela, *Kritik des Familismus. Theorie und soziale Realität eines ideologischen Gemäldes*, Stuttgart 2015, S. 8.

4 Bundeskriminalamt, Partnerschaftsgewalt. Kriminalstatistische Auswertung Berichtsjahr 2019, S. 8.

5 Bundesregierung über die Kriminalstatistik zur Partnerschaftsgewalt: https://www.bundesregierung.de/breg-de/aktuelles/partnerschaftsgewalt-1809976, zuletzt aufgerufen am 4.4.2021.

6 Frauen gegen Männergewalt. *Berliner Frauenhaus für misshandelte Frauen. Erster Erfahrungsbericht*, Berlin-West 1978.

7 Gebhardt, Miriam, *Alice im Niemandsland*, München 2012, S. 43.

8 WHO, *Human Reproduction Program, COVID-19 and Violence Against Women*, 7. April 2020.

9 Technische Universität München, *Pressemitteilung*, unter https://www.tum.de/nc/die-tum/aktuelles/pressemitteilungen/details/36053/, zuletzt aufgerufen am 6.3.2021.

10 Zucco, Aline/Lott, Yvonne, *Report: Stand der Gleichstellung. Ein Jahr mit Corona*, März 2021, S. 9 f.

11 Ebd., S. 3.

12 UN-Women, *Covid-19 and Ending of Violence Against Women and Girls*, 2020, S. 3.

13 Amadou, Nafissa, *Gewalt gegen Afrikas Frauen: Die andere Pandemie*, unter https://www.dw.com/de/gewalt-gegen-afrikas-frauen-die-andere-pandemie/a-55136906, zuletzt aufgerufen 7.3.2021.

14 UN-Women, Covid-*19* and Ending of Violence Against Women and Girls, 2020, S. 2.

15 Lenz, Miriam/Ricci, André/Donheiser, Max/Sachse, Jonathan/Siber, Pia, *Frauenhäuser in der Pandemie: 92 Mitarbeiterinnen berichten über den prekären Alltag*, unter https://correctiv.org/aktuelles/gesundheit/2021/02/15/frauenhaeuser-in-der-pandemie-92-mitarbeiterinnen-berichten-ueber-den-prekaeren-alltag/, zuletzt aufgerufen am 5.3.2021.

16 Deutscher Bundestag, Drucksache 19/15770, Antrag FDP: *Frauenhäuser als Teil des staatlichen Schutzauftrags wahrnehmen*, 10.12.2019 sowie Deutscher Bundestag, Drucksache 19/19726, Antrag FDP: *Infrastruktur für Betroffene häuslicher Gewalt in Deutschland krisenfest aufstellen*, 03.06.2020.

17 Deutscher Bundestag, Drucksache 19/15380, Antrag Die Grünen: *Verantwortung für Frauen in Frauenhäusern übernehmen*, 25.11.2019 sowie Deutscher Bundestag, Drucksache 19/15379, Antrag Die Grünen: *Beratungsangebote für gewaltbetroffene Frauen stärken*, 25.11.2019.

18 Deutscher Bundestag, Drucksache 19/14380, Antrag Die Linke: *Gewalt an Frauen und Mädchen systematisch bekämpfen – Grundlagen zur erfolgreichen Umsetzung der Istanbul-Konvention*, 23.10.2019 sowie Deutscher Bundestag, Drucksache 19/23999, Antrag Die Linke: *Femizide in Deutschland untersuchen, benennen und verhindern*, 04.11.2020.

19 Deutscher Bundestag, Drucksache 19/30328, Antrag FDP: *Folgestudie zu der im Jahr 2011 veröffentlichten Studie »Zwangsverheiratung in Deutschland« veranlassen*, 07.06.2021.

20 Alle Redebeiträge zum Antrag »Kriminalität gegen Frauen«, nachzulesen im Plenarprotokoll des Deutschen Bundestags, 19. Wahlperiode/192. Sitzung, Berlin 19.11.2020, Tagesordnungspunkte 17a-17e, S. 24.298–24.305.

21 Deutscher Bundestag, Drucksache 19/24382, Antrag Die Grünen: *Hasskriminalität und andere Formen von Gewalt gegen Frauen endlich erfassen und wirksam bekämpfen*, 17.11.2020.

22 Deutscher Bundestag, Drucksache 19/15770, Antrag FDP: *Frauenhäuser als Teil des staatlichen Schutzauftrags wahrnehmen*, 10.12.2019, S. 2.

23 Frauenhauskoordinierung e.V./ZIF, *Schutz von Frauen und Kindern vor Gewalt darf nicht an den Kosten scheitern! Argumente und Positionen zur Ablehnung der Tagessatzfinanzierung von Frauenhäusern*, Berlin 2017, S. 2.

24 Zentrale Informationsstelle Autonomer Frauenhäuser, *Stellungnahme zum Referentenentwurf des Bundesministeriums für Familie, Senioren, Frauen und Jugend*, 10.02.2017, S. 2.

25 Interview mit Heike Herold, Frauenhauskoordinierung e.V.

26 Ebd.
27 Interview mit Kristin Fischer, BIG e.V.
28 Deutscher Bundestag, Drucksache 19/15770, Antrag FDP: *Frauenhäuser als Teil des staatlichen Schutzauftrags wahrnehmen*, 10.12.2019, S. 1.
29 Frauenhauskoordinierung e.V., *Statistik Frauenhäuser und ihre Bewohner_innen/Bewohner_innenstatistik 2019 Deutschland*, Berlin 2020.
30 Frauenhauskoordinierung e.V., *Pressemeldung zur Bewohner*innenstatistik*, 07.12.2021.
31 Schröttle, Monika, *Gewalt in Paarbeziehungen. Expertise für den Zweiten Gleichstellungsbericht der Bundesregierung*, Dortmund 2017, S. 3.
32 Ebd.
33 Ebd.
34 Bff: Suse, *Zugang zum Strafverfahren für Frauen mit Behinderungen bei geschlechtsspezifischer Gewalt. Ein Handbuch für die Praxis*, Berlin 2021.
35 vgl. Gerner, Linda, *Ableistische Gewalttat*, unter https://taz.de/Tod-von-Menschen-mit-Behinderung/!5769240/, zuletzt aufgerufen am 05.05.2021.
36 *Involuntary Celibate*, unfreiwillig im Zölibat lebende heterosexuelle cis-Männer.
37 Kracher, Veronika, *Incels. Geschichte, Sprache und Ideologie eines Online-Kults*, Mainz 2020, S. 139 f.
38 Council of Europe, *Übereinkommen des Europarats zur Verhütung und Bekämpfung von Gewalt gegen Frauen und häuslicher Gewalt*, 11.05.2011.
39 CEDAW-Allianz Deutschland, *Pressemitteilung zum Austritt der Türkei aus der Istanbul-Konvention*, 26.03.2021.
40 Bündnis Istanbul-Konvention, *Stellungnahme des Bündnisses Istanbul-Konvention* (BIK) *zum Austritt der Türkei aus der Istanbul-Konvention*, 24.03.2021.
41 Istanbul-Konvention, *Artikel 3 c*, S. 5.
42 Schröttle, Monika/Müller, Ursula, *Lebenssituation, Sicherheit und Gesundheit von Frauen in Deutschland. Eine repräsentative Untersuchung zu Gewalt gegen Frauen in Deutschland*, hg. Bundesministerium für Familie, Senioren, Frauen und Jugend, Berlin 2004.
43 Agentur der Europäischen Union für Grundrechte (FRA) 2014, *Gewalt gegen Frauen: eine EU-weite Erhebung*, Wien 2014.
44 Schröttle, Monika/Hornberg, Claudia et al., *Lebenssituation und Belastungen von Frauen mit Beeinträchtigungen und Behinderungen in Deutschland*, Bielefeld et al. 2013.
45 Istanbul-Konvention, *Artikel 23 133*, S. 68.

46 Istanbul-Konvention, *Artikel 23 135*, S. 68.
47 Deutscher Juristinnenbund, *Themenpapier Istanbul-Konvention: Umsetzungsdefizite bei Frauenschutzhäusern und Schutzunterkünften*, Berlin, 26.11.2019, S. 2.
48 Deutscher Bundestag, Drucksache 19/15770, Antrag FDP: *Frauenhäuser als Teil des staatlichen Schutzauftrags wahrnehmen*, 10.12.2019, S. 2.
49 Deutscher Juristinnenbund, *Themenpapier Istanbul-Konvention: Umsetzungsdefizite bei Frauenschutzhäusern und Schutzunterkünften*, Berlin, 26.11.2019, S. 2.
50 Istanbul-Konvention, *Artikel 23 134*, S. 68.
51 Istanbul-Konvention, *Artikel 59*, S. 24.
52 Istanbul-Konvention, *Artikel 43*, S. 6.
53 Deutscher Juristinnenbund, *14. Themenpapier*, *Rücknahme des Vorbehalts zu Artikel 59 der Konvention*, Berlin, 13.02.2020.
54 Ebd.
55 Ebd.
56 Laut des DJB müsste dafür zusätzlich der Leistungsanspruch ergänzt werden durch eine Ausnahme von der Meldepflicht in § 87 Abs. 1 AufenthG für Sozialämter gegenüber den Ausländerbehörden.
57 Gemeinsam gegen Gewalt an Frauen. Runder Tisch von Bund, Ländern und Kommunen, *Schutz und Beratung bei Gewalt bundesweit sicherstellen - Gemeinsame Position für eine bundesgesetzliche Regelung*, 27.05.2021.
58 Istanbul-Konvention, *Artikel 9*, S. 7.
59 Bündnis Istanbul-Konvention, *Alternativbericht zur Umsetzung des Übereinkommens des Europarats zur Verhütung und Bekämpfung von Gewalt gegen Frauen und häuslicher Gewalt*, Berlin 2021.
60 Bündnis Istanbul-Konvention, *Alternativbericht zur Umsetzung des Übereinkommens des Europarats zur Verhütung und Bekämpfung von Gewalt gegen Frauen und häuslicher Gewal*t, Berlin 2021, S. 8 f.
61 Ebd., S. 45.
62 Ebd., S. 90 ff.
63 Berliner Senat, *Pressemitteilung, Berliner Senat setzt internationales Recht gegen Gewalt an Frauen durch*, unter https://www.berlin.de/rbmskzl/aktuelles/pressemitteilungen/2021/pressemitteilung.1058920.php, zuletzt aufgerufen am 7.3.2021.

64 Bundesministerium für Familie, Senioren, Frauen und Jugend, *Gesundheit und Gewalt*, unter https://www.bmfsfj.de/bmfsfj/themen/gleichstellung/frauen-vor-gewalt-schuetzen/gesundheit-und-gewalt/gesundheit-und -gewalt-80652, zuletzt aufgerufen 7.3.2021.

65 Frauen gegen Männergewalt, *Erster Erfahrungsbericht*, S. 88–92.

66 Hagemann-White, Carol/Kavemann, Barbara/Kootz, Johanna/Weinmann, Ute/Wildt, Carola Christine/Burgard, Roswitha/Scheu, Ursula, *Hilfen für misshandelte Frauen. Abschlussbericht der wissenschaftlichen Begleitung des Modellprojekts Frauenhaus Berlin*, in: Schriftenreihe des Bundesministers für Jugend, Familie und Gesundheit, Stuttgart et al. 1981, S. 23 f.

67 Clemm, Christina, *Akteneinsicht*, S. 126.

68 Aktuelles: Vergewaltigung, in: *Emma* (1977/4), S. 58.

69 Schröttle, Monika/Müller, Ursula, *Lebenssituation, Sicherheit und Gesundheit von Frauen in Deutschland. Eine repräsentative Untersuchung zu Gewalt gegen Frauen in Deutschland*, hg. Bundesministerium für Familie, Senioren, Frauen und Jugend, Berlin 2004.

70 Hagemann-White, Carol, *Stellungnahme zum Gutachten Frauenhausarbeit im Freistaat Thüringen*, in: Frauenhauskoordinierung, *Frauenhausarbeit im Diskurs*, Berlin 2008, S. 2–7, hier 3.

71 Ebd., S. 3.

72 Ebd., S. 3.

73 Hagemann-White, Carol/Kavemann, Barbara/Ohl, Dagmar, *Parteilichkeit und Solidarität. Praxiserfahrungen zur Gewalt im Geschlechterverhältnis*, Bielefeld 1997, S. 28.

74 Interview mit Heike Herold.

75 Istanbul-Konvention, *Artikel 3*, S. 5.

76 Ebd.

77 Originalausgabe Russell, Diana/Van de Ven, Nicole, *Crimes Against Women: Proceedings of the International Tribunal*, Brüssel 1976, hier 3. Auflage Berkeley 1990, S. 104.

78 »The mysogynist killing of women by men.« Vgl. Radford, Jill/Russell, Diana E. H., *Preface*, in: *Femicide. The Politics of Woman Killing*, New York 1992, S. xi.

79 Dyroff, Merle/Pardeller, Marlene/Wischnewski, Alex, *Begriffe als politisch Intervention*, in: *Femizide in Deutschland*, hg. Rosa-Luxemburg-Stiftung, Berlin 2020, S. 5.

80 Ebd., S. 4–6.

81 *Bild* (26.2.1975), zitiert nach Ohl, Dagmar/Rösener, Ursula, *Und bist du willig… Ausmaß und Ursachen von Frauenmißhandlung in der Familie,* Frankfurt/Main et al. 1979, S. 104.
82 *Bild* (9.7.1975), zitiert nach ebd., S. 107.
83 *Bild* (21.6 1977), zitiert nach ebd., S. 106.
84 *Bild* am Sonntag (1.5.1977), zitiert nach ebd., S. 107.
85 *Der Tagesspiegel* (31.12.1975), zitiert nach ebd., S. 109.
86 *Der Tagesspiegel* (5.12.1976), zitiert nach ebd., S. 108.
87 *Der Tagesspiegel* (17.6.1978), zitiert nach ebd., S. 104.
88 *Der Tagesspiegel* (18.3.1979), zitiert nach ebd., S. 109.
89 *Spandauer Volksblatt* (25.4.1979), zitiert nach ebd., S. 108.
90 *BZ* (2.1.1976), zitiert nach ebd., S. 108.
91 Deutscher Bundestag, Drucksache19/4059, Antwort: *Geschlechtsspezifische Tötungen an Frauen – Femizide in Deutschland,* 29.08.2018, S. 3.
92 Monckton Smith, Jane, *Intimate Partner Femicide, Using Foucauldian Analysis to Track an Eight Stage Progression to Homicide,* in: *Violence Against Women* (2020), S. 1267–1285.
93 Deutscher Bundestag, 19 Wahlperiode, Drucksache 19/23999, Antrag: Die Linke: *Femizide in Deutschland untersuchen, benennen und verhindern,* 04.11.2020.
94 Clemm, Christina, *Stellungnahme zum Antrag »Femizide in Deutschland untersuchen, benennen und verhindern, siehe Deutscher Bundestag, Ausschuss f. Familie, Senioren, Frauen u. Jugend,* Ausschussdrucksache 19(13)121b, 2021, S. 4.
95 Steinl, Leonie, *Rechtlicher Umgang mit Femiziden in Gestalt von Trennungstötungen, Stellungnahme zum Antrag »Femizide in Deutschland untersuchen, benennen und verhindern«, siehe Deutscher Bundestag, Ausschuss f. Familie, Senioren, Frauen u. Jugend,* Ausschussdrucksache 19(13)121d, 2021, S. 7 f.
96 Herold, Heike, *Stellungnahme zum Antrag »Femizide in Deutschland untersuchen, benennen und verhindern«, siehe Deutscher Bundestag, Ausschuss f. Familie, Senioren, Frauen u. Jugend,* Ausschussdrucksache 19(13)121a, 2021, S. 3.
97 Lembke, Ulrike, *Stellungnahme zum Antrag »Femizide in Deutschland untersuchen, benennen und verhindern«, siehe Deutscher Bundestag, Ausschuss f. Familie, Senioren, Frauen u. Jugend,* Ausschussdrucksache 19(13)121f, 2021, S. 3.
98 Ebd., S. 11.

99 Fischer, Thomas, *Stellungnahme zum Antrag »Femizide in Deutschland untersuchen, benennen und verhindern«, siehe Deutscher Bundestag, Ausschuss f. Familie, Senioren, Frauen u. Jugend*, Ausschussdrucksache 19(13)121c, 2021, S. 1.

100 Schröttle, Monika. *Stellungnahme zum Antrag »Femizide in Deutschland untersuchen, benennen und verhindern«, siehe Deutscher Bundestag, Ausschuss f. Familie, Senioren, Frauen u. Jugend*, Ausschussdrucksache 19(13)121e, 2021, S. 3.

101 Joel, Antje, *Prügel. Eine ganz gewöhnliche Geschichte häuslicher Gewalt*, Hamburg 2020.

102 Joel, Antje, *Stellungnahme zum Antrag »Femizide in Deutschland untersuchen, benennen und verhindern«, siehe Deutscher Bundestag, Ausschuss f. Familie, Senioren, Frauen u. Jugend*, in: Schröttle, Ausschussdrucksache 19(13)121e, 2021, S. 3. Außerdem ihr Buch *Prügel. Eine ganz gewöhnliche Geschichte häuslicher Gewalt*, Hamburg 2020.

103 Dyroff, Merle/Pardeller, Marlene/Wischnewski, Alex, *Femizide in Deutschland*, hg. Rosa-Luxemburg-Stiftung, Berlin 2020, S. 48.

104 Stefan, Verena, *Häutungen*, Westberlin 1976, S. 37.

105 Marcus, Sharon, »Fighting Bodies, Fighting WordS. A Theory and Politics of Rape Prevention«, in: Butler, Judith/ Scott, Joan W. (Hrsg.): *Feminists Theorize the Political*, New York 2002, S. 392 ff. Übersetzung F.B. »The gendered grammar of violence predicates men as the subject of violence and the operators of its tools, and predicates women as the objects of violence and the subjects of fear.«

106 Classen, Brigitte/Goettle, Gabriele, »Häutungen eine Verwechslung von Anemone und Amazone«, in: *Courage* (1976/1), S. 45–46.

107 May Ayim, Katharina Oguntoye und Audre Lorde entwickelten den Begriff »afro-deutsch« in Anlehnung an afroamerikanisch und als Ausdruck einer kulturellen Herkunft.

108 Emde, Helga, »Als Besatzungskind im Nachkriegsdeutschland«, in: Oguntoye, Katharina/Ayim, May (Hrsg.), *Farbe bekennen. Afro-deutsche Frauen auf den Spuren ihrer Geschichte*, Berlin 2020, S. 143–156, hier S. 147.

109 Ebd., S. 148 f.

110 Ebd., S. 149 f.

111 The Combahee River Collective, *Ein Schwarzes feministisches Statement*, in: Kelly, Natasha A. (Hrsg.), Schwarzer Feminismus. Grundlagentexte, S. 47–60, hier S. 52.

112 Şahin, Reyhan, »Sex«, in: Fatma Aydemir/Hengameh Yaghoobifarah, *Eure Heimat ist unser Albtraum*, Berlin 2020, S. 156–166, hier 162.
113 Truth, Sojourner, Bin ich etwa keine Frau*? (1851), in: Kelly, Natasha A., *Schwarzer Feminismus*, Münster 2019, S. 15.
114 Crenshaw, Kimberlé, »Demarginalizing the Intersection of Rape and Sex«, in: *University of Chicago Legal Forum* (1989/1), S. 139–167.
115 Thürmer-Rohr, Christina, »Frauen in Gewaltverhältnissen. Zur Generalisierung des Opferbegriffs«, in: *Mittäterschaft und Entdeckungslust* hg. Studienschwerpunkt »Frauenforschung« am Institut für Sozialpädagogik der TU Berlin, Berlin 1989, S. 22–36, hier S. 31.
116 Vgl. hierzu auch Hagemann-White, Carol, »Sozialisation - ein veraltetes Konzept in der Geschlechterforschung?«, in: Glaser, Edith/Klika, Dorle/Prengel, Annedore, *Handbuch Gender und Erziehungswissenschaft*, Bad Heilbrunn 2004, S. 146–156.
117 Wekker, Gloria, »Überlieferinnen: Porträt der Gruppe Sister Outsider«, in: Oguntoye/Ayim, Farbe bekennen, S. 293–306, hier S. 305.
118 Lorde, Audre, »Age, Race, Class and Sex: Women Redefining Difference«, in: dies., *Your Silence Will not Protect You*, London 2017, S. 94–106, hier 95. »Certainly there are very real differences between us of race, class and sex. But it is not those differences between us that are separating us. It is rather our refusal to recognise those differences, and to examine the distortions which result from our misnaming them and their effects upon human behaviour and expectation.«
119 Selvaratnam, Tanya, Assume Nothing. *A Story of Intimate Violence*, New York 2020, S. 157–158.
120 Interview mit Barbara, Kavemann.
121 Brückner, Margrit, *Die Liebe der Frauen. Über Weiblichkeit und Misshandlung*, Frankfurt/Main 1983, S. 46.
122 Ebd., S. 10.
123 Hagemann-White, Carol/Kavemann, Barbara/Ohl, Dagmar, *Parteilichkeit und Solidarität. Praxiserfahrungen und Streitfragen zur Gewalt im Geschlechterverhältnis*, Bielefeld 1997, S. 27.
124 Interview mit Maria Mies, in: *Emma* (2017/1), S. 84–87.
125 Marcus, Isabel, *Reframing Domestic Violence as a Torture or Terrorism*, New York 2014, S. 20.
126 Joel, *Prügel*, S. 170 f.

127 Gaby Zipfel zitiert von Mühlhäuser, Regina, »Verschwiegen und allgegenwärtig. Sexuelle Gewalt im Zweiten Weltkrieg zwischen individueller Erinnerung und nationaler Vergangenheitspolitik«, in: Arend, Sabine/ Fank, Petra (Hrsg.), Ravensbrück denken Berlin 2020, S. 61–73, hier 73..
128 Sanyal, Mithu, *Vergewaltigung*, Hamburg 2016, S. 169–170.
129 Kalamu ya Salaam zitiert von Lorde, Audre, *Age, Race, Class and Sex*, S. 102.
130 Despentes, Virginie, *King Kong Theorie*, Köln 2018, S. 50.
131 Thesing, Peet, *Feministische Psychiatriekritik*, Münster 2019, S. 52.
132 Thesing, Peet, *Feministische Psychiatriekritik*, S. 51.
133 Vgl. auch Crenshaw, Kimberlé, *Demarginalizing the Intersection*, 157 f.
134 BIK, *Alternativbericht*, S. 46.
135 Benard, Cheryl/Schlaffer, Edit, *Die ganz gewöhnliche Gewalt in der Ehe. Texte zu einer Soziologie von Macht und Liebe*, Reinbek 1987, S. 159/160.
136 Hausen, Karen, »Die Polarisierung der »Geschlechtscharaktere« – Eine Spiegelung der Dissoziation von Erwerbs- und Familienleben«, in: Conze, Werner (Hrsg.), *Sozialgeschichte der Familie in der Neuzeit Europas*, Stuttgart 1976, S. 363–393, hier S. 375.
137 Zitiert nach Frauenhaus Köln, *Nachrichten aus dem Ghetto Liebe*, Frankfurt a. Main 1980, S. 111.
138 Benard, Cheryl/Schlaffer, Edit, *Die ganz gewöhnliche Gewalt in der Ehe. Texte zu einer Soziologie von Macht und Liebe*, Reinbek 1987, S. 159.
139 Frauenhaus Köln, *Nachrichten aus dem Ghetto Liebe*, Frankfurt a. Main 1980, S. 109.
140 Interview mit Barbara Kavemann.
141 Reidemeister, Helga, *Von wegen Schicksal*, 121 min, BRD 1978.
142 Notz, *Familismus*, S. 17.
143 Deutscher Bundestag, Wissenschaftliche Dienste, *Sachstand: Frauenhäuser in Deutschland*, WD 9–3000–030/19, 2019.
144 Clemm, Christina, *Akteneinsicht*, München 2020, S. 120.
145 Bundesministerium für Familie, Senioren, Frauen und Jugend, *Lebenssituation, Sicherheit und Gesundheit von Frauen in Deutschland, eine repräsentative Untersuchung zu Gewalt gegen Frauen in Deutschland*, 2004, S. 211.
146 Lau, Susanne/Boss, Sieghild/Stender, Ursula, *Aggressionsopfer Frau: Körperliche und seelische Misshandlung in der Ehe*, Reinbek 1979, S. 46f.
147 Benard, Cheryl/Schlaffer, Edit, *Die ganz gewöhnliche Gewalt in der Ehe. Texte zu einer Soziologie von Macht und Liebe*, Reinbek 1987, S. 165.
148 Ebd., S. 167.

149 Kaiser, Susanne, *Politische Männlichkeit. Wie Incels, Fundamentalisten und Autoritäre für das Patriarchat mobilmachen*, Berlin 2020, S. 55.
150 Psychiatrie-Enquete vergisst Frauen, in: *Emma* (1977/7), S. 61.
151 Mitscherlich, Margarete, »Sind Frauen masochistisch?«, in: *Emma*, (1977/9), S. 11 f.
152 Lau, Susanne/Boss, Sieghild/Stender, Ursula, *Aggressionsopfer Frau: Körperliche und seelische Misshandlung in der Ehe*, Reinbek 1979, S. 146.
153 Federici, Silvia, *Hexenjagd. Die Angst vor der Macht der Frauen*, Münster 2019, S. 65.
154 CEDAW-Allianz Deutschland, *Recht auf Gleichstellung. Zum Stand der Umsetzung der Frauenrechtskonvention*, 2019, S. 17.
155 FHK, *Bewohner_innenstatistik* 2019, S. 15.
156 Willies, Ellen, »The Family: Love it or leave it«, in: *Village Voice* (September 1979).
157 Ebd.
158 Von Braun, Christina, *Nichtich, Logik, Lüge, Libido*, Frankfurt/Main 1990, S. 293.
159 Firestone, Shulamith, *Dialectic of Sex*, New York 1972, S. 72.
160 Wittlich, Angelika, »Mutterhass«, in: *Emma* (1977/4), S. 6–11, hier S. 10.
161 Ebd., S. 8.
162 Rich, Adrienne, »Mutterschaft kann man nicht anfassen«, in: *Courage* (1979/4), S. 30–31.
163 Von Braun, *Logik, Lüge, Libido*, S. 220.
164 Benard, Cheryl/Schlaffer, Edit, *Die ganz gewöhnliche Gewalt in der Ehe. Texte zu einer Soziologie von Macht und Liebe*, Reinbek 1987, S. 140.
165 Thesing, Peet, *Feministische Psychiatriekritik*, Münster 2019, S. 52.
166 Joel, Antje, Stellungnahme zum Antrag »Femizide in Deutschland untersuchen, benennen und verhindern«, siehe Deutscher Bundestag, Ausschuss f. Familie, Senioren, Frauen u. Jugend in: Schröttle, Ausschussdrucksache 19(13)121e, 2021.
167 Proctor, Hannah, »Charlotte Corday's Skull/Ulrike Meinhof's Brain: Gender, Matter and Meaning – a Postmortem«, in: Timonen, Maija/Wikström, Josefine (Hrsg.) *Objects of Feminism. Art Theoretical Writings from the Academy of Fine Arts*, Helsinki 2017, S. 17–38, hier S. 20.
168 Plogstedt, Sibylle, »*Vom Protest zum Widerstand. Der Tod der Ulrike*«, in: *Courage* (1976/0), S. 22–23.
169 Behr, Sophie, »Art. 6 GG: Was ist eine Mutter?«, in: *Courage* (1976/4), S. 41
170 Rich, Adrienne, *Of Women Born*, London, New York 1986 (1976), S. 49.

171 Firestone, Shulamit, *Dialectic of Sex*, New York 1972, S. 90 ff.

172 Libreria delle donne di Milano, *Wie weibliche Freiheit entsteht. Eine neue politische Praxis*, Berlin 1991.

173 Wittig, Monique, »The Straight Mind«, in: *Feminist Issues* (1980/1).

174 Frauen gegen Männergewalt, *Erster Erfahrungsbericht*, S. 139.

175 Herzog, Dagmar, *Die Politisierung der Lust. Sexualität in der deutschen Geschichte des zwanzigsten Jahrhunderts*, München 2005, S. 83.

176 Steinbacher, Sybille, *Wie der Sex nach Deutschland kam. Der Kampf um Sittlichkeit und Anstand*, München 2011, S. 85.

177 Mühlhäuser, Regina, »Vergewaltigungen in Deutschland 1945. Nationaler Opferdiskurs und individuelles Erinnern betroffener Frauen«, in: Naumann, Klaus (Hrsg.), *Nachkrieg in Deutschland*, Hamburg 2001, S. 384–408, hier S. 390.

178 Gebhardt, Miriam, *Als die Soldaten kamen*, München 2015, S. 253.

179 Ayim, May, »Afro-Deutsche nach 1945«, in: Ayim/Oguntoye/Schultz, *Farbe bekennen*, S. 130–136.

180 Gebhardt, Miriam, »Eine Frage des Schweigens? Forschungsthesen zur Vergewaltigung deutscher Frauen nach Kriegsende«, in: Stelzl-Marx, Barbara/Satiukow, Silke (Hrsg.), *Besatzungskinder. Die Nachkommen Alliierter Soldaten in Österreich und Deutschland*, Wien 2015, S. 62–92, hier S. 78.

181 Steinbacher, Sybille, *Wie der Sex nach Deutschland kam. Der Kampf um Sittlichkeit und Anstand*, München 2011, S. 87.

182 Steinbacher, Sybille, *Wie der Sex nach Deutschland kam. Der Kampf um Sittlichkeit und Anstand*, München 2011, S. 88.

183 Treber, Leonie, *Mythos Trümmerfrauen. Von der Trümmerbeseitigung in der Kriegs- und Nachkriegszeit und der Entstehung eines deutschen Erinnerungsortes*, Essen 2014, S. 199.

184 Ebd., S. 204 ff.

185 Chutnik, Sylwia, *Weibskram*, Berlin 2012, S. 77.

186 Mirzo, Laila, »Die modernen Trümmerfrauen«, in: *Junge Freiheit* (19.05.2020), https://jungefreiheit.de/debatte/kommentar/2020/die-modernen-truemmerfrauen, zuletzt aufgerufen am 12.04.2021.

187 Frauen an der Front, in: *Deutsche Welle* (17.04.2020), https://www.dw.com/de/frauen-an-der-front/av-53164727; Was wird aus den Corona-Heldinnen?, in: *Oberhessische Presse* (07.04.2021), https://www.op-marburg.de/Marburg/Was-wird-aus-den-Corona-Heldinnen, beide zuletzt aufgerufen am 12.04.2021.

188 Arruzza, Cinzia/Bhattacharya, Tithi/Fraser, Nancy, *Feminismus für die 99%. Ein Manifest*, Berlin 2019, S. 39.
189 Kaiser, Susanne, *Politische Männlichkeit*, S. 199 f.
190 World Economic Forum, Global Gender Gap Report 2021, Genf 2021.
191 Notz, Gisela, *Kritik des Familismus. Theorie und soziale Realität eines ideologischen Gemäldes*, Stuttgart 2015, S. 76.
192 Ebd., S. 77.
193 CEDAW, *Recht auf Gleichstellung*, S. 17 ff.
194 Adenauer, Konrad, *Regierungserklärung*, Bonn 20. Oktober 1953.
195 Ayim, May, »Afro-Deutsche nach 1945«, in: Ayim/Oguntoye/Schultz, *Farbe bekennen*, S. 137.
196 Niehuss, Merith, »Kontinuität und Wandel der Familie in den 50er Jahren«, in: Schildt, Axel (Hrsg.), *Modernisierung im Wideraufbau. Die westdeutsche Gesellschaft der 50er Jahre*, Bonn 1998, S. 316–334, hier S. 323. Zwischen 1949 und 1966 wurden in der BRD einschließlich Westberlin fast 9 Millionen Wohnungen – davon 4,5 Millionen Sozialwohnungen und über 2,5 Millionen Eigenheime und Eigentumswohnungen – gebaut, die sich nach den Bedürfnissen von Familien richteten.
197 Frauen gegen Männergewalt, *Erfahrungsbericht*, S. 39.
198 Hartmann, Johanna, ›*aber wenn die Frau aus ihren Grenzen tritt, ist es für sie noch viel gefährlicher Geschlechtermodelle für die Stadt von morgen*‹, in: Maechtel, Annette/Peters, Kathrin, *Beiträge zu einer Archäologie des Hansaviertels Berlin*, Berlin 2008, S. 200–207, hier S. 201 f.
199 Ebd., S. 201 f.
200 Wersig, Maria, *Der lange Schatten der Hausfrauenehe. Zur Reformresistenz des Ehegattensplittings*, Opladen 2013, hier S. 140 ff.
201 Statistisches Bundesamt, Gender-Pay-Gap 2019, https://www.destatis.de/DE/Presse/Pressemitteilungen/2020/03/PD20_097_621.html, zuletzt aufgerufen am 6.3.2021.
202 Mattes, Monika, »Migration und Geschlecht in der Bundesrepublik Deutschland. Ein historischer Rückblick auf die ›Gastarbeiterinnen‹ der 1960er/70er Jahre«, in: Femina Politica (2008/1), S. 19–27, hier 20 f.
203 Hausen, Karin, Wirtschaften mit der Geschlechterordnung. Ein Essay, in: dies. (Hrsg.): *Geschlechterhierarchie und Arbeitsteilung. Zur Geschichte ungleicher Erwerbschancen von Männern und Frauen*, Göttingen 1993, S. 40–67, hier S. 58.

204 Mattes, Monika, »Migration und Geschlecht in der Bundesrepublik Deutschland. Ein historischer Rückblick auf die »Gastarbeiterinnen« der 1960/1970er Jahre«, in: *Femina Politica* (2008/1), S. 19–27, hier S. 21.

205 Ebd., S. 22.

206 Morokvašic, Mirjana, »Frauen in Bewegung: Migration und Geschlechterrollen«, in: BpB, 17.12.2018, https://www.bpb.de/gesellschaft/migration/kurzdossiers/282700/migration-und-geschlechterrollen, zuletzt aufgerufen am 13.04.2021.

207 Mattes, Monika, »Migration und Geschlecht in der Bundesrepublik Deutschland. Ein historischer Rückblick auf die »Gastarbeiterinnen« der 1960/1970er Jahre«, in: *Femina Politica* (2008/1), S. 19–27, hier S. 21.

208 Kipphoff, Petra, »Die restlos ausgewertete Frau«, in: *Zeit* (30.09.1966), https://www.zeit.de/1966/40/die-restlos-ausgewertete-frau/komplettansicht, zuletzt aufgerufen am 12.04.2021.

209 Ebd.

210 Der Bundesminister für Arbeit und Sozialordnung (Hrsg.), Drucksache V/909: *Bericht der Bundesregierung über die Situation der Frauen in Beruf, Familie und Gesellschaft*, Bonn 1960, S. 28.

211 Ebd., S. 10.

212 Ebd., S. 236.

213 Der Bundesminister für Familie und Jugend (Hrsg.), Drucksache V/2532: *Bericht der Bundesregierung über die Lage der Familien in der Bundesrepublik Deutschland*, Bad Godesberg 1968, S. 7.

214 Frauen gegen Männergewalt, *Erfahrungsbericht*, S. 95.

215 Notz, *Familismus*, S. 91–95.

216 »Wer Adolf will«, in: Spiegel, 28.11.1966, https://www.spiegel.de/spiegel/print/d-46415107.html, zuletzt aufgerufen am 3.3.2021.

217 Adamczak, Bini, *Beziehungsweise Revolution. 1917, 1968 und kommende*, Berlin 2017, S. 193.

218 Lenz, Ilse, *Neue Frauenbewegung in Deutschland. Abschied vom kleinen Unterschied*, Wiesbaden 2010, S. 59.

219 Ebd., S. 59.

220 Meinhof, Ulrike Marie, *Die Frauen im* SDS *oder In eigener Sache*, in: Courage (1976/0), S. 23–24, hier S. 23.

221 Brandt, Willy, *Regierungserklärung vor dem Deutschen Bundestag*, Bonn 28. Oktober 1969.

222 Notz, *Familismus*, S. 105.

223 Ebd., S. 106.
224 Ebd., S. 106 ff.
225 Renger, Annemarie, *Antrittsrede als Bundestagspräsidentin*, Bonn 13. Dezember 1972.
226 Gerlach, Irene, *Familie und staatliches Handeln. Ideologie und politische Praxis in Deutschland*, Opladen 1996, S. 195.
227 Libreria delle donne di Milano, *Wie weibliche Freiheit entsteht. Eine neue politische Praxis*, Berlin 1991, S. 13.
228 Respons, *Was tun bei sexualisierter Gewalt? Handbuch für die Transformative Arbeit mit gewaltausübenden Personen*, Münster 2008, S. 47.
229 Drucksache 7/3502: *Bericht über die Lage der Familie in der Bundesrepublik Deutschland. Zweiter Familienbericht*, Bonn 1975, S. VII f.
230 Drucksache 7/3502: *Bericht über die Lage der Familie in der Bundesrepublik Deutschland. Zweiter Familienbericht*, Bonn 1975, S. 53.
231 Ebd., S. 53.
232 Mattes, Monika, *»Gastarbeiterinnen« in der Bundesrepublik*, S. 23.
233 Drucksache 7/3502: *Bericht über die Lage der Familie in der Bundesrepublik Deutschland. Zweiter Familienbericht*, Bonn 1975, S. 56.
234 Ebd., S. 137.
235 CEDAW, S. 15.
236 Die Verfassung der Deutschen Demokratischen Republik, B. Inhalt und Grenzen der Staatsgewalt, I. Rechte der Bürger, 7. Oktober 1949.
237 Gesetz über den Mutter- und Kinderschutz und die Rechte der Frau, vom 27. September 1950.
238 Familiengesetzbuch der Deutschen Demokratischen Republik vom 20. Dezember 1965, §10, Abs. 1.
239 Die Verfassung der Deutschen Demokratischen Republik, B. Inhalt und Grenzen der Staatsgewalt, I. Rechte der Bürger, 7. Oktober 1949.
240 Sudau, Christel, »Unsere roten Schwestern«, in: *Emma* (1977/3), S. 24–28, hier 25.
241 Ebd., S. 25 f.
242 Ebd.
243 Ebd., S. 26.
244 Bundesministerium für gesamtdeutsche Fragen (Hg.), *Arbeiten arbeiten arbeiten! Die »neuen Rechte« der Frau in der Sowjetzone. Zum sowjetzonalen »Gesetz über den Mutter- und Kinderschutz und die Rechte der Frau«* vom 27.9.1950, o.O. 1951.
245 Gesetz über die Unterbrechung der Schwangerschaft, 9. März 1972.

246 Sudau, Christel, »Unsere roten Schwestern«, in: *Emma* (1977/3), S. 24–28, hier S. 25.

247 Ebd..

248 Schnalzger, Barbara/Weidner, Sabrina (2019): *Zaunreiterin – eine Möglichkeit, gemeinsam Frausein zu durchdenken und zu diskutieren*, in: Digitales Deutsches Frauenarchiv. URL: https://www.digitales-deutsches-frauenarchiv.de/themen/zaunreiterin-eine-moeglichkeit-gemeinsam-frausein-zu-durchdenken-und-zu-diskutieren, zuletzt aufgerufen am: 05.07.2021.

249 Sudau, »Unsere roten Schwestern«, S. 27 f.

250 Familiengesetzbuch der Deutschen Demokratischen Republik vom 20. Dezember 1965, Einleitung.

251 Haffner, Sarah, »Diese Frauen waren der revolutionärste Teil dieser etwas revolutionären Bewegung«, in: Kätzel, Ute (Hrsg.), *68erinnen – Porträt einer rebellischen Frauengeneration*, S. 141–160, hier S. 141. Der Begriff »1968« oder »68er« hat so einen staubigen Touch. Er beschreibt diesen einen Kulminationspunkt, ab dem alles anders wurde, und ruft vor allem weiße männlich-akademische Heldenbilder und Errungenschaften hervor.

252 Lonzi, Carla, »Die Lust Frau zu sein«, in: *Internationale Marxistische Diskussion 55*, Berlin 1975, S. 7+9.

253 Adamczak, Bini, *Beziehungsweise Revolution. 1917, 1968 und kommende*, Berlin 2017, S. 202–208.

254 Ebd.

255 The Combahee River Collective, »Ein Schwarzes feministisches Statement«, in: Kelly, Natasha A., *Schwarzer Feminismus*, Münster 2019, S. 49.

256 Perincioli, Cristina, *Berlin wird feministisch. Das Beste, was von der* 68*er Bewegung blieb*, Berlin 2015, S. 89.

257 Perincioli, Cristina, *Berlin wird feministisch. Das Beste, was von der 68er Bewegung blieb*, Berlin 2015, S. 89 f.

258 Interview mit Barbara Kavemann.

259 Bernard/Schlaffer, *Die ganz gewöhnliche Gewalt*, S. 160 f.

260 Interview mit Roswitha Burgard.

261 Interview mit Barbara Kavemann.

262 Perincioli, Cristina, *Berlin wird feministisch. Das Beste, was von der* 68*er Bewegung blieb, Berlin* 2015, S. 116–123.

263 »In eigener Sache«, in: *Courage* (1976/0), S. 2.

264 Ebd.

265 Notz, Gisela, »Courage – Wie es begann, was daraus wurde und was geblieben ist«, in: dies. (Hrsg.), *Als die Frauenbewegung noch Courage hatte. Die »Berliner Frauenzeitung Courage« und die autonomen Frauenbewegungen der 1970er und 1980er Jahre*, Bonn 2007, S. 23–43, hier S. 31.
266 Duden, Barbara/Stöhr, Irene, »Ein Platz an der Hochschulsonne«, in: *Courage* (1978/7), S. 48–51.
267 Duden, Barbara/Bock, Gisela, *Arbeit aus Liebe – Liebe aus Arbeit: Zur Entstehung der Hausarbeit im Kapitalismus*, Berlin 1976, S. 178.
268 Della Costa, Mariarosa/James, Selma, *Die Macht der Frauen und der Umsturz der Gesellschaft*, Berlin 1973, S. 41.
269 Duden, Barbara/Bock, Gisela, *Arbeit aus Liebe – Liebe aus Arbeit: Zur Entstehung der Hausarbeit im Kapitalismus*, Berlin 1976, S. 185.
270 Leserinnenbrief der Frauengruppe Lohn für Hausarbeit Berlin, in: *Emma* (1977/7), S. 42.
271 Federici, Silvia, *Hexenjagd*, S. 67.
272 Adamczak, Bini, *Beziehungsweise Revolution*, S. 202–208.
273 Adrian, Karin, »Und die ungewollten Folgen der Wohngemeinschaft«, in: Kätzel, *68erinnen*, S. 239–258, hier S. 243.
274 Perincioli, Cristina, *Berlin wird feministisch. Das Beste, was von der 68er Bewegung blieb*, Berlin 2015, S. 41.
275 Ebd.
276 Haffner, Sarah, »Diese Frauen waren der revolutionärste Teil dieser etwas revolutionären Bewegung«, in: Kätzel (Hrsg.), *68erinnen*, S. 163.
277 Perincioli, Cristina, *Berlin wird feministisch. Das Beste, was von der 68er Bewegung blieb*, Berlin 2015, S. 151.
278 Baader, Meike Sophia, »Männer – Frauen – Kinder: Das Zusammenspiel von Kinderladen und Frauenbewegung Revisted«, in: *Historische Jugendforschung* (2008/4), S. 153–165.
279 Lenz, Ilse, *Neue Frauenbewegung in Deutschland. Abschied vom kleinen Unterschied*, Wiesbaden 2010, S. 194.
280 Fronius, Sigrid, „Asta-Vorsitzende der Freien Universität Berlin«, in: Kätzel, *68erinnen*, S. 21–40, hier 28.
281 Hagemann-White, Carol, »Wege und Brücken«, in: Vogel, Ulrike (Hrsg.), *Wege in die Soziologie und die Frauen- und Geschlechterforschung. Autobiographische Notizen der ersten Generation von Professorinnen an der Universität*, Wiesbaden 2006, S. 125–137, hier 130.
282 Frauen gegen Männergewalt, *Erfahrungsbericht*, S. 29.

283 Perincioli, Cristina, *Berlin wird feministisch. Das Beste, was von der 68er Bewegung blieb*, Berlin 2015, S. 135.
284 Ebd., S. 135.
285 Ebd., S. 207.
286 Ebd., S. 207.
287 Später wurde sogar die Dekade der Frau (1976 bis 1985) ausgerufen.
288 »Statt Blumen«, in: *Spiegel* (1974/48), S. 160–162, hier 161.
289 FFBIZ, A Rep 400, 20.22.5–1,1.
290 Russell, Diana/Van de Ven, Nicole, *Crimes Against Women: Proceedings of the International Tribunal*, Berkeley 1976, S. 152 ff.
291 FFBIZ, A Rep 400, 20.22.5–1,1.
292 Russell/Van de Ven, *Crimes Against Women*, S. 9.
293 Russell, Diana, Preface, in: Radford, Jill/Russell, Diana (Hrsg.): *Femicide. The Politics of Woman Killing*, New York 1992, S. Xi-xv.
294 Ebd., S. 104.
295 Ebd., S. 169 ff.
296 Flying Lesbians, *Battered Wife*, Frauen Offensive 1975.
297 CEDAW-Allianz Deutschland, *Recht auf Gleichstellung. Zum Stand der Umsetzung der Frauenrechtskonvention in Deutschland*, Berlin 2019.
298 CEDAW-Allianz Deutschland, *Recht auf Gleichstellung. Zum Stand der Umsetzung der Frauenrechtskonvention in Deutschland*, Berlin 2019, S. 8–9.
299 Segato, Rita Laura, zitiert in: Federici, *Hexenjagd*, S. 64.
300 Haffner, Sarah (Hrsg.), *Gewalt in der Ehe und was Frauen dagegen* tun, Frauenhäuser Berlin 1976, erste Seite.
301 Frauen gegen Männergewalt, *Erfahrungsbericht*, S. 45.
302 Haffner, Sarah, »Labyrinth oder wie aus Menschen ›Fälle‹ gemacht werden«, in: Haffner, *Frauenhäuser*, S. 47–63, hier S. 51 sowie Ohl, Dagmar/Rösener, Ursula, *Und bist du nicht willig… Ausmaß und Ursachen von Frauenmißhandlung in der Familie,* Frankfurt/Main et al. 1979, S. 111.
303 Ebd., S. 51.
304 Ebd., S. 49.
305 Ebd., S. 58.
306 Ebd.
307 Seit 2001 kann die Polizei selbst Strafanzeige gegen einen gewalttätigen Mann stellen.
308 Istanbul-Konvention, Strafschärfungsgründe, S. 19.
309 Frauen gegen Männergewalt, *Erfahrungsbericht*, S. 101.
310 Zentrale Informationsstelle Autonomer Frauenhäuser, *Femizide verhindern!*, 2021.

311 Haffner, Sarah, *Labyrinth*, S. 48
312 BIK, *Alternativbericht*, S. 50.
313 Haffner, Sarah, *Frauenhäuser*, »Interview mit Frau R.«, S. 77.
314 Mit einem vorübergehenden Asyl ist es nicht getan, in: *Frankfurter Rundschau*, 29. September 1976.
315 Frauen gegen Männergewalt, *Erfahrungsbericht*, S. 45.
316 Haffner, Sarah, *Labyrinth*, S. 47.
317 Falsche Scham, in: *Spiegel* (1976/46).
318 Haffner, Sarah, *Labyrinth*, S. 52.
319 FFBIZ, Drucksache 6/1508, Abgeordnetenhaus von Berlin, 6. Wahlperiode, 14. März 1974, Vermeidung und Reduzierung der Obdachlosigkeit (Obdachlosenplan), S. 4. A Rep. 400 Berlin 20.22.5 – 34 (228).
320 Drucksache 6/1508, Abgeordnetenhaus von Berlin, 6. Wahlperiode, 14. März 1974, Vermeidung und Reduzierung der Obdachlosigkeit (Obdachlosenplan), S. 4. A Rep. 400 Berlin 20.22.5 – 34 (228).
321 Ebd.
322 »Neues Scheidungsrecht: Dreimal zahlen«, in: *Spiegel* (1977/27).
323 Goy, Alexandra, »Recht, Rechtssprechung und Rechtlosigkeit. Ein weiteres Labyrinth«, in: Haffner, Sarah, *Frauenhäuser*, S. 64–76, hier S. 67.
324 Haffner, Sarah, *Labyrinth*, S. 53.
325 Haffner, Sarah, *Labyrinth*, S. 57.
326 Haffner, Sarah, *Labyrinth*, S. 58.
327 Chesler, Phyllis, *Frauen - das verrückte Geschlecht?*, Reinbek 1974, S. 14.
328 FFBIZ, Rundbrief mit Liste zugehöriger Adressaten. A Rep 400, 20.22.5–1,1.
329 Frauen gegen Männergewalt, *Erfahrungsbericht*, S. 37.
330 Schröttle, Monika/Müller, Ursula, *Lebenssituation, Sicherheit und Gesundheit von Frauen in Deutschland. Eine repräsentative Untersuchung zu Gewalt gegen Frauen in Deutschland*, Hg. Bundesministerium für Familie, Senioren, Frauen und Jugend, Berlin 2004.
331 Goy, Alexandra, »Recht, Rechtsprechung und Rechtlosigkeit. Ein weiteres Labyrinth«, in: Haffner, Sarah, Frauenhäuser, S. 64–76, hier S. 65.
332 Pizzey, Erin, *Scream Quietly or the Neighbours will Hear*, London 1974.
333 Pizzey, Erin, *Schrei leise, sonst hören dich die Nachbarn. Misshandlungen in der Ehe*, Frankfurt am Main 1978.
334 Ebd., S. 7.
335 Ebd., S. 19.
336 Lau, Susanne/Boss, Sieghild/Stender, Ursula, *Aggressionsopfer Frau: Körperliche und seelische Misshandlung in der Ehe*, Reinbek 1979, S. 72.

337 Haffner, Sarah, Nachwort, in: Pizzey, *Schrei leise*, S. 165.
338 Kavemann, Barbara, Interview.
339 Haffner, Sarah, *Einleitung*, in: dies., *Frauenhäuser*, S. 6.
340 Interview mit Barbara Kavemann.
341 Scheu, Ursula, *Wir werden nicht als als Mädchen geboren – wir werden dazu gemacht*, Frankfurt am Main 1977.
342 PT.1975–10, FrauenMediaTurm, Christel Wachowski, *Fotografie des Kalenders*, 1975.
343 FFBIZ, (A Rep 400, 20.22.5–1,1.).
344 FFBIZ, Hörerbrief, 7. Juli 1975, A Rep 400, 20.22.5.-1,1.
345 Pistor, Konstanze, »Frauenhäuser in Berlin«, in: Haffner, *Frauenhäuser*, S. 141–149, hier S. 143.
346 Interview mit Roswitha Burgard
347 FFBIZ, Immobilien, A Rep 400 20.22.5, 1 1–4.
348 ARD-Archiv, *Panorama* vom 1.12.1975, https://daserste.ndr.de/panorama/archiv/1975/Panorama-vom-1-Dezember-1975, panorama2531.html, aufgerufen am 12.1.2021.
349 Von Braun, *Lüge, Liebe, Libido*, S. 292.
350 FFBIZ, A Rep 400, 20.22.5.-1,1.
351 Frauen gegen Männergewalt, *Erfahrungsbericht*, S. 45.
352 »Schrei leise«, in: *Spiegel*, 19.1.1976.
353 Zitiert nach Altrichter, Viola, »Frauenhaus Amsterdam«, in: *Courage* (1976/2), S. 6–8, hier S. 6.
354 FFBIZ, Anschreiben an Familienministerin Katharina Focke, 23. Januar 1976. A Rep 400, 20.22.5–1,1.
355 »Die Frauen als Opfer der Männer«, in: *Zeit*, 27.2.1976.
356 Brownmiller, Susan, *Gegen unseren Willen. Vergewaltigung und Männerherrschaft*, Frankfurt/Main 1978, S. 22.
357 Haffner, Sarah, *Labyrinth*, S. 61.
358 Auszug aus der Antwort des Senats auf die Kleine Anfrage Nr. 846 im Berliner Abgeordnetenhaus vom 2. März 1976 über Misshandlungen von Frauen.
359 Der Senat von Berlin: Antwort (Schlussbericht) auf die Kleine Anfrage Nr. 846. Berlin o.D. (1976).
360 »Frauen helfen Frauen« e.V., offener Brief 1976, zitiert nach Lau/Boss/Stender, *Aggressionsopfer* Frau, S. 69.
361 Lau/Boss/Stender, *Aggressionsopfer Frau*, S. 70.
362 Der Verein existiert bis heute.
363 FFBIZ, A Rep 400, 20.22.5.-1,1.

364 FFBIZ, Anschreiben Ilse Reichel, 5. April 1976, A Rep 400, 20.22.5.-1,1.
365 FFBIZ, Ursula Nienhaus im Gespräch mit Ilse Haase-Schur, Mai 2008, A Rep 400, 20.22.5.-1,4.
366 Dackweiler, Regina-Maria, »Staatliche Rechtspolitik als geschlechterpolitische Handlungs- und Diskursarena. Zum Verrechtlichungsprozess von Vergewaltigung in der Ehe«, in: Ebd./Schäfer, Reinhild (Hrsg.), *Gewalt-Verhältnisse. Feministische Perspektiven auf Geschlecht und Gewalt*, Frankfurt a. M./New York 2002, S. 107–134, hier S. 126.
367 Helberg, Cristina, »Diese Abgeordneten stimmten 1997 gegen die Strafbarkeit von Vergewaltigung in der Ehe«, 15.11.2018, https://correctiv.org/faktencheck/politik/2018/11/14/diese-abgeordneten-stimmten-1997-gegen-die-strafbarkeit-von-vergewaltigung-in-der-ehe/, zuletzt aufgerufen am 07.05.2021.
368 Haffner, Sarah, *Frauenhäuser*, S. 22 f.
369 Haffner, Sarah, Vorwort.
370 Ohl/Rösener, Vorwort.
371 FFBIZ, Anschreiben Katharina Focke, 3. Mai 1976, A Rep 400, 20.22.5–1,1.
372 Anschreiben Initiativgruppe, 4. Mai 1976, A Rep 400, 20.22.5–1,1.
373 FFBIZ, Anschreiben Initiativgruppe, 4. Mai 1976, A Rep 400, 20.22.5–1,1.
374 FFBIZ, Parlamentarisch-Politischer Pressedienst (PPP), 27. Jahrgang/86/6. Mai 1976 »Brutalität in der Ehe«, A Rep 400, 20.22.5–1,1.
375 Interview mit Roswitha Burgard.
376 FFBIZ, Ursula Nienhaus im Gespräch mit Ilse Haase-Schur, Mai 2008, A Rep 400, 20.22.5.-1,4.
377 FFBIZ, Presse- und Informationsamt des Landes Berlin, Kommunalpolitische Beiträge XI/9 und Landespressedienst: Ilse Haase-Schur, *Gewalt in Familien*, 9. Juli 1976, S. 3. A Rep 400, 20.22.5–1,1.
378 FFBIZ, Presse- und Informationsamt des Landes Berlin, Kommunalpolitische Beitrge XI/9 und Landespressedienst: Ilse Haase Schur, Gewalt in der Familie, 9. Juli 1976, S. 3. A Rep 400, 20.22.5–1,1.
379 Dorsch, Doris, »Frauenhaus oder Krisenzentrum«, in: *Courage. Berliner Frauenzeitung* (1976/2), S. 3–5.
380 Cristina Perincioli, Interview mit Karin Kaltenberg, https://feministberlin.de/gewalt/frauenhaus/, zuletzt aufgerufen am 13.05.2021.
381 Dorsch, Doris, »Frauenhaus oder Krisenzentrum«, in: *Courage. Berliner Frauenzeitung* (1976/2), S. 3–5.
382 FFBIZ, A Rep 400, 20.22.5.-1,4.

383 Dorsch, Doris, »Frauenhaus oder Krisenzentrum«, S. 5.
384 Pistor, »Frauenhäuser in Berlin«, in: Haffner, Sarah, *Frauenhäuser*, S. 149.
385 Männergewalt gegen Frauen, *Erfahrungsbericht*, S. 25.
386 Ebd.
387 Männergewalt gegen Frauen, *Erfahrungsbericht*, S. 16.
388 FFBIZ, Rotfront-Stadt, Westberliner Stadtzeitung des Kommunistischen Bundes, 2. November 1976, S. 12. A Rep. 400 Berlin 20.22.5 – 44, 266.
389 Von Braun, *Lüge, Liebe, Libido*, S. 294.
390 Frauen gegen Männergewalt, *Erfahrungsbericht*, S. 64.
391 FFBIZ, Vorstandssitzung, 9. September 1976, A Rep 400, 20.22.5.-1,1.
392 FFBIZ, »Frauenhaus: Gute Sache mit einem politischen Haken«, in: *Berliner Rundschau*, 7. Oktober1976. A Rep 400 Berlin 20.22.5–44, 266.
393 FFBIZ, *Gefahr für Frauenhaus? CDU meldet Bedenken wegen ideologischen Drucks an*, 25. September 1976. A Rep 400, 20.22.5.-1,1.
394 FFBIZ, »Frauenhaus: Gute Sache mit einem politischen Haken«, in: *Berliner Rundschau*, 7. Oktober1976. A Rep 400 Berlin 20.22.5–44, 266.
395 *Courage*, »Wenn der Senat spart, streicht er Frauenstellen«, 1976/4.
396 Frauen gegen Männergewalt, *Erfahrungsbericht*, S. 17.
397 FFBIZ, Jahresbericht 1976, A Rep 400, 20.22.5–36, 239.
398 Interview mit Barbara Kavemann.
399 FFBIZ, Spendenaufruf in der *taz*, 2. Dezember 1978, A Rep. 400 Berlin 20.22.5–44, 266.
400 Hagemann-White/Kavemann et al., *Wissenschaftliche Begleitung*, S. 197.
401 Ebd., S. 198.
402 FFBIZ, A Rep. 400 Berlin 20.22.5–002.008.0014.
403 Deutscher Bundestag, *Bericht der Bundesregierung zur Frage, ob bundesgesetzliche Grundlagen zur Finanzierung von Frauenhäusern geschaffen werden*, Drucksache 10/291 vom 8. August 1983, S. 6.
404 Deutscher Bundestag, Die Grünen: *Entwurf eines Gesetzes zur Errichtung einer Stiftung zur Finanzierung von Frauenhäusern*, Drucksache 10/2527 vom 28. November 1984.
405 Deutscher Bundestag, *Zweiter Bericht der Bundesregierung über die Lage der Frauenhäuser für misshandelte Frauen und Kinder*, Drucksache 11/2848, 01. September 1988.
406 Frauen gegen Männergewalt, *Erfahrungsbericht*, S. 30–33.
407 Frauen gegen Männergewalt, *Erfahrungsbericht*, S. 28.
408 Ebd., S. 20 f.
409 Ebd., S. 59.

410 Ebd., S. 33.
411 Ebd., S. 32.
412 Interview mit Barbara Kavemann.
413 Frauen gegen Männergewalt, *Erfahrungsbericht*, S. 51.
414 Interview mit Barbara Kavemann.
415 Mansfeld, Cornelia, »Ausländerinnen im Frauenhaus«, in: *Courage* (1978/3), S. 18.
416 Ebd.
417 Frauen gegen Männergewalt, *Erfahrungsbericht*, S. 114.
418 Ebd., S. 115.
419 Hagemann-White, Carol, »Die Frauenhausbewegung«, in: Dietz, Gabriele/Schmidt, Maruta/von Soden, Kristine, *Wild und zahm. Die siebziger Jahre*, Berlin 1997, S. 190–193, hier 193.
420 Frauen gegen Männergewalt, *Erfahrungsbericht*, S. 116.
421 Ebd., S. 47.
422 Ebd., S. 187.
423 Brückner, *Die Liebe der Frauen*, S. 49.
424 Martin, Del, *Battered Wives*, New York 1976, S. 205.
425 Altrichter, *Frauenhaus in Amsterdam.*
426 Frauen gegen Männergewalt, *Erfahrungsbericht*, S. 47.
427 Ebd.
428 Frauen gegen Männergewalt, *Erfahrungsbericht*, S. 153.
429 Interview mit Barbara Kavemann.
430 Mies, Maria, »Methodische Postulate zur Frauenforschung«, in: *Beiträger zur feministischen Theorie und Praxis* (1978/1).
431 Gewalt gegen Frauen, *Frauenhaus Köln. Nachrichten aus dem Ghetto Liebe*, Frankfurt am Main 1980; Frauen gegen Männergewalt, *Berliner Frauenhaus für misshandelte Frauen. Erster Erfahrungsbericht*, Berlin-West 1978.
432 FFBIZ, Rotfront-Stadt, Westberliner Stadtzeitung des Kommunistischen Bundes, 2. November 1976, S. A Rep. 400 Berlin 20.22.5 – 44, 266.
433 Frauen gegen Männergewalt, *Erfahrungsbericht*, S. 100.
434 Frauengruppe am Institut für Publizistik, »Frauen starren stumpfsinnig vor sich hin... Zur Berichterstattung über das Berliner Frauenhaus«, in: *Courage* (1977/2).
435 Frauengruppe am Institut für Publizistik, *Frauen starren stumpfsinnig vor sich hin... Zur Berichterstattung über das Berliner* Frauenhaus, in: Courage (1977/2).
436 Frauen gegen Männergewalt, *Erfahrungsbericht*, S. 69.

437 Ebd., S. 71.
438 Frauen gegen Männergewalt, *Erfahrungsbericht*, S. 71.
439 Ebd., S. 34.
440 Ebd., S. 71.
441 FFBIZ, Rücktrittserklärung Renate Bookhagen, 2. Dezember 1977, A Rep 400 20.22.5, 2,5.
442 Ringelstein, Ronja, *Manchmal kommen Anruferinnen gar nicht durch*, in: *Tagesspiegel*, 08.06.2020, https://www.tagesspiegel.de/berlin/haeusliche-gewalt-in-der-coronakrise-in-berlin-manchmal-kommen-anruferinnen-gar-nicht-durch/25895188.html, zuletzt aufgerufen am 04.04.2021.
443 Berliner FZ-Frauen, »Was wird mit dem ersten Frauenhaus?«, in: *Courage*, (1978/3), S. 49.
444 Beliner FZ-Frauen, »Was wird mit dem ersten Frauenhaus?«, in: *Courage*, (1978/3), S. 48–49.
445 BIK, *Alternativbericht*, Berlin 2021.
446 Respons, *Was tun bei sexualisierter Gewalt? Handbuch für die Transformative Arbeit mit gewaltausübenden Tätern*, Münster 2018.

Adressen

Hilfen für Frauen in Gewaltsituationen

Für dieses Buch wurden überwiegend Berliner Adressen zusammengestellt. Falls Sie aus einer anderen Region kommen und Hilfe suchen, wenden Sie sich bitte an das Bundesweite Hilfetelefon.

BIG Hotline Berlin
+49 30 6110300
beratung@big-hotline.de

Bundesweites Hilfetelefon
08000 116016

Frauenkrisentelefon
+49 30 6154243

Migrantinnenberatung
+49 30 6157596

LARA
Fachstelle gegen sexualisierte Gewalt
+49 30 2168888
beratung@lara-berlin.de
mobile-beratung@lara-berlin.de
Für komplextraumatisierte Frauen* aufgrund wiederholter und langanhaltender sexualisierter und/oder physischer Gewalt
larakomplex@lara-berlin.de

Berliner Krisendienst
+49 30 3906340

Kinder- und Jugendtelefon
0800 1110333

Kindernotdienst
+49 30 610061

Mädchennotdienst
+49 30 610063

Jungennotdienst
+49 30 610062

KuB
Kontakt- und Beratungsstelle für Jugendliche und Kinder auf der Straße
+49 30 610068

Frauenberatung Tara
Fachberatungs- und Interventionsstelle bei häuslicher Gewalt
+49 030 78718340
frauenberatung.tara@gmx.de

Frauentreffpunkt
Fachberatungs- und Interventionsstelle bei häuslicher Gewalt Sozialdienst katholischer Frauen e.V.
+49 30 6222260
Beratung für geflüchtete Frauen
+49 151 14648757
Beratung für gehörlose Frauen
+49 151 56740945
frauentreffpunkt@skf-berlin.de

Frauenraum
Fachberatungs- und Interventionsstelle bei häuslicher Gewalt
+49 30 4484528
beratung@frauenraum.de

Frauenberatung Bora
Fachberatungs- und Interventionsstelle bei häuslicher Gewalt gegen Frauen
+49 30 9254707
beratung@frauenprojekte-bora.de
Chatberatung: bora.boranet.info

Interkulturelle Initiative e.V.
Fachberatungs- und Interventionsstelle bei häuslicher Gewalt
+49 30 80195980
beratung@interkulturelle-initiative.de

Lesbenberatung Berlin
+49 30 2152000

Opferhilfe e.V.
+49 30 3952867

Netzwerk behindertere Frauen Berlin e.V.
+49 30 61709-168/-169

Wildwasser e.V.
Hilfe bei sexuellem Missbrauch
+49 30 48628222

Mädchenberatungsstellen
+49 30 2824427

Selbsthilfe und Beratung
+49 30 6939192
selbsthilfe@wildwasser-berlin.de

FrauenNachtCafé
nächtliche Krisenanlaufstelle
+49 30 61620970
frauennachtcafe@wildwasser-berlin.de

Weglaufhaus »Villa Stöckle«
antipsychiatrische Kriseneinrichtung
+49 30 40632146

Frauenhäuser

Freie Plätze finden (bundesweit)
https://www.frauenhaus-suche.de
https://www.frauenhauskoordinierung.de/hilfe-bei-gewalt/frauenhaussuche

2. Autonomes Frauenhaus
+49 30 37490622

Frauenhaus Bora
+49 30 9864332

Frauenhaus Caritas
+49 30 8511018

Frauenhaus Cocon
+49 30 91611836

Frauenhaus der Interkulturellen Initiative
+49 30 80108050

Frauenhaus Hestia
+49 30 5593531

Zufluchtswohnungen

Zuff e.V.
+49 30 6946067

Frauenzimmer
+49 30 7875015

Frauenort-Augusta
+49 30 28598977
SMS gehörlose Frauen
0160 6663778

Flotte Lotte
+49 30 4167011

Offensiv '91
+49 30 63223845

Hestia Zufluchtswohnung
+49 30 4406058

Hestia
Wohnungsvermittlung für Frauen in Gewaltsituationen
+49 30 6189110
wove@hestia-ev.de

Matilde e.V.
+49 30 56400229

Paula Panke
+49 30 4854702

Gewalt in der Sexarbeit

Hydra
Treffpunkt und Beratung für Sexarbeiterinnen
+49 30 611002

Wir danken den *Flying Lesbians* für die freundliche Abdruckgenehmigung des Songs *Battered Wife* auf der Seite 153.

flying-lesbians.de

1. Auflage 2021

www.orlanda.de

Umschlag: Reinhard Binder
Umschlagbild: © Margarete Redl-von Peinen
Autorinnenbild: © Stefanie Walk
Lektorat: Anna Mandalka
Korrektur: Miriam Gries
Satz & Innenlayout: brama Studio, Wien
Druck und Bindung: CPI-Print, Leck

MIX
Papier aus verantwortungsvollen Quellen
FSC www.fsc.org FSC® C083411

Dieses Buch wurde klimaneutral gedruckt.

ISBN 978-3-944666-94-5

Bei aller Sorgfalt können auch wir Fehler übersehen.
Deshalb freuen wir uns, wenn Sie uns Hinweise auf Fehler an folgende Adresse schicken: mail@orlanda.de